美国国家合作公路研究计划（NCHRP）

Mix Design Practices for Warm Mix Asphalt
温拌沥青混合料配合比设计规程

〔美国〕美国运输研究所（TRB） 著

［华南理工大学］肖　鑫
［长沙理工大学］张起森　译

［深圳海川新材料科技有限公司］何唯平
［长安大学］郝培文　审定

人民交通出版社
China Communications Press

内容提要

本书为美国国家合作公路研究计划（NCHRP）691号报告，由美国运输研究所（TRB）编著，结合温拌沥青混合料的最新研究成果，提出了温拌沥青混合料（WMA）技术的配合比设计方法。该方法分为两个阶段进行：第一阶段，基于已有文献与研究资料开发了一个初步的混合料设计与分析程序，主要研究了WMA与HMA混合料设计方法的不同之处，并根据这些实验室研究成果对初步程序进行了修订；第二个阶段，通过进行实验室敏感性研究及现场验证研究评价修订的初步程序，对温拌沥青混合料配合比设计提出了相关建议。本书的主要内容包括：试件再加热、结合料等级选择、短期烘箱养生、再生沥青路面材料（RAP）、和易性、体积特性、裹覆程度与可压实性、水敏感性、抗车辙性、疲劳研究等。该设计规程对我国温拌沥青混合料的设计与施工具有重要的参考价值。

本书可供我国公路设计、施工技术人员和科研人员参考使用，也可供专业高校师生学习。

图书在版编目（CIP）数据

温拌沥青混合料配合比设计规程：汉、英／美国运输研究所（TRB）著；肖鑫，张起森译. —北京：人民交通出版社，2014. 4

ISBN 978-7-114-11172-3

Ⅰ. ①温… Ⅱ. ①美… ②肖… ③张… Ⅲ. ①沥青拌和料－配合比设计－汉、英 Ⅳ. ①U414. 1

中国版本图书馆CIP数据核字（2014）第032128号

美国国家合作公路研究计划（NCHRP）

书　　名：温拌沥青混合料配合比设计规程
著 作 者：〔美国〕美国运输研究所（TRB）
译　　者：肖　鑫　张起森
责任编辑：黎小东　岑　瑜
出版发行：人民交通出版社
地　　址：（100011）北京市朝阳区安定门外外馆斜街3号
网　　址：http：//www. ccpress. com. cn
销售电话：（010）59757973
总 经 销：人民交通出版社发行部
经　　销：各地新华书店
印　　刷：中国电影出版社印刷厂
开　　本：880×1230　1/16
印　　张：13
字　　数：308千
版　　次：2014年4月　第1版
印　　次：2014年4月　第1次印刷
书　　号：ISBN 978-7-114-11172-3
定　　价：46. 00元

声　　明

中译本出版支持单位

- 深圳市海川实业股份有限公司国家博士后科研工作站
（2003年经国家人事部批准）

- 深圳市海川实业股份有限公司
（全国沥青混凝土标准化技术委员会秘书处承担单位）

- 广东省道路工程新材料工程技术研究开发中心
（深圳海川新材料科技有限公司下属机构）

致　谢

本研究报告是通过先进沥青技术有限责任公司在 NCHRP 项目 09-43 下进行的。先进沥青技术有限责任公司的首席执行官 Ramon Bonaquist 为项目的首席研究员并攒写了这份报告。西部研究所（WRI）、质量工程解决方案有限公司（QES）、Massachusetts-Dartmouth 大学（UMass-Dartmouth），Wisconsin-Madison 大学（UW-M）作为本项目的协助分包者。Mr. Troy Pauli、Mr. Dennis Morian、Dr. Walaa Mogawer、与 Mr. Andrew Hanz 分别为 WRI、QES、UMass-Dartmouth 与 UW-M 的负责人。联邦公路管理局（FHWA）的移动式沥青实验室、Turner-Fairbank 公路研究中心、McConnaughay 技术、Glenn O. Hawbaker 公司与 Boggs 路面提供了重要的数据，对这些数据的分析是本研究项目的一部分。

本研究小组感谢现场试件采集机构所提供的援助，这些机构包括：Colorado 交通厅、New York 交通厅、North Carolina 交通厅、Pennsylvania 交通厅与 FHWA 的西部联邦土地公路部门。

中译本序

当前，节能减排已经成为全世界普遍关注的社会共识。对交通运输行业来说，节能减排更成为不可回避的社会责任。截至2012年年底，我国公路网总里程达到423.75万公里，高速公路达到9.62万公里，其中路面结构主要以沥青路面为主。由于大部分沥青路面采用热拌方式生产，施工拌和温度高达160℃以上，能耗高、污染物排放十分严重，大力实施节能减排已经成为我国交通领域的重要课题。

以温拌沥青混合料技术代替传统的热拌技术是很好的技术路径。这项技术于20世纪90年代在欧洲作为一种减少温室气体排放的措施率先发展起来。近几年，我国公路建设迅猛发展，我国热拌沥青混合料的市场需求量每年都在亿吨以上，如果全部采用温拌沥青混合料，节能减排潜力巨大。

美国在引入温拌技术后也开展了富有成效的研究和推广。目前全美有40多个州在大力推广应用温拌沥青混合料技术。《温拌沥青混合料配合比设计规程》一书系美国运输研究所（TRB）关于温拌沥青混合料的最新研究成果，该书专注于温拌沥青混合料配合比设计方法的研究，系统阐述了温拌沥青混合料的研究过程，包括原材料选择、结构设计和性能分析，并进行了现场验证研究、老化性能研究和抗疲劳研究等。这些研究成果，为温拌沥青混合料的深入研究提供了极富价值的借鉴和指导，为我国道路施工过程中的节能减排提供了有益的帮助。

中国节能协会以科学发展观为指导，遵循“开发与节约并举，把节约放在首位”的能源发展战略，全方位为社会节能减排，提高能效提供优质服务。“十二五”期间，仍将是我国公路建设的重要发展期，积极应用低碳技术，对提高我国公路建设技术水平极其重要。很高兴的看到，深圳海川新材料科技有限公司联合有关院校及时翻译和推出了这本《温拌沥青混合料配合比设计规程》，将国外经验和研究成果介绍给中国，希望该书的出版对促进我国温拌沥青技术的研究，实现交通领域节能减排发挥更大的推进作用。

中国节能协会秘书长：房庆

2013年3月18日　于北京

中文前言

随着世界工业文明的发展，全球能源缺乏和日益恶化的环境问题已经成为全世界共同关注的焦点，温室效应日益严重，世界平均气温呈上升趋势。特别是近30年，世界平均温度上升量达到了0.6℃。世界温度的升高所带来的危害是非常严重的，特别是自2008年以来世界范围内自然灾害频繁发生。从全球的温度和温室气体排放量上升的趋势来看，控制世界温度的上升，形势相当严峻。

多数人认为二氧化碳的排放量最大的是工业气体、汽车的尾气等，其实建筑行业的碳排放量相当大，建筑工程二氧化碳的排放量几乎占总排放量的50%，这一比例远远高于运输和工业领域。道路建设目前面临的课题：(1)降低能源消耗，有效利用日益紧俏的、不可再生资源；(2)减少 CO_2、NO_x 等温室气体和有害气体的排放。

目前，国内的沥青路面多以热拌沥青混合料进行铺筑，其应用效果有目共睹，但是其存在的技术缺陷，也已经引起各国科技工作者的关注。热拌沥青混合料在生产过程中，不仅会消耗大量的能量，而且会产生大量的有害气体，严重危害到施工人员的健康，同时温度过高还会加速沥青的老化，影响沥青混合料的路用性能。基于这种情况，在不影响混合料路用性能的条件下，出现了温拌沥青混合料（Warm Mix Asphalt，WMA）。通常把比HMA的施工温度低于30～50℃的沥青混合料称为温拌沥青混合料。降低生产温度对环境和人体健康都非常有利——能够减少温室气体的排放、降低燃油的消耗及减少工人吸入的沥青烟雾量。较低的生产温度能减少结合料的老化、延长混合料的压实时间并能提高寒冷天气铺路时的压实度，进而提高路面的使用性能。温拌沥青技术在国际上被认为是沥青施工工艺中的一次革命性突破。

由于温拌沥青混合料在我国的应用时间短，且基本处于试验性阶段，相关的理论、试验及应用技术尚不完善。目前也没有WMA的设计、施工技术规范，这为大范围地推广WMA技术带来了困难。本书由美国国家合作公路研究计划（NCHRP）691号报告《温拌沥表混合料配合比设计规程》翻译而成。该书系统地介绍了温拌沥青混合料（WMA）配合比设计的方法，为有效地解决WMA设计中遇到的许多问题提供了依据。

本书由华南理工大学肖鑫和长沙理工大学张起森翻译，由深圳海川新材料科技有限公司何唯平和长安大学郝培文审定。深圳海川新材料科技有限公司董事长何唯平为本书的翻译和出版提供了大力的支持。由于译者时间和水平有限，译文难免有不妥和错误之处，敬请读者不吝批评指正。

译　者

2013年10月

英文前言

Edward T. Harrigan 美国运输研究委员会官员

该报告介绍了采用温拌沥青混合料（WMA）技术的特殊材料性能的配合比设计方法。该报告将立即引起州公路署与行业内材料工程师们的注意。

温拌沥青混合料（WMA）是指生产温度比常用的热拌沥青混合料（HMA）低50°F（28°C）甚至更多的沥青混合料。WMA的目的是在大幅度地降低生产温度的同时，又能保证生产的混合料与HMA具有相似的强度、耐久性与使用性能。降低生产温度对环境和人体健康都非常有利——能够减少温室气体的排放、降低燃油的消耗及减少工人吸入的沥青烟雾量。较低的生产温度能减少结合料的老化、增加混合料的压实时间并能提高寒冷天气铺路时的压实度，进而可以潜在地提高路面的使用性能。到目前为止，美国所建成的大部分的WMA项目，都是按照未做任何改变的HMA的生产配合比进行的。将来要扩大WMA的使用范围所面临的一个重要问题是缺乏一个广泛使用的WMA方法（现在可用的或未来可用的）来进行混合料的标准配合比设计。

该项目的目的是开发一种WMA配合比设计方法，该方法以AASHTO建议的规程草案的形式存在，为公众与私人部门的工程师及技术人员所用。此方法包括下列内容：(1)基于Superpave配合比设计方法；(2)评价WMA配合比设计是否具有良好的现场使用性能的性能试验；(3)适用于较低拌和与压实温度的任何WMA技术。

该报告充分地证明了一个关键成果——无需建立一个与HMA截然不同的独立的WMA配合比设计方法。研究的最终成果即AASHTO R 35的附录草案，该附录草案题为“温拌沥青混合料（WMA）设计时需特殊考虑的事项及方法”。建议的附录是根据在广泛的WMA技术上进行的大量的实验室与现场试验的结果所建立和验证的。除了该附录外，本报告还包括：(1)测定用于性能分析中的WMA使用性能的规程草案，该性能分析是使用力学经验路面设计指南软件进行的；(2)包含于NCHR项目09-33开发的配合比设计手册（热拌沥青混合料配合比设计手册）中的WMA配合比设计章节；(3)设定了WMA配合比设计1天训练课程的材料与多媒体。

NCHR项目09-33的总结报告包括下列附录：

附录A：温拌沥青混合料（WMA）设计时需特殊考虑的事项及方法；

附录B：AASHTO R 35附录草案的注释；

附录C：AASHTO R 35附录草案的培训材料；

附录D：为了测定用于性能分析中温拌沥青混合料（WMA）的使用性能而建立的标准规程，该性能分析是使用力学经验路面设计指南软件进行的；

附录E：NCHR项目09-33的试验计划、结果与分析。

附录A、附录B与附录D在本报告中有介绍。附录C与附录E可在TRB的网站www.trb.org/Main/Blurbs/165013.aspx上查找。

目录 CONTENTS

概要

温拌沥青混合料（WMA）是指生产温度比常用的热拌沥青混合料（HMA）低 50℉（28℃）甚至更多的沥青混合料。使用 WMA 的目的是在大幅度降低生产温度的同时，又能保证生产的混合料与 HMA 具有相似的强度、耐久性与使用性能。降低生产温度对环境和人体健康都非常有利——能够减少温室气体的排放、降低燃油的消耗及减少工人吸入的沥青烟雾量。较低的生产温度能减少结合料的老化、延长混合料的压实时间并能提高寒冷天气铺路时的压实度，进而可以潜在地提高路面的使用性能。

温拌沥青混合料技术在 20 世纪 90 年代末作为一种减少温室气体排放的措施首次在欧洲推出。此后，美国和欧洲相继开发出了许多的 WMA 方法。在 NCHRP 项目 09-43 完成时，在美国的市面上大约有 20 种 WMA 方法。这些方法包括化工、石蜡及合成沸石添加剂和工厂发泡系统及连续混合方法。

NCHRP 项目 09-43 的目标是开发一种可以广泛用于 WMA 方法中的混合料设计与分析程序，这些 WMA 方法包括目前可用的也可能是未来可用的。NCHRP 项目 09-43 的研究内容如下：

1. 在查阅文献与调查目前正在进行的研究资料的基础上，建立一个初步的程序。

2. 用于调查初步程序关键方面的第一阶段的试验与分析包括：(1)试件的加热效果；(2)结合料等级的选择；(3)再生沥青路面（RAP）混合料与新结合料在 WMA 生产温度下的混合情况；(4)WMA 的适当的短期烘箱养生；(5)评价设备以衡量其可操作性。

3. 基于第一阶段的测试和分析结果进行初步程序的修正。

4. 用于评价修正的初步程序的第二阶段的测试和分析。这一阶段包括：(1)进行配合比设计研究以检验修正的初步程序的合理性、灵敏性与实用性；(2)使用实验室与现场生产的 WMA 的性能进行现场验证研究，以检验程序的有效性；(3)进行疲劳研究以探讨较低的 WMA 温度能否提高混合料的抗疲劳性能。

5. 基于第二阶段的测试和分析结果进行初步程序的最终修正。

NCHRP 项目 09-43 的主要成果为：(1)AASHTO R 35 的附录草案——温拌沥青混合料（WMA）设计时需特殊考虑的事项及方法（作为本报告的附录 A）；(2)标准规程草案——测定用于性能分析中的温拌沥青混合料（WMA）的性能（作为本报告的附录 D），该性能分析是使用力学经验路面设计指南软件进行的。确定 AASHTO R 35 附录草案的培训材料与注解，以协助执行 NCHRP 项目 09-43 中的研究。以下是从 NCHRP 项目 09-43 已完成的研究中得出的主要结论：

1. 体积特性。对于结合料的吸水率为 1.0% 或更小的 HMA 混合料，使用 NCHRP 项目 09-43 研发的程序设计的 WMA 的体积特性与 HMA 设计的体积特性基本一致。这一结论支持目前的做法——将 WMA 方法引用到已批准的 HMA 混合料设计中。然而，WMA 的可压实性、水敏感性和抗车辙性能明显地与 HMA 不同。每个特性

(可压实性、水敏感性和抗车辙性)由AASHTO R 35附录草案中的方法直接来进行评价。

2. 结合料等级选择。同一项目中设计的WMA与HMA混合料应选用同一等级的结合料。从在NCHRP项目09-43中进行取样与试验的项目中得到的回收结合料的试验数据表明：只有极低的生产温度才会导致混合料中的回收结合料劲度显著下降。此外，WMA的生产温度导致结合料的低温等级有较小的提高。因此，AASHTO R 35附录草案（包括本附录A）建议在WMA与HMA中使用同等级的结合料。对于具有极低生产温度的WMA方法可能需要高温等级变动以满足AASHTO R 35附录草案中规定的抗车辙性的流值要求。

3. WMA中的RAP。如果混合料在高温中保持的时间足够长，那么RAP与新结合料就能在WMA的生产温度中充分混合。因为搅拌程度与时间相关，添加到混合料中的新结合料一开始裹覆在初始集料与RAP上，然后在高温储存期间两种结合料继续混合。在实验室进行混合研究，当压实温度超过“回收”RAP结合料的高温等级时，压实温度下2h的养生将使RAP与新结合料完全充分地混合。为了确保RAP与新结合料能够很好地混合，AASHTO R35的附录草案建议WMA的计划现场压实温度应当超过“回收”RAP结合料的高温等级。

4. 短期烘箱养生。混合料设计中的短期烘箱养生是为了模拟结合料在施工过程中发生的吸收与老化。对于WMA，适合在压实温度下进行2h的烘箱养生，这与HMA混合料设计中使用的短期养生条件相同。然而，结合料在该条件下发生的老化程度小于AASHTO R30性能试验中的养生条件［在275℉（135℃）下养生4h］下发生的老化。

5. 裹覆程度、和易性和可压实性。由于有多种可用的WMA方法，所以不能用基于黏度的拌和与压实温度来控制裹覆程度、和易性与可压实性。AASHTO R 35附录草案在实验室制备的混合料上直接地测定裹覆程度与可压实性。在实验室中获得的裹覆程度取决于使用的搅拌器类型。AASHTO R 35附录草案中规定的搅拌次数是由带叶片的行星式搅拌器确定的。如果使用斗式搅拌器，则应当通过评价HMA混合料的裹覆程度来确定WMA合适的搅拌次数，这些HMA混合料是基于AASHTO T 312第8.2.1节中规定的拌和温度的黏度搅拌不同的次数而制备的。

多种和易性设备是在NCHRP项目09-43中进行评价的。这些用来测定使螺钻或刮板穿过混合料所需的扭矩或力的设备，也能够用来测量HMA与WMA混合料之间的差异，但是只有在温度下降到WMA的压实温度范围之内才能进行。在这些温度下，旋转压实试件的空隙率差异同样很明显。AASHTO R 35的附录草案是使用压实温度下降54℉（30℃）、达到92%的相对密度时，旋转压实次数产生的变化数来描述WMA方法的压实温度敏感性。增长数超过25%则表示WMA比HMA的温度敏感性更高。这种测量可压实性的方法对压实温度、WMA方法及混合料中的RAP很敏感。与相似的HMA相比，含RAP、较低的WMA方法与压实温度的组合可能导致WMA对温度变化更敏感。

6. 水敏感性。通过AASHTO T 283测定出的采用相同集料与结合料设计而成的WMA与HMA混合料的水敏感性可能有所不同。WMA方法表明：抗剥落剂提高了NCHRP项目09-43试验与分析中包含的有些混合料的抗拉强度比。使用含抗剥落剂的同一种WMA方法生产的9种WMA混合料，其抗拉强度比保持不变或有67%的混合料有所提高。使用不含抗剥落剂的方法生产的WMA混合料，其抗拉强度比没有提高，甚至有79%的混合料反而减少。AASHTO R 35的附录草案包括使用AASHTO T 283评价水敏感性。

7. 抗车辙性。AASHTO R 35的附录草案包括使用流值试验来评价WMA的抗车辙性。试验所用试件在计划的现场压实温度下短期养生2h，以模拟结合料在施工过程中发生的吸收和硬化。与 HMA 混合料相比，WMA 混合料的短期养生温度更低，所以 WMA 混合料中的结合料老化较小，这就导致与使用相同的集料及结合料生产的 HMA 混合料相比，WMA 混合料的流值较低。HMA 的流值及其他车辙试验的现行标准是基于在 275℉（135℃）的温度下进行 4h 的短期养生而确定的。NCHRP 项目 09-43 中的短期养生研究表明：这种水平的养生代表结合料在施工及使用过程中的一段时间内发生的硬化。因为 WMA 混合料不适合在超过其生产温度的条件下进行养生，所以相比于目前所建议的 HMA 混合料的抗车辙性评价标准［在 275℉（135℃）的温度下养生 4h］，WMA 混合料的抗车辙性评价标准降低了。

8. 性能评价。NCHRP 项目 09-43 的研究表明：依照 AASHTO R 35 附录草案的规定设计的 WMA 混合料，其性能将与使用同样的集料及结合料生产出的 HMA 混合料的性能一致。WMA 与 HMA 的体积特性在本质上是一样的，但是由于施工条件的差异，WMA 混合料的劲度可能会比 HMA 低。因为 HMA 与 WMA 之间的差异相对较小，所以可以使用力学经验路面设计指南（MEPDG）与合适的材料特性来进行 WMA 路面性能的分析。制定制作 WMA 试验试件、确定动态模量主曲线、低温蠕变柔量与强度试验的标准规程草案，以协助使用 MEPDG 来进行 WMA 的性能分析。

NCHRP 项目 09-43 的研究表明，只需对现行的混合料设计规程进行很小的改变就能设计 WMA 混合料。尽管当结合料的吸水率为 1.0% 或更小时，HMA 与 WMA 的体积特性相近似，但是 WMA 混合料的可压实性、水敏感性与抗车辙性将可能与使用相同集料及结合料设计而成的 HMA 混合料有所不同。因此，当进行 WMA 混合料设计时，建议使用在 NCHRP 项目 09-43 中研发的 WMA 混合料设计方法。

AASHTO R 35 附录草案应该根据实验基础来使用，在正式被采用之前，代理机构与生产者应当提供补充资料来进一步细化 WMA 混合料的设计方法与标准。附加的评价与可能的细化可使下列要素得到改善：特殊试件的制作程序及裹覆程度、可压实性与抗车辙性的标准。

在 NCHRP 项目 09-43 完成时，在 NCHRP 中开始进行 WMA 的其他两个附加项目的研究：(1) NCHRP 项目 09-47A，即“温拌沥青混合料技术的工程特性及使用性能”；(2) NCHRP 项目 09-49，即“WMA 技术的使用性能：第一阶段——水敏感性”。NCHRP 项目 09-47A 将包括对 WMA 混合料现场使用性能的评价，而 NCHRP 项目 09-49 将详细地阐述 WMA 的水敏感性。NCHRP 项目 09-43 的研究成果为这些研究提供依据，阐述了现场使用性能及水敏感性。

然而，WMA 混合料设计方法中有两个要素需进行补充研究，而此补充研究目前并没有实施计划。第一，AASHTO R 35 附录草案中包含的 WMA 试件制作方法应该扩展到包含斗式搅拌器，因为在大多数的生产配合比设计实验室中，斗式搅拌器更易使用。第二，需进行补充研究以研发一短期养生程序，该程序应当同时适用于水敏感性及抗车辙性评价当中的 WMA 和 HMA 试件。需考虑一个具有两个步骤的养生程序。第一步，让混合料在压实温度下养生 2h，以模拟结合料在施工过程中发生的吸收与硬化；第二步，让混合料在另一温度下进行加长时间的养生，该温度表示路面运行时的较高温度，用此过程来模拟运行中的一段短期时间。通过对 NCHRP 项目 09-13中收集的数据进行分析得出，第二步养生所需的时间可能小于 16h。

第 1 章
绪论

1.1 背景

温拌沥青混合料（WMA）是指生产温度比常用的热拌沥青混合料（HMA）低 50℉（28℃）甚至更多的沥青混合料。WMA 的目的是在大幅度降低生产温度的同时，又能保证生产的混合料与 HMA 具有相似的强度、耐久性与使用性能。降低生产温度对环境和人体健康都非常有利——能够减少温室气体的排放、降低燃油的消耗及减少工人吸入的沥青烟雾量。较低的生产温度能减少结合料的老化、增加混合料的压实时间并能提高寒冷天气铺路时的压实度，进而可以提高路面的使用性能。

温拌沥青混合料技术在 20 世纪 90 年代末作为一种减少温室气体排放的措施首次在欧洲推出。此后，美国和欧洲相继开发出了许多的 WMA 方法。国家沥青路面协会（NAPA）出版的《温拌沥青混合料》被称为最好的规程，它为这些方法提供了更详细的信息，并介绍了每个方法需进行的设备改良的类型。表 1 总结了 NCHRP 项目 09-43 中确定的各种 WMA 方法。

表 1　NCHRP 项目 09-43 中确定的 WMA 方法

名　称	方法/添加剂	公　司	网　站
Accu-Shear Dual Warm Mix Additive System	发泡系统	Stansteel	http：//www. stansteel. com/sip. html
Adesco/Mads en Static Inline Vortex Mixer	发泡系统	Adesco/Madsen	http：//www. asphaltequipment. com/documents/Static% 20Inline% 20Vortex %20Mixer%20Brochure. pdf
Advera	沸石	PQ Corporation	http：//www. pqcorp. com/products/AdveraWMA. asp
AQUABLACK	发泡系统	Maxam Equipment Company，Inc.	http：//maxamequipment. com/AQUABlackWMA. htm
AquaFoam	发泡系统	Reliable Asphalt Products	http：//www. reliableasphalt. com/Default. asp

续上表

名　称	方法/添加剂	公　司	网　站
Asphaltan-B	褐煤蜡	Romonta	http：//www. romonta. de/ie4/english/romonta/i_ wachse. htm
Aspha-min	沸石	Eurovia	http：//www. eurovia. fr/en/produit/135. aspx？ print = y
Cecabase RT	非指定的添加剂	Ceca	http：//www. cecachemicals. com/sites/ceca/en/business/bitumen _ additives/warm_ coated_ material/warm_ coated_ material. page
Double Barrel Green	发泡系统	Astec，Inc.	http：//www. astecinc. com/index. php？ option = com _ content&view = article&id = 117&Itemid = 188
Evotherm ET	含有非指定的添加剂的乳液	MeadWestvaco	http：//www. meadwestvaco. com/Products/MWV002106
Evotherm DAT	非指定的添加剂		
Evotherm 3G	非指定的添加剂		
Licomont BS-100	脂肪酸衍生物	Clariant	http：//clariant. com/C12576850036A6E9/A0F44E23B922E21CC12576BF00484894/$FILE/20100203_ Clariant_ Low Emission Modifier Boosts. pdf
Low Emission Asphalt	使用湿细集料与非指定的添加剂的连续裹覆	McConnaughay Technologies	http：//www. mcconnaughay. com/lowemissionasphalt_ intro. php
Meeker Warm Mix Asphalt System	发泡系统	Meeker Equipment	http：//www. meekerequipment. com/new_ warmmixad1. html
Rediset WMX	非指定的添加剂	Akzo Nobel	http：//www. surfactants. akzonobel. com/asphalt/pdf/Rediset% 20Brochure _ 0907. PDF
Sasobit	Fischer Tropsch 石蜡	Sasobit	http：//www. sasolwax. us. com/sasobit. html
Terex Warm Mix Asphalt	发泡系统	Terex Roadbuilding	http：//www. terexrb. com/default. aspx？ pgID = 308
Thipoave	添加硫磺并压缩	Shell	http：//www. shell. com/home/content/sulphur/your_ needs/products/in _ roads/
TLA-X	Trinidad 湖沥青加改性剂	Lake Asphalt of Trinidad and Tobago	http：//www. trinidadlakeasphalt. com/home/products/tla-x-warm-mixtechnology. html
Ultrafoam GX	发泡系统	Gencor Industries，Inc.	http：//gencorgreenmachine. com
WAM Foam	软沥青接硬泡沫沥青	Kolo Veidekke，Shell Bitumen	http：//www. shell. com/home/content/bitumen/products/shell_ wam_ foam/

在欧洲最早研发的 WMA 方法是基于使用石蜡或泡沫沥青而确定的，在结合料中添加石蜡以降低其黏度并提高润滑性。这些材料的熔点通常低于普通 HMA 的生产温度。当温度高于熔点时，这些材料会降低沥青结合料的黏度。当温度低于熔点时，这些材料往往会增加沥青结合料的劲度。最近的研究表明，石蜡添加剂可以提高结合料的润滑性，从而提高低温条件下的拌和和易性。石蜡有降低黏度、提高润滑性两种作用，相比之下提高润滑性可能是最主要的作用，添加石蜡可以大幅提高 WMA 方法在低温下的和易性与可压实性。

Sasobit是美国WMA项目中使用最广泛的一种石蜡。Sasobit是一种Fischer-Tropsch石蜡，它是从煤的气化中生产出来的，呈球状，添加量通常为结合料质量的1.5%。这些球状的石蜡可以通过沥青终端设备或工厂储存罐添加到结合料中，或者通过吹入到滚筒中的方式把石蜡添加到混合料中，这与在玛蹄脂碎石（SMA）中添加纤维的方式相类似。

一些WMA方法用发泡法来保证较低生产温度下的裹覆程度与和易性。当在热沥青中加入少量的水时，水蒸发且蒸汽被包裹在结合料中。这种方法将在结合料中产生一个发泡作用，可以临时增加结合料的体积、降低结合料的黏度，这将提高混合料的裹覆程度与和易性。使用泡沫沥青来生产冷拌沥青混合料至今已有50余年。早期的滚筒式拌和设备同样利用泡沫的优势在较低的温度下生产混合料，这些泡沫是由不完全干燥的集料产生的。

使用多种方法来生产泡沫沥青。Aspha-min与Advera均是合成沸石。沸石为矿物，在其多孔结构中存有重约20%的水分。当加热至约185℉（85℃）时，水被释放出来，当这些发生在沥青结合料中，泡沫沥青就生成了。合成沸石的添加量通常为沥青混合料质量的0.25%。在工厂可以使用多种方法来添加合成沸石。为了保证其有效性，使添加剂在沥青结合料中快速地被包裹且不在工厂的排气流中损失是关键。沸石已在美国应用于数个项目中。

沥青发泡方法也可用于低排放沥青（LEA）方法中。在LEA方法中，粗集料与一部分细集料都加热到标准的HMA温度，然后与结合料混合。在沥青供应到设备的管道中时，将涂覆黏结剂（大约为结合料质量的0.5%）加入到结合料中。待加热的集料被结合料裹覆后，再加入冷的、湿的细集料或混合了细集料与再生沥青路面材料（RAP）的集料。湿混合料的含水率为3%～4%。当加热时，这部分水分蒸发，从而引起裹覆在粗集料上的沥青产生泡沫并包裹未裹覆的细集料。LEA方法是一个复杂的热力学方法，当湿集料中的水分变成为蒸汽时，混合料的温度迅速下降。最终的出厂温度略低于212℉（100℃），在该温度下一些蒸汽凝结成水，这有助于提高混合料的和易性与可压实性。LEA方法已经在New York与Pennsylvania的多个项目中得到了应用。

最近，美国制造沥青装置与设备的主要供应商推出了多种发泡系统。这些系统是通过在装有热沥青结合料的搅拌桶中直接加入水来生产泡沫沥青。加入的水量大约为结合料质量的1%～2%。这些系统旨在确定水与沥青结合料的合适比率，该比率控制产生的泡沫的特性。这些系统的主要优点如下：(1)不需对搅拌过程做任何改变；(2)不需要特殊的添加剂。发泡方法已运用于美国的许多工程之中。

泡沫沥青同样运用于两阶段的WMA泡沫方法中。该方法即在拌和过程中在不同的时间加入软结合料与硬、泡沫结合料。在第一阶段，用软结合料来充分地裹覆粗集料。软结合料通常为混合料总结合料含量的20%～30%。在第二阶段，硬结合料在预裹覆的集料上生成泡沫。选择这两种结合料的等级，以使生产出的混合结合料能满足项目所在地结合料的性能等级要求。WMA泡沫方法目前还没有在美国得到应用。

在美国和欧洲开发了少数使用化学添加剂的方法。制造商不愿透露在这些方法中使用的化学品的详细信息。在美国使用的第一种化学添加剂为Evotherm方法，该添加剂是由MeadWestvaco公司开发并于2005年推出的。Evotherm中的活性成分为化学添加剂，据说可以提高低温下沥青与集料的裹覆能力、施工和易性与黏结能力。最初，Evotherm是作为一种高残余乳液，目前称为Evotherm ET（乳化技术）。按质量计算，该乳液含有约70%的沥青结合料。当与热集料混合时，乳液中的水分蒸发，剩下残余沥青与化学添加剂。在美国的很多项目中都使用了Evotherm ET方法。MeadWestvaco公司随后又推出了一种方法，该方法是将化学添加剂以溶液的形式直接注入到拌和设备的沥青中。这种方法被称为 Evotherm DAT（分散添加剂技术）。与乳液方法相比，该方法的优势是加入到混合料中的水更少。MeadWestvaco 公司最近又推出了第三代方法——Evotherm 3G，这是一种无水温拌技术，是与 Ergon 沥青与乳液公司及 Mathy 建设公司共同研发的。该方法允许添加剂与结合料在沥青终端设备中混合，然后用标准的结合料分配方法分配到沥青设备中。因为它们的使用更加方便，所以 Evotherm DAT 和 Evotherm 3G 已广泛地取代了 Evotherm ET。

Rediset WMX 是美国在 2007 年推出的一种化学方法。Rediset WMX 是由 AkzoNobel 生产的，作为一种有助黏性能的温拌添加剂上市。它呈小球状，加入量为沥青结合料质量的 1.5% ~2.5%。这些球状的石蜡可以通过沥青终端设备或工厂储存罐添加到结合料中，或者通过吹入到滚筒中的方式将其添加到混合料中，这与在玛蹄脂碎石（SMA）中添加纤维的方式相类似。

1.2 存在问题与研究目的

NAPA 使温拌技术在美国运用于实践。自 2004 年以来，众多的示范工程已建成，这些工程证明了在美国使用温拌技术是可行的。使用各种温拌方法已成功建成了许多路面，而且在建造过程中只需对设备与质量控制规程做极小的改变。这些项目的重要职能为：将 WMA 介绍给代理商与承包商；证明 WMA 良好的施工和易性；在能源利用率、排放物与路面使用性能上提供初始数据。这些示范工程的成功建成，使得一些州公路署允许在路面项目的日常修建中使用 WMA。

WMA 面临的关键问题之一是缺乏一个正式的混合料设计方法。对于在美国建成的大部分 WMA 项目，其 WMA 都是直接按照未做任何改变的 HMA 现场配合比公式进行的。如果在未来要用温拌沥青混合料代替热拌沥青混合料，就必须编制一个 WMA 的实验室混合料设计方法。NCHRP 项目 09-43 的目标是开发一种可以广泛用于 WMA 方法中的混合料设计与分析程序，这些 WMA 方法包括目前可用的也可能是未来可用的。

第 2 章 研究方法

2.1 概述

NCHRP09-43 总体研究目标为：研究一种尽可能与目前 HMA 所使用的方法相适应的 WMA 配合比设计与分析方法，并集中精力研究 WMA 与 HMA 在本质上不同的地方。图 1 为该项目的流程图。该项目分为两个阶段：第一阶段，在查阅文献与调查目前正在进行的研究资料的基础上，开发一个初步的混合料设计与分析程序，重点研究预计的 WMA 与 HMA 混合料设计方法不同的地方，根据这些实验室研究成果再进行初步程序的修正；第二阶段，通过进行实验室敏感性研究及现场验证研究来评价修正的初步程序。实验室敏感性研究旨在测试混合料设计方法的工程合理性、敏感性及实用性，现场验证研究是使用铺面工程中的混合料进行的。第二阶段的研究还包括评价 WMA 的疲劳性能、建立 WMA 标准草案、针对于提议的 WMA 混合料设计方法建立一套专题研究材料等。

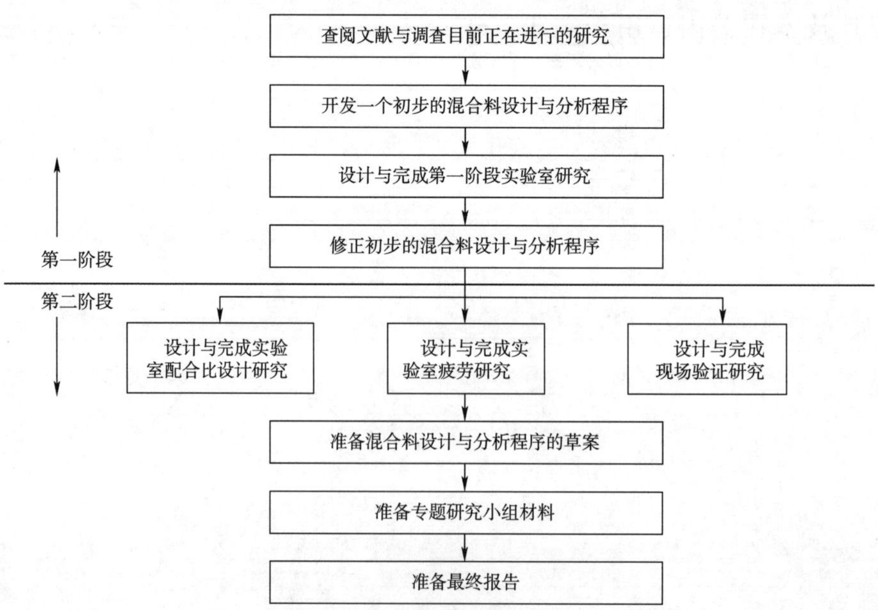

图 1　NCHRP 项目 09-43 的流程图

2.2 WMA 与 HMA 配合比设计的不同

HMA 混合料设计与分析通常由下列五个主要步骤组成：(1) 原材料选择；(2) 集料结构设计；(3) 结合料含量选择设计；(4) 水敏感性评价；(5) 性能分析。HMA 的步骤(1) ~(4) 的标准都包含在 AASHTO M 323（Superpave 体积配合比设计标准规范）中。AASHTO R 35［热拌沥青混合料（HMA）的 Superpave 体积设计标准规程］为步骤(1) ~(4) 提供了设计程序。虽然没有任何阐述 HMA 性能试验的标准规程，但是已研发出了一些性能试验，而且这些试验在行业中受到了一定程度的认可。性能试验可用来测量混合料的动态模量、抗车辙性、抗疲劳与抗温缩开裂性。NCHRP 项目 09-33 研发的新的沥青混合料配合比设计手册包括性能试验，以确保当交通量大于 300 万等效单轴荷载时，混合料具有足够的抗车辙能力。

需对目前的 HMA 配合比设计方法进行改进，以使其适用于目前可用的或未来可能用的 WMA 方法。NCHRP 项目 09-43 的第一步即确定对于 WMA 来说，HMA 混合料设计方法中潜在的需进行改进的地方。确定的需要改进的地方如表 2 所示。下面将讨论在混合料设计与分析程序的主要步骤中需进行改进的地方。

表 2 针对 WMA，HMA 混合料设计方法中潜在的需进行改进的地方

步骤	项目	温拌混合料需特殊注意的事项
材料选择	结合料选择	• 较低的生产温度减少了拌和与施工中的潜在老化 • 各种温拌添加剂与温拌方法对结合料性能的影响
	集料特性	• 无
	再生沥青路面	• 生产温度对再生与新结合料混合程度的影响 • 温拌添加剂与温拌方法对再生与新结合料混合程度的影响
	添加剂	• 温拌添加剂的选择 • 较低的生产温度与温拌添加剂对抗剥落剂的影响
集料结构选择	公称最大集料尺寸	• 无
	试验等级	• 无
	配料	• WMA 的特殊性
	拌和	• WMA 的特殊性 • 确定温拌沥青混合料的拌和温度 • 评价 WMA 和易性的方法
	养生	• 验证 AASHTO R 30 短期养生方法应用于 WMA 方法的有效性
	压实	• 确定温拌沥青混合料的压实温度 • 验证压实水平
	体积分析与标准	• 无
结合料设计含量的选择	试件准备	• 见实验室配料、拌和、养生与压实的注意事项
	体积分析与标准	• 无
评价水敏感性	试件准备	• 见实验室配料、拌和、养生与压实的注意事项
	试验与分析	• 无
性能分析	试件准备	• 见实验室配料、拌和、养生与压实的注意事项
	试验与分析	• 无

2.2.1 原材料选择

对于WMA来说，可能需对以往的原材料选择原则进行修正。温拌混合料对集料的要求与热拌混合料没有区别，但是WMA所选择的结合料等级可能与HMA不同。相比于HMA，WMA较低的温度可能导致结合料在厂拌与施工过程中发生的老化更少，因此，为了满足抗车辙性要求，可能需使结合料高温等级的劲度更高。然而，此效果可能被温拌添加剂及添加剂与水对结合料老化产生的影响抵消。较低的生产温度同样可能限制可用于WMA中的再生沥青材料的类型和数量。在HMA设计中，假定新结合料与再生结合料充分混合，但是在温拌过程中是不太可能实现的，因为WMA的生产温度较低。较低的生产温度也可能会限制一些抗剥落剂的有效性。最后，在进行WMA设计时就需要选择合适的温拌添加剂及添加量。虽然温拌添加剂供应商可能会提供添加量，但是代理人也必须有一个程序以确保推荐的添加量是合适的。

2.2.2 集料结构设计

在进行WMA设计时，可能也需对HMA的集料结构设计方法进行一些修正。因为WMA的目标是生产与HMA具有相似强度与使用性能的混合料，所以WMA设计的体积标准不应当与HMA不同。然而，可能需对试件的制作与养生方法做一些修正。大多数WMA方法开发者已经提出了制作试件的实验室工作程序。此外，对混合料的裹覆程度、和易性与可压实性必须进行直接评价，而不是使用以黏度为基础的混合与压实温度进行评价。对于许多的WMA方法来说，直接测量结合料的黏度是不可能的。另外，越来越多的证据表明，与许多WMA方法有关的温度下降与结合料黏度的改变没有相关性。

2.2.3 结合料设计含量的选择

结合料设计含量的选择不需对上面所讨论的试件制作方法做实质性的修正。在NCHRP项目09-25（Superpave沥青混合料矿料间隙率的要求）与NCHRP项目09-31（Superpave配合比设计的空隙率要求）中，建立了混合料体积特性与路面使用性能的关系。这些关系证实了Superpave混合料设计方法中包含的许多体积标准的重要性。完成WMA与HMA使用性能比较的重要一步，即在进行两种混合料设计时使用相同的体积标准。

2.2.4 水敏感性评价和性能分析

水敏感性评价和性能分析同样不需对试件制作方法做实质性的修正。虽然担心有些WMA的水敏感性可能大于HMA，AASHTO T 283［压实热拌沥青混合料（HMA）的抗水损害性］是水引起的黏附破坏的一个相当可靠的指标，这也是WMA最关心的机理。在制备用于水敏感性与性能试验的试件时，主要需考虑的事项即在实验室制备的试件中复制现场拌和材料的力学性能。进行WMA性能评价的试验和标准应与HMA相同。

2.3 初步的WMA混合料设计和分析方法

2.3.1 概述

基于对各种WMA方法文献的查阅及与WMA方法开发者的讨论，建立初步的混合料设计与分析程序。初步程序要达到两个目的：第一，该初步程序为项目小组与WMA方法开发者回顾和评论WMA混合料设计与分析程序提供了一个起点；第二，初步程序第一阶段的试验与分析集中研究混合料设计与分析的各方面，这需要额外的研究以适当地阐述WMA。基于第一阶段的试验与分析成果及初步程序应用反馈回的意见，进行初步程序的修正。修正的初步程序根据第二阶段的实验室配合比设计、现场验证研究及疲劳研究的成果进一步进行修正，以提出标准草案

(NCHRP 项目 09-43 的初步成果)。

WMA 混合料初步设计与分析程序是基于 AASHTO R 35［热拌沥青混合料（HMA）Superpave 体积设计标准规程］确定的。初步程序参照 AASHTO M 323（Superpave 体积配合比设计的标准规范）与 AASHTO M 320（沥青结合料性能等级的标准规范），确定材料选择、体积设计与水敏感性评价的标准。初步程序与 AASHTO R 35 的不同之处如表 3 所示。下面将分别讨论这些不同之处。

表 3　初步的 WMA 混合料设计与分析程序中包含的主要要素

主 要 要 素	包含于初步程序中的
WMA 方法选择	选择 WMA 方法时主要考虑的因素
结合料等级选择	基于 WMA 生产温度的高温等级变动概念
再生沥青路面材料	基于再生与新结合料的生产温度与相容性限制的 RAP 含量的概念
试件制作程序	主要 WMA 方法试件的特殊制作程序
生产温度	直接评价裹覆程度、和易性与可压实性
必需的性能试验	除混合料设计中水敏感性试验之外的流值
可选的性能试验	混合料分析中测量动态模量、抗疲劳开裂及抗温缩开裂的推荐方法

2.3.2　WMA 方法选择

在 WMA 初步混合料设计与分析程序中有一节是阐述 WMA 方法的选择的。建议进行 WMA 方法选择时，应咨询 WMA 方法供应商指定的代理处与技术协助人员。本节提醒使用者在选择 WMA 方法时，应当考虑如下因素：(1) 可用的性能数据；(2) 温拌添加剂的成本；(3) 计划的厂拌与现场压实温度；(4) 计划的生产速率；(5) 设备生产能力；(6) 为了成功使用 WMA 方法需对现场与实验室可用设备所做的修正。

2.3.3　黏结剂等级选择与 RAP

对于初步程序，假定 WMA 生产温度在选择结合料的高温等级及混合料中 RAP 的允许含量时是一个应当考虑的因素。因为 WMA 较低的生产温度导致结合料老化的减少，初步程序根据计划的生产温度，为结合料高温等级变动提出了一个概念上的表格。同样地，因为混合料中的 RAP 与新结合料的混合程度与温度有关，所以基于生产温度及 RAP 与新结合料的相容性，初步程序又提出了第二个概念上的表格以限制混合料中 RAP 的含量。增加一个附录以提供通过 ASTM D6703（自动 Heithaus Titrimetry 的标准试验方法）来测量两种结合料相容性的程序。为充实结合料等级变动与 RAP 混合料的概念表所做的试验，包含在第一阶段的试验与分析中。

除了上述之外，为了进行混合料设计，初步程序为如何表征 RAP 材料提供了更详细的信息。此信息以附录的形式表示，且与 RAP 分析研究中所推荐的信息是一致的，这些信息包含于 NCHRP 项目 09-33 中开发的 HMA 配合比设计手册中。

2.3.4　试件制作过程

初始设计程序提出了一些 WMA 方法的试件制作程序。这些程序确定了在实验室制备 WMA 试件所需的设备和方法。试件制作程序包含在初步的 WMA 混合料设计和分析程序的附录当中。基于一些 WMA 方法开发者所完成的有限研究，WMA 的短期老化条件暂定为在计划的现场压实温度下老化 2h。

2.3.5　生产温度

因为结合料的黏度—温度关系不能在很多 WMA 方法中得到发展，所以拌和与压实温度不能用来控制 WMA 的裹覆程度、和易性和可压实性。在评价试验混合料时，提议用初步程序来直接评价裹覆程度、和易性和可压实性。这通过计划的生产温度制备试验混合料及计划的现场压实温度压实试验混合料完成评价。用AASHTO T 195（测定混合料中集料被沥青裹覆的程度）来评价裹覆程度。评价和易性的标准程序无效，因此，作为第一阶段试验与分析的一部分，需对几个可能的和易性试验进行评价。在WMA的初始程序中，设想用初始旋转压实次数$N_{初始}$下的密度作为衡量可压实性的标准。在第一阶段试验与分析研究中评价了该方法的可行性。

2.3.6 必需的性能试验

WMA初步混合料设计与分析程序中设计混合料的水敏感性评价方法与AASHTO R 35中HMA的一样。除混合料的养生方法（暂定在压实温度下养生2h）与体积设计中使用的一样外，其他均使用AASHTO T 283［压实热拌沥青混合料（HMA）的抗水损害性］进行试验。最低抗拉强度比为0.8，这与AASHTO M 323中对HMA所作的规定一样。

WMA混合料设计与分析的初步程序，也包括使用NCHRP项目09-19中开发的流值试验方法来对设计混合料的抗车辙性进行强制性评价。该试验所用试验仪器为沥青混合料性能测试机（AMPT），试验所用的试件依照体积设计程序中的方法（暂定在压实温度下养生2h）进行养生。AMPT之前被称为简单性能试验（SPT）系统。依照AASHTO TP 79（使用AMPT测定HMA的动态模量与流值）的规定进行流值试验。该试验为无侧限试验，其重复偏应力为87psi（600kPa），接触偏应力为4.4psi（30kPa）。试验温度是使用LTPPBind 3.1版按50%的可靠性确定的设计路面高温。该温度是由表层0.79in（20mm）深处及中间与基层顶面的温度计算得到的。各种交通量对应的流值标准如表4所示。该标准与NCHRP项目09-33中开发的配合比设计手册中所建议的HMA的标准一致。

表4 要求的最小流值

交通量，百万ESALs	最小流值
<3	—
3 < ESALs < 10	53
10 < ESALs < 30	190
≥30	740

2.3.7 可选的混合料分析试验

WMA的初步混合料设计与分析方法中包括可选的性能试验，这些试验用以评价动态模量、抗疲劳开裂及抗温缩开裂性。AASHTO R 35中关于HMA的部分不包括性能试验。可选的性能试验可使用力学经验路面设计指南（MEPDG）来预测WMA路面的使用性能。下述的性能试验和设备是为初步程序所选择的：

动态模量。动态模量主曲线可以依照AASHTO PP 61［使用沥青混合料性能试验仪（AMPT）来建立热拌沥青混合料（HMA）的动态模量主曲线］的规定使用AMPT来进行建立，该曲线用于采用MEPDG进行的路面结构设计和性能分析当中。

疲劳开裂。使用循环直接拉伸压缩试验的简化连续损伤分析来评价WMA的疲劳特性。这一程序是在NCHRP项目09-25和09-31中开发的，使其能以有限的试验来快速地表征混合料的抗疲劳性。直接拉伸压缩试验所用试件的几何尺寸可与动态模量与流值试验所使用试件的几何尺寸一致。通过适当地张拉夹具，该试验可通过AMPT来完成。

温缩开裂。推荐的分析柔性路面温缩裂缝的方法需要测量混合料在低温下的弯曲与强度特性。然后在温度黏弹性应力分析中使用这些特性，以预估路面在冷循环中产生的温缩应力。混合料的弯曲与强度特性是依照AASHTO T 32（使用间接拉伸设备测试HMA的蠕变柔量与强度）的规定，以间接拉伸仪模式（IDT）进行试验所获得的。两个软件程序可用来进行温度黏弹性应力分析。第一个为MEPDG，该软件包括一预测柔性路面温缩开裂宽度的模型，预测的开裂宽度考虑了项目所在地的环境条件、路面厚度及用于路面中的沥青混合料的性能。通过使用从几条运营路面中获得的数据，对该模型进行了校准。第二个为“LTSTRESS. xls”的 Excel 表格，该表格是由东北超级路面技术中心开发的，以归纳从 AASHTO T 322 中获得的数据并进行简化的温缩开裂分析。该分析得到的是一个临界开裂温度，该温度为规定冷却速率下的计算温差应力超过混合料的抗拉强度时的温度。LTSTRESS. xls 没有通过观察到的裂纹校准，应该用于混合料的比较评价中。

2.4 第一阶段试验研究

在发展初步的 WMA 混合料设计与分析程序时，在一些为制定程序标准需进行实验室试验与分析的地方进行确认。本节介绍第一阶段进行的实验室研究。每个研究的详细分析过程与研究成果见附录 A 与第 3 章。基于这些研究成果对初步的程序进行修正，修正的初步程序用于配合比设计、现场验证及疲劳研究中。关于 WMA 混合料设计与分析草案标准的详细讨论见第 3 章。

2.4.1 第一阶段数据源

第一阶段的研究数据是从下面的四个地方收集的：美国联邦公路局（FHWA）移动式沥青实验室、FHWA Turner-Fairbank 公路研究中心、McConnaughay 技术、研究团队从 Colorado I-70 的 WMA 项目中采集的数据。FHWA 移动式沥青实验室与 McConnaughay 技术提供的混合料模量数据用来评价试样重复加热对 WMA 力学性能的影响。FHWA Turner-Fairbank 公路研究中心提供的数据是从旋转薄膜烘箱试验（RTFOT）中获得的，这些数据用来评价温度对沥青结合料短期老化的影响。这些数据作为生产温度的函数，利用这些数据提出 WMA 结合料等级选择的初步建议。用 Colorado I-70 的 WMA 项目中的松散混合料与组成材料试样，来评价 WMA 温度下的短期烘箱养生及 RAP 的混合程度。Colorado I-70 项目包括一种 HMA control 混合料与三种 WMA 方法（Advera、Evotherm 与 Sasobit）。Colorado I-70 中 HMA 的设计参数如表 5 所示。其他三种 WMA 方法的配合比设计参数也与表 5 所示一致。

表 5 第一阶段项目的配合比设计数据

特 性		I-70 Colorado Control HMA
	筛孔尺寸	
级配（%，通过率）	1/2in	100.0
	3/8in	95.0
	#4	73.0
	#8	54.0
	#16	40.0
	#30	29.0
	#50	18.0
	#100	11.0
	#200	6.7
沥青含量,%		6.2
$N_{设计}$		75.0
设计空隙率,%		3.9
设计 VMA,%		16.9
设计 VFA,%		77.0
粉胶比		1.0
破碎面（ 个/两个）,%		100/99
细集料棱角（FAA）		48.6
集料吸水率,%		0.8
干抗拉强度，psi		64.0
条件抗拉强度，psi		58.0
抗拉强度比,%		91.0
结合料等级		PG 58-28

2.4.2 试件重复加热研究

因为一些计划的试验涉及在松散混合料试件上进行力学性能试验，故进行一个研究来确定试件重复加热是否会对 WMA 的力学性能产生显著的影响。因为混合料的动态模量对结合料劲度的变化非常敏感，所以在该研究中使用响应变量作为混合料的动态模量，同时有预测认为试件重复加热可能使结合料产生额外的硬化。试件重复加热产生的影响通过一种 HMA control 混合料与四种 WMA 方法（Aspha-min、Evotherm ET、LEA 与 Sasobit）来评价。Control HMA、Aspha-min、Evotherm ET 与 Sasobit 混合料的数据是由 FHWA 移动式沥青实验室提供的。FHWA 所提供的数据是从 St. Louis，Missouri 建造的一个 WMA 项目中得到的，在该项目中模量试验在如下三种条件下进行：(1) 试件在施工时制作并立刻进行试验；(2) 试件在施工时制作但在数周后进行试验；(3) 重复加热试件。McConnaughay 技术小组在建造过程中为 LEA 方法准备动态模量试件，该研究小组在重复加热后又准备另外一组动态模量试件。两组 LEA 试件都由研究小组进行测试。所有的动态模量试验都是依照 AASHTO PP 61 的标准进行的。试件重复加热研究如表 6 所示。数据分析包括比较各种试件制备与试验条件下的动态模量主曲线。

表 6　试件重复加热研究

混合料	立即	延迟的	重复加热
HMA Control	×	×	×
Aspha-min	×	×	×
Evotherm ET	×	×	×
LEA		×	×
Sasobit	×	×	×

2.4.3　结合料等级研究

WMA 的较低的生产温度使结合料在生产过程中产生的老化较少。减少的老化可能导致 WMA 路面的车辙量增加，同时也可能提高抗疲劳开裂性及低温开裂性。NCHRP 项目 09-43 包括由 FHWA 进行的一项试验分析，在该分析中使用 RTFOT（AASHTO T 240）模拟 WMA 生产温度产生的影响。在该试验中，结合料在 325 ℉（163℃）、266 ℉（130℃）、230 ℉（110℃）的温度下进行 RTFOT 短期老化，然后依照 AASHTO T 315 的规定，在多种温度下测量结合料的高温性能，以确定结合料的连续 RTFOT 高温等级。在 NCHRP 项目 09-43 中测量 RTFOT 温度为 325 ℉（163℃）和 230 ℉（110℃）时几种结合料的低温性能。依照 AASHTO T 313 的规定在两种温度下测量结合料的低温性能，以确定结合料的连续低温等级。在进行弯曲梁流变仪试验前，依照 AASHTO R 28 的规定在 100℃下让 RTFOT 老化结合料在压力老化容器（PAV）中进一步老化。RTFOT 温度试验如表 7 所示。这些结合料的连续高温等级数据用来确定初始生产的温度界限，低于该温度则应当考虑增加结合料的高温等级。基于连续低温等级数据与生产温度，提出结合料低温等级选择的初步建议。

表 7　FHWA 的 RTFOT 温度试验中使用的结合料

结合料	来　源	高温	低温
B-6354	Missouri WMA PG 70-22	×	×
B-6348	Hawaii PG 70-16	×	×
B-6328	Venezuelan PG 64-22	×	×
AAM-1	SHRP MRL	×	×
AAM-2	SHRP MRL	×	×
AAG-1	SHRP MRL	×	不测试
AAD-1	SHRP MRL	×	×
B6272	ALF PG 70-22 Control	×	×
B6272 + 1.5% Sasobit	ALF PG 70-22 Control + Sasobit	×	不测试
B6272 + 3.0% Sasobit	ALF PG 70-22 Control + Sasobit	×	不测试

2.4.4　短期烘箱养生研究

混合料设计和分析中的一个重要步骤即在压实前对实验室制备的松散混合料进行短期烘箱养生。短期烘箱养生模拟结合料在施工过程中发生的吸收与老化。SHRP 最后推荐的 HMA 的体积设计与性能试验中的短期烘箱养生条件为 275 ℉（135℃）条件下养生 4h。这包括在 AASHTO PP 2（HMA 的短期与长期老化规程）中，该规程后来变成了 AASHTO R 30（HMA 的养生）。为了更快地进行混合料设计及减少设计中所需的烘箱数量，FHWA 混合料与集料专家工作组（ETG）审阅了关于养生时间与温度对沥青混合料体积特性影响的有关资料。对于吸水率小于4%的集料，ETG最终推荐的混合料设计短期烘箱养生条件变为在压实温度下养生2h。对于吸水率较大的集料与进行性能试验的混合料，短期烘箱养生条件仍为在275 ℉（135℃）下养生4h。AASHTO R 30最终考虑了ETG的建议对养生条件进行了修正。

一些WMA方法开发者建议的混合料设计的短期烘箱养生条件为：在压实温度下养生2h。目前没有任何关于WMA性能试验短期烘箱养生条件的建议。在NCHRP项目09-43的第一阶段，进行了一项试验以确定体积设计与性能试验的短期烘箱养生时间。该方法就是对实验室制备的混合料与现场混合料的最大相对密度、动态模量及抗拉强度进行对比。为了方便及完整地评价WMA生产温度的影响，选定的短期养生温度与压实温度一致，养生时间2h与4h都包含在试验中。短期烘箱养生试验由Colorado I-70混合料完成，并选定了暂定的养生时间。这个暂定的养生时间在第二阶段的现场验证研究中进行了检验。

2.4.5 RAP研究

在WMA中使用RAP首要需关注的问题是RAP和新胶结料能否在WMA的低温条件下混合。在初步的混合料设计方法中，假定WMA混合料中允许的RAP含量随着生产温度的降低而减少。在NCHRP项目09-43的第一阶段进行两个试验试图确定生产温度，低于该温度就可能需限制WMA中RAP的含量，使其少于HMA中允许的含量。

第一个试验包含两部分内容：（1）测量界面混合性，以测定RAP结合料上新结合料的薄膜是否真正混合；（2）测量结合料的相容性，以测定混合对组合结合料性能的影响。界面混合性测量是使用“薄膜与薄膜”界面接触线原子力显微镜成像技术来完成的。含Advera与Sasobit WMA添加剂的沥青结合料被用于界面混合性测量试验中。这些WMA胶结料的薄膜被洒涂到之前已在PAV中老化的结合料薄膜上，以模拟老化的RAP结合料。“薄膜与薄膜”成像的具体程序是由西部研究所在项目的第一阶段中研发的。相容性的测量是依照ASTMD6703（Automated Heithaus Titrimetry标准试验方法）的规定完成的。当沥青结合料的相容性改变时，其物理性质也会改变。相容性较差的结合料往往具有更好的结构与弹性性能。所进行的相容性测量试验内容包括如下：三种净沥青结合料、两种WMA添加剂（Advera与Sasobit）、一种RAP结合料、四个不同的RAP百分比。相容性试验如表8所示。

表8 相容性试验

RAP含量,%	AAB-1			AAG-1			Yellowstone National Park		
	净沥青结合料	1.5% Sasobit	5% Advera	净沥青结合料	1.5% Sasobit	5% Advera	净沥青结合料	1.5% Sasobit	5% Advera
0	×	×	×	×	×	×		×	×
5		×			×				
15		×			×				
25		×	×		×	×			×
50		×	×		×	×			×

注：空白栏为未进行试验。

RAP研究中的第二个试验为实验室混合试验，以评价WMA生产温度下RAP与新结合料的混合程度。该试验使用的方法是由先进的沥青技术公司研发的，Maryland公路管理局和

Pennsylvania 运输部用该试验来评价包含 RAP 与再生沥青碎片（RAS）的混合料厂拌程度的可接受性。该方法包括将测量动态模量与估算动态模量进行对比，测量动态模量是从混合料试件上测量得到的，估算动态模量是使用从混合料试样中恢复的结合料性能估算的。动态模量试验对混合料中结合料的劲度非常敏感，当 RAP 和新材料完全混合时，动态模量将随着 RAP 的增加明显地增加。混合条件下的动态模量依照 AASHTO PP 61 的规定进行测量。完全混合条件下的动态模量是使用 Hirsch 模型由从动态模量试件中回收的结合料的剪切模量估算的。

为进行实验室混合试验所设计的试验如表 9 所示。设计的试验包括进行一个 Control HMA 与三种 WMA 方法（Advera，Evotherm 和 Sasobit）的试验。这四种混合料均在两种不同的温度与三种不同的老化时间下进行试验。每个混合料均在表 9 所列的混合温度下进行混合，然后在压实之前在表 9 所列的压实温度下进行短期烘箱养生。依照 AASHTO PP 61 规定制作完全相同的动态模量试件并进行试验。其中一个试件的结合料是依照 ASTM D5404 的规定回收得到的。依照 AASHTO T 315 的规定在回收结合料上进行动态剪切流变仪（DSR）频率扫描试验，以确定输入到 Hirsch 模型中的结合料模量值。

表 9　进行实验室 RAP 混合试验所设计的试验

方法	混合/压实温度（℉）	养生时间（h）		
		0.5	1.0	2.0
Control	280/255	×	×	×
	248/230	×	×	×
Advera	248/230	×	×	×
	230/212	×	×	×
Evotherm	248/230	×	×	×
	230/212	×	×	×
Sasobit	248/230	×	×	×
	230/212	×	×	×

2.4.6　和易性研究

第一阶段试验研究也包含一个筛选研究，以选择用于 WMA 混合料设计中合适的和易性设备。为了适应现在可用的与未来可用的 WMA 方法，初步程序提议在评价试验混合料与选择最佳沥青含量中直接评价裹覆程度、和易性与可压实性。研究组对六种混合料潜在的和易性试验进行验证。这些设备的主要要素如表 10 所示。通过对表 10 中设备的可操作性进行仔细的审查，选出如下设备用于第一阶段的筛选试验中。

表 10　WMA 的潜在和易性设备的主要要素

设　备	测　量	WMA 所需的程序修正	优　点	缺　点
NCAT 模型和易性设备	使桨在恒定速度下转动所需的扭矩	无	• 在拌和过程中测量和易性 • 有以往的研究	需要新拌和器
UMass 模型和易性设备	使螺旋钻在恒定速度下转动所需的扭矩	无	• 在拌和过程中测量和易性 • 螺旋钻可能更好地表示现场运行	需要新拌和器
改良的 Nynas 和易性设备	将刮板推入松散混合料试件中所需的力	WMA 摊铺和碾压的温度控制	• 模拟整平板作用 • 价格相对便宜	需要新设备
ASTM D6704	将刮板推入松散混合料试件中所需的力	WMA 摊铺和碾压的温度控制	• 简单、便宜 • 使用现有设备	可能不能够表示现场条件
旋转剪应力	旋转压实中的剪应力	具有这种性能的旋转压实机无需修改	• 在压实过程中测量和易性	需要能进行剪应力测量的旋转压实仪
New Hampshire 大学和易性设备	使用附加于具有可调扭矩装置的手钻上的刮板测量的扭矩	无	• 简单、便宜 • 在拌和后或压实前很容易进行	刮板和钻的扭矩装置需标准化

• UMass 和易性设备
• Nynas 和易性设备
• New Hampshire 大学和易性设备
• 具有剪切应力测量装置的旋转压实仪

UMass、Nynas 与 New Hampshire 大学的和易性设备分别如图 2、图 3、图 4 所示。这些设备用于测量移动刮板通过混合料所需的扭矩（UMass 和 New Hampshire 大学和易性设备）或力（Nynas）。New Hampshire 大学和易性设备非常简单，由一个带有可变扭矩夹盘离合器的手持式钻孔机组成。UMass 和 Nynas 和易性设备更复杂一些。

图 2　UMass 和易性设备

图 3　Nynas 和易性设备

一些旋转压实仪上安装了测量旋转压实角所需力的设备。该测量的数据可能为力或基于设备几何结构转换的应力。用于和易性筛选研究中的特殊的压实仪为强化压实试验机模型 ICT-150R/RB，该设备是由芬兰的 Invelop Oy 制造的，如图 5 所示。

图 4　New Hampshire 大学的和易性设备

图 5　具有剪应力测量装置的旋转压实仪

筛选研究最初主要关注的是温度和 WMA 添加剂对混合料和易性的影响。第一阶段的筛选试验如表 11 所示。它是由在单一混合料上进行的和易性试验所组成的，该单一混合料是由三种结合料（PG 64-28、control，PG 64-28、含 Sasobit，PG 64-28、含 Advera）所生产的。表 12 介绍了用于试验中的混合料的相关性能。Sasobit 和 Advera 被选为温拌添加剂，因为这两种添加剂容易在实验室中使用。每种设备在三种温度下做重复的和易性测试，用方差分析来评价试验对温度与 WMA 添加剂改变的敏感性。试验的敏感性和是否易于集成到 WMA 设计程序中是进行最终选择考虑的两个因素。

表 11 和易性试验的筛选研究

因　素	水　平	详 细 资 料
混合料	1	12.5mm
结合料	3	PG 64-28、control PG 64-28、含 Sasobit PG 64-28、含 Advera
和易性试验	5	UMass 模型（螺旋钻） 改良的 Nynas 剪应力选择压实仪 New Hampshire 大学
温度	3	300℉ 245℉ 190℉
复制的	2	—

注："—" 表示复制的无规定的详细资料。

表 12 用于和易性试验中的混合料

特　性		数　值
	筛孔尺寸	
级配（%，通过率）	3/4in	100.0
	1/2in	99.00
	3/8in	86.00
	#4	57.00
	#8	40.00
	#16	28.00
	#30	20.00
	#50	12.00
	#100	6.00
	#200	3.20
沥青含量,%		5.40
$N_{设计}$		75.00
设计空隙率,%		3.70
设计 VMA,%		14.60
设计 VFA,%		74.50
粉胶比		0.69

2.5 初步混合料设计方法的修正

基于第一阶段的研究成果对初步混合料设计方法进行修正，包括将从第一阶段研究中得到的初步标准引入到初步混合料设计方法的合适章节中。制定的标准将在第 3 章中进行论述。但对程序混合料分析部分未做任何修改。

2.6 第二阶段试验研究

在 NCHRP 项目 09-43 第二阶段，通过三项研究来评价修正的初步程序。第二阶段的研究包括：(1) 实验室混合料设计研究；(2) 现场验证研究；(3) WMA 疲劳研究。以下各节将描述这些研究。

2.6.1 实验室混合料设计研究

实验室混合料设计研究的目的，是通过测试评价经修正后初步混合料设计与分析程序的工程合理性、敏感性和实用性。该研究旨在比较 WMA（依照修正的初步程序设计）与相应 HMA（依照 AASHTO R35 设计）的性能。如前所述，WMA 混合料设计方法的基本原则是生产同 HMA 混合料具有相似强度和性能特点的混合料。配合比设计研究所设计的试验为一配对差值试验。该试验通常用于比较总体均值，本研究用来比较使用相同的集料与级配生产的、作用相同交通量的、设计适当的 WMA 与 HMA 的性能。在该设计中，WMA 和 HMA 的性能差值是通过试验中的每个混合料计算出来的。如果两个设计程序生产出的混合料具有相同的性能，则平均差值应接近零。个别混合料的差值可能为正数或负数，但是所有混合料的平均差值应为零。用 t 试验来评价平均差值的统计显著性，总结如下：

零假设：$\mu_{WMA}-\mu_{HMA}=0$

可供选择的假设：$\mu_{WMA}-\mu_{HMA}>0$ 或 $\mu_{WMA}-\mu_{HMA}<0$（根据实际进行合适的选择）

试验统计：$t=\dfrac{\bar{d}}{(s_d/\sqrt{n})}$

否定区域：对于 $n-1$ 的自由度，如果 $t>t_\alpha$，则否定零假设而采用可供选择的假设。

式中：μ_{WMA}——WMA 混合料的总体均值；

μ_{HMA}——HMA 混合料的总体均值；

$\bar{d}$——WMA 与 HMA 混合料的平均差值；

s_d——差值的标准差；

n——用于比较的混合料数量。

表 13 列出了实验室配合比设计研究中的试验设计。在此研究中，用配对差值比较试验来评价 WMA 与相应 HMA 混合料的各种性能。分别对 Advera，Evotherm 和 Sasobit 进行了比较。对于 WMA 方法，使用两种不同的拌和与压实温度：一种高于第一阶段结合料等级研究中的初步等级变动温度，一种低于该变动温度。高于等级变动温度的 HMA 与 WMA 混合料用等级为 PG 64-22 的结合料来制作。同样地，低于等级变动温度含 RAP 和 Sasobit 的 WMA 混合料也使用等级为 PG 64-22 的结合料来制作，因为 RAP 和 Sasobit 会使结合料的高温等级增加。低于等级变动温度、含 Advera 和 Evotherm 的 WMA 混合料用 PG 70-22 的结合料来制作。所有的混合料都在压实温度下短期养生 2h。选择六种混合料来研究一系列的旋转压实水平与集料吸收水平。其中一半的混合料含有 25% 的 RAP。所设计的 24 种混合料是用 HMA 的 AASHTO R35 或修正的初步 WMA 混合料设计方法制备的。

表 13 配合比设计进行的试验[1]

编号	混合料标识			方法			
	$N_{设计}$	集料吸收	RAP[2]	HMA	Advera WMA	Evotherm G3 WMA	Sasobit WMA
1	50	高[3]	是	320/310[4]	225/215	225/215	270/260
2	50	低[5]	否	320/310	270/260	270/260	225/215
3	75	低	是	320/310	270/260	225/215	270/260
4	75	高	否	320/310	225/215	270/260	225/215
5	100	高	是	320/310	270/260	270/260	225/215
6	100	低	否	320/310	225/215	225/215	270/260

注：[1]低温 Advera 和 Evotherm WMA 使用 PG 70-22，其他混合料使用 PG 64-22。所有的混合料都在压实温度下短期养生 2h。

[2]所有含 RAP 的混合料中的 RAP 含量为 25%。

[3]高吸水率 >2.0%。

[4]×××/×××，例如 320/310，表示混合温度/压实温度，℉。

[5]低吸水率 <1.0%。

对于表 13 中设计的试验，HMA 与每一个 WMA 方法的下列性能都做了单独的对比：

- 设计空隙率，vol%
- 设计 VMA，vol%
- 有效结合料含量（V_{BE}），vol%
- 结合料吸收量，wt%
- 设计结合料含量，wt%
- 有效结合料含量，wt%
- 裹覆程度
- 在压实温度下使空隙率达到 8% 时所需的旋转次数
- 在比压实温度低 54℉（30℃）的温度下使空隙率达到 8% 时所需的旋转次数
- N_{max} 下的密度
- 干抗拉强度
- 条件抗拉强度
- 抗拉强度比
- 流值
- 抗车辙性能

这些性能均作为 WMA 混合料设计方法的一部分。HMA 混合料需要依照 AASHTO R 35 的规定进行设计，建议在 WMA 混合料设计方法中进行流值试验并评价低温时的可压实性。

配合比设计研究中使用的六种混合料如表14所示。这些混合料的体积特性是从依照AASHTO R 35和AASHTO M 323的规定进行的HMA混合料设计中获得的。低吸水率的混合料由Virginia的石灰石或辉绿岩集料组成。高吸水率的混合料由Pennsylvania的砾石和石灰石组成。之所以选择砾石材料是因为其吸水率高，但是提供的材料其吸水率却低于预期值，这就导致计划的高吸水率混合料的吸水率较低。对于旋转压实次数为50次和75次的混合料，高吸水率混合料的吸水率大约为低吸水率的2倍。对于旋转压实次数为100次的混合料，计划的低吸水率与高吸水率混合料的吸水率近似一致。该差异在对试验结果进行统计分析时需考虑。含RAP的三种混合料所使用的RAP相同。使用的RAP材料的级配与结合料含量如表15所示。RAP结合料有PG 95.9（33.9）-13.1的连续性能等级。RAP是从Leesburg VA的Loudoun County Asphalt中获得的。所有含RAP的混合料其RAP含量均为25%，这就使RAP中的结合料约占混合料质量的1.1%。该研究使用的结合料是由NuStar沥青炼制公司的Paulsboro新泽西精炼厂生产的。Sasobit的掺量为混合料中总结合料（初始量加RAP中的结合料）质量的1.5%。Advera的掺量为混合料总质量的0.25%。NuStar沥青炼制公司在生产过程中对含Evotherm G3的结合料预先进行拌和，但是Evotherm RAP混合料中RAP结合料的Evotherm掺量却未作调整。含砾石的混合料中需要添加抗剥落剂。Akzo-Nobel WETFIX 312被用于HMA、Sasobit与Advera混合料中。抗剥落剂的掺量为混合料中总结合料质量的0.25%。代表性的Evotherm建议：使用Evotherm G3添加剂时不需添加抗剥落剂。

表14　在配合比设计试验中使用的混合料

混合料编号		1	2	3	4	5	6
设计旋转压实次数		50	50	75	75	100	100
集料吸水率，%		1.5	0.8	1.0	1.6	1.2	1.3
RAP		是	否	是	否	是	否
NMAS[1]，mm		9.5	9.5	9.5	9.5	9.5	9.5
集料来源	粗	PA 砾石 RAP	VA 石灰石	VA 辉绿岩 RAP	PA 砾石	PA 砾石 RAP	VA 辉绿岩
	细	PA 石灰石 PA 砾石 RAP	VA 石灰石	VA 辉绿岩 天然砂 RAP	PA 石灰石 PA 砾石	PA 石灰石 RAP	VA 辉绿岩 天然砂
	RAP	LCA，Leesburg，VA	无	LCA，Leesburg，VA	无	LCA，Leesburg，VA	无
级配（%，通过率）	筛孔尺寸，mm						
	12.5	100	100	100	100	100	100
	9.5	97	94	94	98	97	98
	4.75	61	50	54	63	63	53
	2.36	43	32	38	44	41	40
	1.18	32	22	28	32	26	31
	0.6	25	14	21	22	17	22
	0.3	13	10	12	12	11	12
	0.15	6	7	8	5	7	7
	0.075	3.8	5.4	5.2	3.0	4.6	4.8

续上表

混合料编号		1	2	3	4	5	6
集料特性	FAA	44.1	45.8	46.1	43.5	45.4	48.3
	CAA[2]	98/95	100/100	100/99	98/95	98/95	100/100
	片状 & 长粒	4.5	1.6	2.7	7.4	4.4	7.6
	砂当量	93.2	75.0	59.4	80.2	91.9	76.7
结合料含量，wt%		6.4	6.8	5.5	6.3	6.0	5.7
有效结合料含量，wt%		5.6	6.1	4.8	5.3	5.4	4.7
空隙率，vol%		3.6	4.0	3.9	4.3	4.0	3.7
矿料间隙率，vol%		16.4	18.0	15.9	16.3	16.4	15.1
有效结合料含量，vol%		12.8	14.0	12.0	12.0	12.4	11.4
沥青饱和度，%		78	77.8	75.5	73.6	75.6	75.5
粉料与有效沥青比率		0.7	0.9	1.1	0.6	0.9	1.0

注：[1]NMAS 表示公称最大集料尺寸。

[2]CAA 表示粗集料棱角性。

表 15 在混合料设计试验中使用的 RAP 的性能

性能		数值
	筛孔尺寸，mm	
级配（%，通过率）	12.5	100
	9.5	92
	4.75	63
	2.36	44
	1.18	32
	0.6	24
	0.3	17
	0.15	11
	0.075	7.8
沥青含量，wt%		4.4
连续性能等级		PG 95.9（33.9）-13.1
集料毛体积相对密度		2.877
集料吸水率，%		1.01
细集料棱角性，%		44.4
碎石破裂面（1面），%		99.3
碎石破裂面（2面），%		94.3
片状与长颗粒，%		0.5

2.6.2 现场验证研究

现场验证研究的目的是用实验室和现场生产的 WMA 的性能来验证修正的初步 WMA 混合料设计和分析程序中的某些部分。这些部分如下所示：

- 结合料等级选择
- RAP
- 短期烘箱养生
- 试件制作和压实
- 水敏感性
- 抗车辙性能

验证研究中包括的混合料如表 16 所示。对六个项目中的 16 种混合料的材料进行取样。验证混合料采用了多种方法生产的混合料，包括：四种 HMA control 混合料，三种使用 Advera WMA 方法的混合料，两种使用 Evotherm WMA 方法的混合料，两种使用 LEA 方法的混合料，两种使用厂拌发泡法的混合料，三种使用 Sasobit 的混合料。WMA 的生产温度介于 210 ℉（99℃）与 275 ℉（135℃）之间，WMA 的压实温度介于 195 ℉（90℃）与 250 ℉（121℃）之间。大多数的 WMA 混合料的生产温度约为 250 ℉（121℃），压实温度约为 230 ℉（110℃）。这些混合料包含 PG58 与 PG64 的结合料。只有一种混合料含有 RAP。

验证研究中进行的分析如表 17 所示。通过车辙模型，根据从厂拌混合料中测量的动态模量进行车辙预估，从第一阶段结合料等级研究中得到研究结果，使用回收结合料的等级与预估的车辙来完成研究成果的初步验证。回收结合料等级的数据是从 16 种混合料中收集的。预估的车辙仅在 Colorado I-70、Yellowstone National Park 与 New York Route11 项目所包含的混合料上进行。

表 16　现场验证混合料

项　目	方　法	温度，℉		拌 和 方 式
		生产	压实	
Colorado I-70	HMA Control	280	260	9.5mm，PG 58-28，旋转压实次数为 75 次
	Advera	250	230	
	Evotherm DAT	250	230	
	Sasobit	250	230	
Yellowstone National Park	HMA Control	325	315	19mm，PG 58-34，Hveem
	Advera	275	250	
	Sasobit	275	245	
NY Route 11	LEA	210	205	9.5mm，PG 64-22，旋转压实次数为 65 次
PA SR2007	HMA Control	320	300	9.5mm，PG 64-22，旋转压实次数为 50 次
	Evotherm DAT	250	230	
PA SR2006 与 PA SR2012	HMA	310	275	9.5mm，PG 64-22，旋转压实次数为 75 次
	Advera	250	230	
	Gencor Ultrafoam GX	250	230	
	LEA	210	195	
	Sasobit	250	230	
Monroe，North Carolina	Astec Double Barrel Green	275	260	9.5mm，PG 64-22，掺加 30% 的 RAP；旋转压实次数为 75 次

表 17　验证研究分析总结

组　成	第一阶段研究	验 证 分 析
结合料等级选择	结合料等级选择	回收结合料等级。用 MEPDG 车辙模型进行车辙预估
RAP 和新结合料的混合	RAP 研究	含 RAP 的厂拌 WMA 的混合研究
短期养生	短期养生研究	进行厂拌混合料和试验混合料的最大相对密度和抗拉强度的比较
特殊试件的制作程序	文献查阅和研究目前正在进行的研究	WMA 混合料的体积特性。用工厂发泡方法进行 WMA 混合料设计
可压实性	和易性研究	进行现场混合料的可压实性与报告和易性的比较
水敏感性	文献查阅和研究目前正在进行的研究	进行 HMA control 和 WMA 混合料的水敏感性结果的比较
抗车辙性能	文献查阅和研究目前正在进行的研究	进行 HMA control 和 WMA 混合料流值的比较

使用动态模量与回收结合料进行结合料混合研究，试验是在 North Carolina 项目的厂拌混合料上进行的，用该结合料混合研究来验证 RAP 与新结合料在 WMA 生产温度下的混合程度。在现场验证研究中只有 North Carolina 项目中的混合料含有 RAP。

第一阶段短期烘箱养生研究中建议的短期烘箱养生方法是通过如下试验来验证的：比较厂拌混合料和实验室制备的混合料的最大相对密度；比较厂拌、实验室压实试件和实验室拌和、实验室压实试件的抗拉强度。这 16 种验证混合料中有 15 种包括在该分析中。New York

Route 11 LEA 混合料不包括在其中，因为该项目中使用的 LEA 添加剂是不可用的。

初步 WMA 混合料设计方法中包含的特殊试件制作程序及第一阶段和易性研究中提出的可压实性标准是通过如下试验来验证的：制备实验室 WMA 混合料来模拟现场混合料。用实验室制备的试件的体积性能来验证特殊试件的制作程序。此外，对于使用工厂发泡方法的两个项目，其中的一个项目是使用 Wirtgen WLB-10 实验室发泡设备来进行 WMA 混合料设计的，以评价使用这种类型的设备进行混合料设计研究的实用性。用现场验证研究中 HMA 和 WMA 混合料的可压实性来验证第一阶段和易性研究中制定的暂定压实标准。

最后，初步 WMA 混合料设计方法规定：实验室混合料制备的 WMA 与 HMA 试件需进行水敏感性与流值试验。对每个项目中的 HMA control 与 WMA 混合料的试验结果进行对比。

2.6.3 疲劳研究

与 HMA 混合料相比，WMA 混合料的一个潜在好处是提高了混合料的疲劳特性，因为在较低的 WMA 生产温度下，结合料在厂拌过程中发生的老化减少了。第二阶段包括一项简要的研究以评价 WMA 相比于 HMA 的抗疲劳特性。该研究的试验设计如表 18 所示。在此研究中使用配合比设计试验中的两种混合料。对 HMA control 与使用 Advera、Evotherm 和 Sasobit 生产的 WMA 混合料进行连续损伤疲劳试验。所有的混合料都使用 PG 64-22 结合料。HMA 混合料是在建议的基于黏性的混合与压实温度下制备的。WMA 混合料的制备温度是配合比设计试验中使用的温度的中点温度。压实后，所有的试件都应按照 AASHTO R30 的规定进行长期烘箱老化，以模拟长期老化的影响。对研究所得的数据进行评价，以确定 WMA 混合料的抗疲劳性能是否明显地好于 HMA 混合料。

表 18 WMA 疲劳研究试验设计[1]

编号	混合料标识			方法			
	$N_{设计}$	集料吸收	RAP	HMA	有机 WMA	泡沫 WMA	化学 WMA
4	75	高	无	320/310[2]	250/240	250/240	250/240
6	100	低	无	320/310	250/240	250/240	250/240

注：[1]使用表 14 中的混合料，所有的混合料使用 PG 64-22 结合料。所有的混合料在压实温度下短期养生 2h。所有的混合料在 185℉下长期养生 120h。

[2]×××/×××，例如 320/310，表示混合/压实温度，℉。

2.7 WMA 标准草案

基于第二阶段的研究结果，对修正的初步程序的混合料设计部分进行最终修正。最终修正在第三章进行详细论述。修正的初步程序的混合料设计部分被重定为 AASHTO R35 附录的形式，以强调 WMA 混合料设计时需特殊考虑的事项及方法。该文件包含在本报告的附录 A 中。附录 B 是一个注释，它为采用和在未来修正 WMA 配合比设计时需考虑的注意事项及方法提供支撑信息。介绍推荐的 WMA 方法的培训材料包含在附录 C 中。程序的混合料分析部分被重定为一标准规程，该标准规程是为测量 WMA 的性能而建立的，测量的 WMA 性能用于使用 MEPDG 进行的性能分析当中。建议的标准规程包含在附录 D 中。

第 3 章 研究成果与应用

本章介绍 NCHRP 项目 09-43 中各项研究的主要研究成果，并讨论这些研究成果是怎样形成 AASHTO R 35 的附录草案［温拌沥青混合料（WMA）混合料设计时需特殊考虑的事项及方法］的，这包含在本报告的附录 A 中。关于这些研究成果的详细结果与支撑分析见附录 E。第 4 章中对从这些研究成果中得出的结论和建议进行了介绍。

3.1 第一阶段研究成果

3.1.1 试件重复加热研究

试件重复加热研究的目的是为了测定试件重复加热是否会对 WMA 混合料的力学性能产生重大影响。为进行各种验收和性能试验需经常重复加热 HMA 试件。当 WMA 方法包含不可逆成分（例如泡沫沥青或一些化学添加剂）时，在体积验收试验中可能无法使用重复加热试件。然而，如果重复加热对 WMA 试件的影响和其对 HMA 的影响是相似的，那么重复加热试件就可用来评价用于路面分析当中的 WMA 混合料的力学性能。

试件重复加热研究发现：重复加热对 WMA 和 HMA 力学性能的影响是相似的。该研究的详细分析见附录 E 的第 E2 节。图 6 ~ 图 10 显示了试件重复加热对 HMA control 和四种 WMA 方法（Aspha-min、Evotherm ET、Sasobit 和 LEA）的动态模量主曲线的影响。这些图形中的误差柱状图对于平均值为 95% 的置信区间，该平均值是根据 14% 的动态模量试验标准变差系数与试验样本数确定的。当置信区间不重叠时，则说明不同条件下的动态模量明显不同。重复加热对 WMA 劲度产生的影响与重复加热对 HMA 劲度产生的影响相似。这是一个动态模量主曲线中间部分的劲度，该劲度对结合料劲度的变化最敏感。

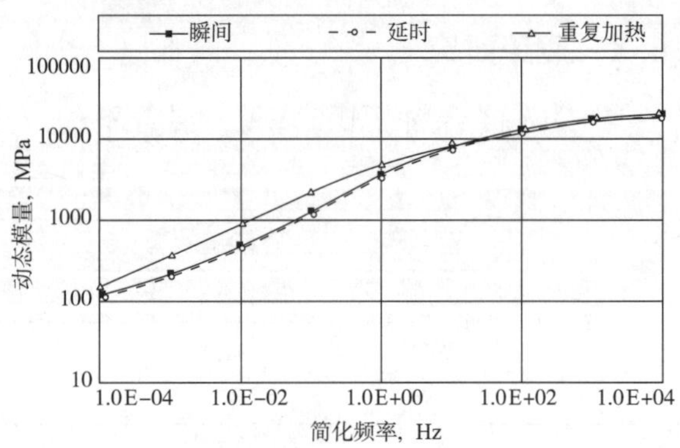

图 6　试件重复加热对 St. Louis HMA control 混合料动态模量的影响

表 19 量化了由重复加热引起的硬化。此表列出了 68℉（20℃）、0.1Hz（这相当于图 6 ~ 图 10上 0.1Hz 的简化频率，且与主曲线之间的最大差异接近）加载试验下，重复加热模量分别与瞬时模量、延时模量的比率。重复加热后的模量比瞬时模量高 60% ~ 150%，比延时模量高 30% ~ 80%。当把瞬时模量作为基础时，Aspha-min 混合料比 HMA control、Evotherm 及 Sasobit 混合料对重复加热的影响更敏感。当把

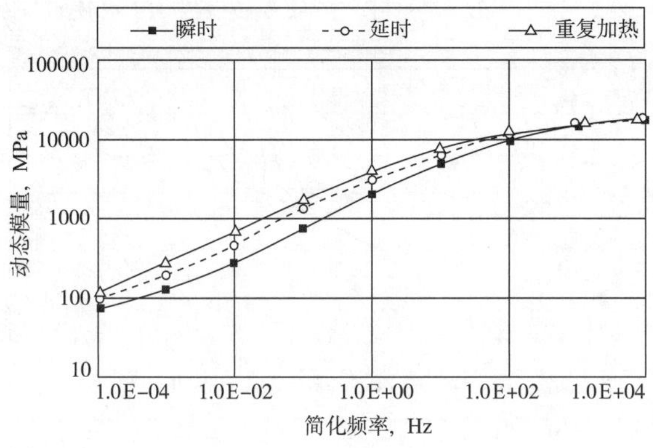

图7 试件重复加热对 St. Louis Aspha-min 混合料动态模量的影响

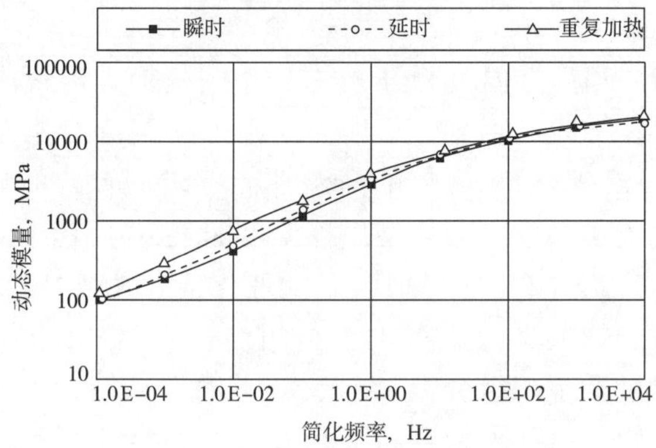

图8 试件重复加热对 St. Louis Evotherm 混合料动态模量的影响

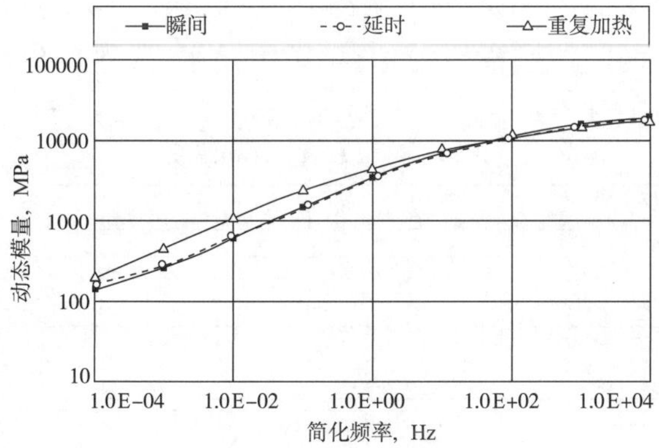

图9 试件重复加热对 St. Louis Sasobit 混合料动态模量的影响

延时模量作为基础时，WMA 混合料与 HMA control 混合料对重复加热的敏感性相似。为保证压实度，现场试件重复加热至较高温度，这时，重复加热的影响可能是发生额外老化的结果。与 HMA 一样，应该限制 WMA 重复加热的时间和温度，以使这种影响降到最低。

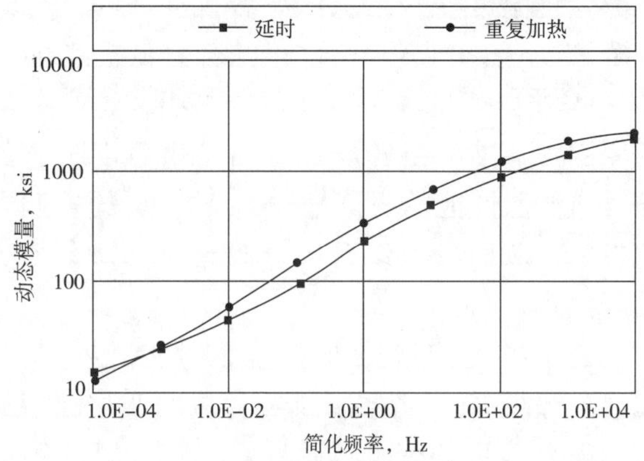

图10 试件重复加热对 New York LEA 混合料动态模量的影响

表19 68℉（20℃）、0.1Hz 加载试验下重复加热模量分别与瞬时模量、延时模量的比率

混合料	动态模量比率 68℉（20℃）0.1Hz	
	重复加热模量对瞬时模量	重复加热模量对延时模量
Control	1.89	1.80
Aspha-min	2.52	1.48
Evotherm	1.59	1.32
LEA	NT	1.49
Sasobit	1.59	1.60

3.1.2 结合料等级研究

WMA 较低的生产温度使结合料在施工过程中发生的老化较少，这个减少的老化可能导致 WMA 路面的车辙量增多，也可能提高 WMA 路面的抗疲劳性和抗低温开裂性。NCHRP 项目 09-43 包含 FHWA 的分析试验，试验使用 RTFOT——AASHTO T 240 来模拟 WMA 生产温度的影响。本节介绍了该分析的主要结论。详细分析见附录 E 的第 E3 节。

对 RTFOT 研究的数据进行分析，分析结果表明：RTFOT 温度变化对结合料高温等级的影响比低温等级大。当 RTFOT 老化温度从 325 ℉

(163℃) 下降到 230 ℉ (110℃) 时，结合料的高温连续等级下降大约一个等级 (6℃)。在相同的老化温度变化下低温等级仅提高约三分之一个等级 (2.0℃)。包含在结合料低温性能中的 PAV 中产生的额外老化可能是引起这种差异的原因。显然，由较低的短期老化温度引起的结合料低温性能的提高量被 PAV 模拟的长期老化抵消，从而导致结合料的低温等级只有很少的变化。

当 WMA 生产温度足够低而导致高温等级变化半个等级 (3℃) 时，高温等级的变化已足够考虑高温等级的变动。通过建立结合料高温等级的变化与结合料老化指数的关系 (图 11) 来确定高温等级变动范围。结合料老化指数如公式 (1) 所示，可以通过普通结合料试验得到。这是测定结合料老化敏感性的一个措施。老化指数越高的结合料在 RTFOT 试验中发生的硬化越多，其受 RTFOT 老化温度变化的影响越大，如图 11 所示。

$$AI = \frac{(G^*/\sin\delta)_{\mathrm{RTFOT}}}{(G^*/\sin\delta)_{\mathrm{TANK}}} \quad (1)$$

式中：AI——老化指数；

$(G^*/\sin\delta)_{\mathrm{RTFOT}}$——在等级温度下，RTFOT 沥青的高温劲度；

$(G^*/\sin\delta)_{\mathrm{TANK}}$——在等级温度下，油罐中沥青的高温劲度。

用图 11 所示的关系来评价 WMA 生产温度对结合料高温性能的影响。为了限制高温等级的变化在半个等级之内，用 3℃除以从结合料老化指数与图 11 所示的关系中得到的斜率。允许的温度变化如公式 (2) 所示，以限制高温等级变化小于半个等级。如老化指数为 2.4 的典型结合料，最大的允许温度变化值为 54℉ (30℃)。

$$\Delta T_{1/2\text{等级}} = \frac{-35.3}{(AI-1)^{0.495}} \quad (2)$$

式中：$\Delta T_{1/2\text{等级}}$——高温等级变化半个等级时，最大的温度变化值；

AI——性能等级温度下的老化指数。

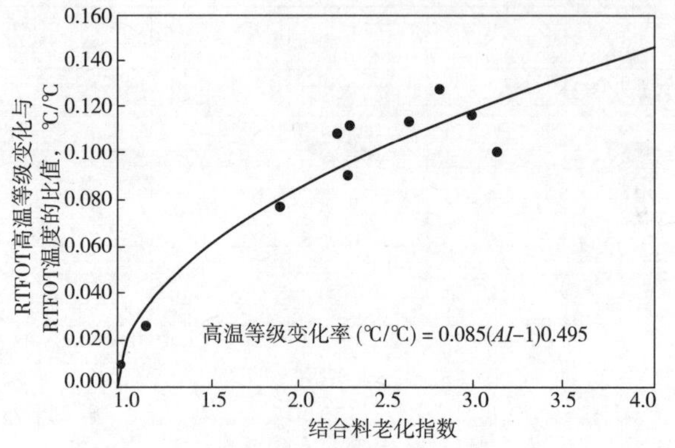

图 11　短期老化敏感性对 RTFOT 高温等级变化与 RTFOT 温度的比值的影响

当厂拌温度低于公式 (2) 获得的温度及典型 HMA 生产温度时，应考虑提高结合料的等级。基于结合料的高温性能等级沥青路面环境委员会推荐的典型厂拌温度如表 20 所示。对从公式 (2) 中得到的温度变化值及从表 20 中得到的典型拌和温度进行组合，当 WMA 生产温度低于该组合温度时，应考虑提高结合料的等级。对各种结合料等级及结合料老化指数水平对应的温度四舍五入到最接近的 5.0℉ (2.8℃)，如表 21 所示。如果计划的厂拌温度低于表 21 中所列的温度，应当考虑提高结合料的高温性能等级，使其比 HMA 的常规等级高一个等级。

表 20　典型 HMA 拌和温度

PG 高温等级	推荐的 HMA 拌和温度的中间值 (℉)
52	270
58	285
64	292
67	300
70	302
76	308
82	315

表21　基于RTFOT试验的不需提高高温PG等级的最小WMA生产温度

PG高温等级	老化指数											
	1.4	1.6	1.8	2.0	2.2	2.4	2.6	2.8	3.0	3.2	3.4	3.6
	不需提高高温PG等级的最小WMA生产温度（℉）											
52	170	190	200	205	210	215	220	220	225	225	230	230
58	185	205	215	220	225	230	235	235	240	240	245	245
64	190	210	220	230	235	235	240	245	245	250	250	250
67	200	220	230	235	240	245	250	255	255	255	260	260
70	200	220	230	240	245	245	250	255	255	260	260	260
76	210	225	235	245	250	255	260	260	265	265	265	270
82	215	235	245	250	255	260	265	265	270	270	275	275

RTFOT温度对结合料低温等级的影响相对较小，建议无需作为WMA结合料低温等级选择变化的考虑因素。然而，当考虑添加RAP的混合料时，低温等级可以明显地提高。当使用RAP掺配图时，混合料中每10%的总结合料由RAP结合料代替时，结合料低温连续等级变化约0.6℃。因此，通过降低生产温度而提高混合料中初始结合料的低温性能等级0.6℃，将允许在混合料中多添加10%的RAP结合料。从RTFOT研究中收集到的数据表明：PG ××-28结合料RTFOT温度每下降1℃，低温等级提高约0.035℃；PG ××-22结合料RTFOT温度每下降1℃，低温等级提高约0.025℃；PG ××-16结合料RTFOT温度每下降1℃，低温等级提高约0.022℃。使用这些值及表20中给出的各种结合料等级的典型HMA生产温度，提出了一些常见结合料等级用于RAP掺配表分析中的低温等级提高值，这些改进值列于表22中。例如初始结合料等级为PG 64-22、WMA生产温度为250℉的结合料，其初始结合料低温连续等级将提高0.6℃以考虑较低的WMA生产温度。

表22　为进行RAP掺配图分析在WMA生产温度下初始结合料低温连续等级预期的提高值

初始结合料PG等级	58-28	58-22	64-22	64-16	67-22
平均HMA生产温度（℉）	285	285	292	292	300
设备温度每下降1℃初始结合料低温等级的提高率	0.035	0.025	0.025	0.012	0.025
WMA生产温度（℉）	为进行RAP掺配图分析，初始结合料低温连续等级的提高值（℃）				
300	NA	NA	NA	NA	0.0
295	NA	NA	NA	NA	0.1
290	NA	NA	0.0	0.0	0.1
285	0.0	0.0	0.1	0.0	0.2
280	0.1	0.1	0.2	0.1	0.3
275	0.2	0.1	0.2	0.1	0.3
270	0.3	0.2	0.3	0.1	0.4
265	0.4	0.3	0.4	0.2	0.5
260	0.5	0.3	0.4	0.2	0.6
255	0.6	0.4	0.5	0.2	0.6
250	0.7	0.5	0.6	0.3	0.7

续上表

WMA 生产温度（℉）	为进行 RAP 掺配图分析，初始结合料低温连续等级的提高值（℃）				
245	0.8	0.6	0.7	0.3	0.8
240	0.9	0.6	0.7	0.3	0.8
235	1.0	0.7	0.8	0.4	0.9
230	1.1	0.8	0.9	0.4	1.0
225	1.2	0.8	0.9	0.4	1.0
220	1.3	0.9	1.0	0.5	1.1
215	1.4	1.0	1.1	0.5	1.2
210	1.5	1.0	1.1	0.5	1.3
205	1.6	1.1	1.2	0.6	1.3
200	1.7	1.2	1.3	0.6	1.4

3.1.3 短期烘箱养生研究

混合料设计和分析很重要的一步是在压实前对实验室制备的松散混合料进行短期烘箱养生。短期烘箱养生模拟结合料在施工过程中发生的吸收和老化。对 Colorado I-70 WMA 项目厂拌和实验室制备的混合料的性能进行比较，以选择一合适的短期养生条件。为了方便，选择的短期养生温度为压实温度。对 2h 与 4h 的养生时间进行调查研究。本节介绍了从短期烘箱养生研究中得到的研究成果。详细分析见附录 E 的第 E4 节。

短期烘箱养生研究对一些 WMA 方法开发者所建议的规程（在 WMA 压实温度下烘箱老化 2h）进行了验证。Colorado I-70 WMA 项目中所使用的混合料的最大相对密度对比如图 12 所示。图 12 的误差柱状图为基于 AASHTO T 209 中的单人测试精密度所测量的最大相对密度的可接受范围。图 12 显示，由于 Colorado I-70 混合料中所使用集料品种的原因，所有方法及所有短期老化条件下的最大相对密度基本一致。Colorado I-70 现场配合比公式中的吸水率为 0.8%。

图 13 对比了厂拌、实验室压实试件和实验室拌和、实验室压实试件的间接抗拉强度数据。图 13 中的误差柱状图对于平均间接抗拉强度为 95% 的置信区间。图 13 中的图形分析表明：实验室制备的试件在压实温度下养生 2h 后的抗拉强度与现场混合料的抗拉强度相近似。该研究

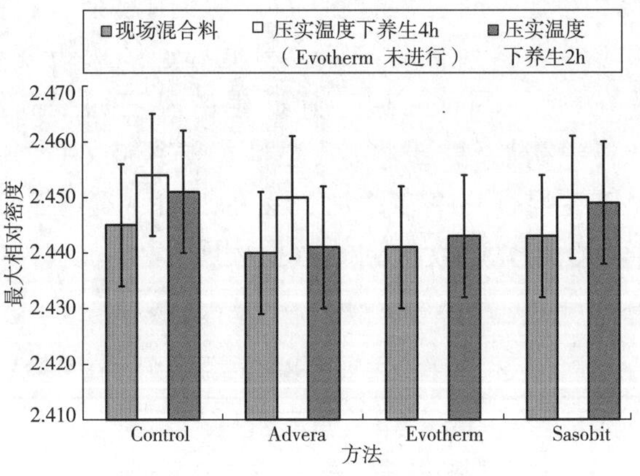

图 12 Colorado I-70 混合料的最大相对密度对比

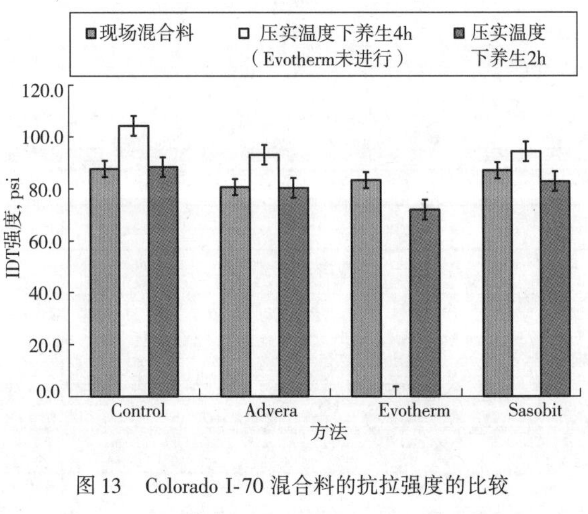

图 13 Colorado I-70 混合料的抗拉强度的比较

成果的统计分析见附录 E 的 E4 节。附录 E 的 E4 节也包括动态模量的图形与统计分析，分析结果同样表明 WMA 混合料的短期养生条件应为“在压实温度下养生 2h”。

3.1.4　RAP 研究

在 WMA 中使用 RAP 首要需考虑的是 RAP 与新结合料在 WMA 的较低温度下是否能够混合。RAP 研究旨在评价 RAP 与新结合料在 WMA 生产温度下的混合情况，该研究共包括两个试验。本节介绍了 RAP 研究的研究成果。RAP 研究的详细分析数据见附录 E 的 E5 节。

第一个试验是界面混合研究，使用“薄膜与薄膜”界面接触线原子力显微镜（AFM）成像技术来完成的。WMA 胶结料的薄膜被洒涂到之前已在 PAV 中老化的结合料薄膜上，以模拟老化的 RAP 结合料。在这些试件的新结合料薄膜中心处、两薄膜的接触线、朝着 RAP 结合料薄膜（新结合料没有裹覆该薄膜处）的边缘通过 AFM 成像。所有试件薄膜是在洒涂后成像的，然后当试件在 266℉（130℃）的烘箱中进行养生时定期地成像。界面混合研究发现，结合料薄膜在热循环下混合，这点在图 14 中的 AFM 图像中有显示。左下角的图像是 RAP 结合料的表面。WMA 结合料的表面如右上角图像所示，在这种情况下 Sasobit 是改性的。最后，左上角的图像为热混合的界面接触线图像，它描述了 RAP 结合料表面与新结合料表面在结构上的过渡，表明两种结合料在 266℉（130℃）的热养生温度下混合。

通过一个实验室混合试验来证实这个发现。在这个实验室混合试验中，HMA 与混合了 RAP 的 WMA 混合料在不同的温度下制备，且其短期养生时间介于 0.5h 到 2.0h 之间。对测量的动态模量与估算的动态模量进行对比（测量的动态模量是从混合料试件上测量的，估算的动态模量是使用混合料中回收的结合料估算的），以此来定量新结合料与回收结合料的混合程度。测量的动态模量代表“混合”状态，估算的模量代表“完全混合”状态。如果测量的和估算的动态模量之比接近 1，则说明 RAP 和新结合料的混合程度高。

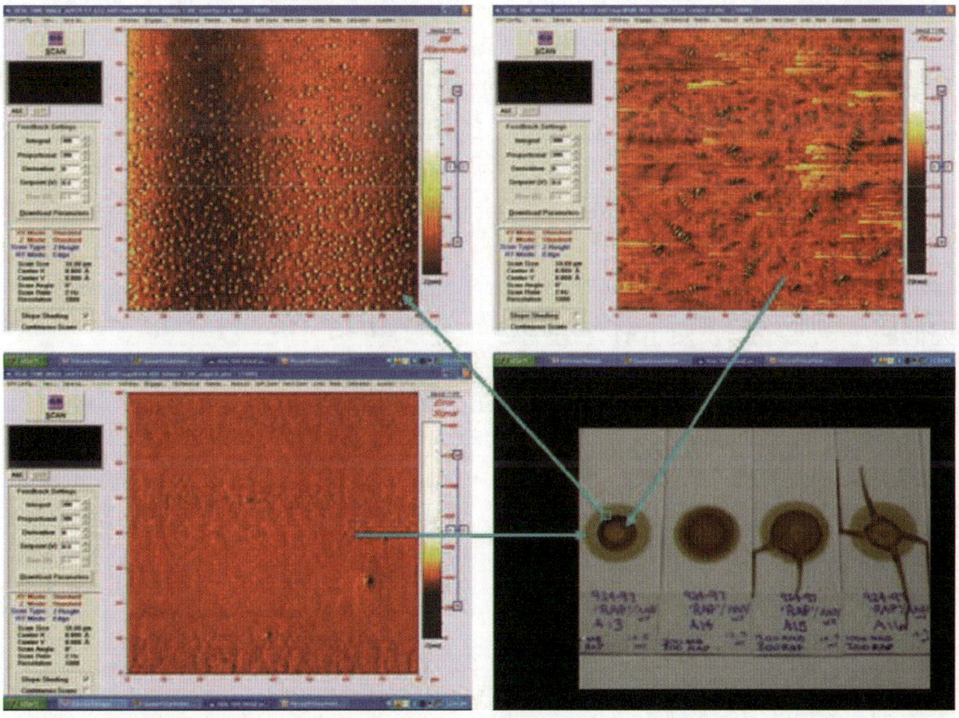

图 14　界面接触线（左上）、新结合料表面（右上）及退火后的 RAP 结合料表面（左下）的 AFM 图像

实验室拌和试验的结果如图 15 所示。在养生时间为 0.5h 和 1h 时，新结合料和回收结合料混合得很少。对所有的方法和温度，测量的与完全混合时估算的动态模量之比约在 0.35 ~ 0.55 之间。在 2h 的养生条件下，Control、Advera 和 Sasobit 的测量的与完全混合时估算的动态模量之比接近 1。温度对这些方法的影响同样很明显，养生温度越高，比值越大。Evotherm WMA 测量的与完全混合时估算的动态模量之比即使在 2h 的养生时间下仍维持较低的水平。这表明，这可能是因为用于该研究中的 Evotherm 的特殊形式阻碍了新结合料与回收结合料的混合，或是萃取与回收方法使 Evotherm 改性结合料变硬。混合料设计研究的其他成果显示：使用 Evotherm G3 方法，RAP 与新结合料在 2h 的养生条件下混合良好。使用 Evotherm G3 设计的含 25% RAP 的混合料的最佳结合料含量与含 25% RAP 的 HMA 一样。

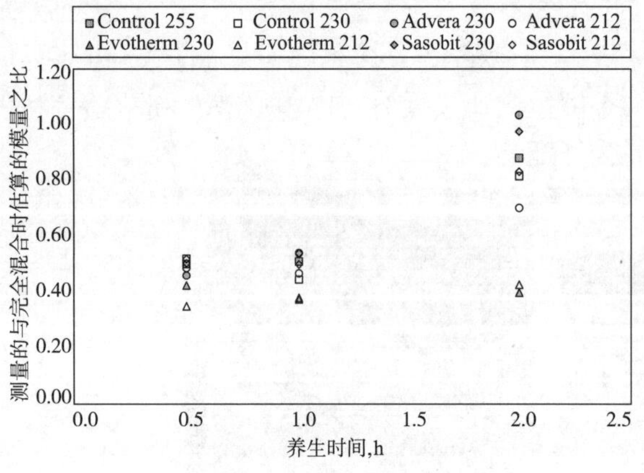

图 15　测量的与完全混合时估算的动态模量的比值

RAP 研究的两个试验结果表明 RAP 与新结合料在 WMA 生产温度下的混合方式与它们在 HMA 的较高温度下的混合方式一样。显然，混合的程度与时间有关，首先新结合料裹覆在集料与 RAP 上，然后两种结合料在高温储存中继续混合。本项目中使用的 RAP 非常硬，连续性能等级为 PG 105.8-2.3，可能表示最差的情况。由于结合料在温度为压实温度的烘箱养生中继续混合，所以在混合研究中压实温度可能为临界温度。它可能是与该温度下 RAP 结合料黏度有关的可用的最小温度。该研究中使用的 RAP 结合料在 221℉（105℃）的平均压实温度下的黏度约为 22 000 P（220Pa · s），这表明 WMA 中 RAP 的暂定要求应为：RAP 在计划的现场压实温度下的黏度应小于 22 000 P（220 Pa · s）。换句话说这相当于要求计划的现场压实温度高于回收 RAP 结合料满足 AASHTO M 320 中 $G^*/\sin\delta = 2.2\text{kPa}$ 的规定时所需的温度。

3.1.5　和易性研究

和易性研究即确定一和易性试验方法，用该试验确定代替基于黏性的混合与压实温度，以直接地评价 WMA 混合料的和易性与可压实性。三个测量移动刮板通过松散混合料所需的扭矩或力的设备作为潜在和易性设备：(1) UMass 和易性设备；(2) Nynas和易性设备；(3) New Hampshire 大学和易性设备。此外，从旋转压实过程中获得的各种参数（包括旋转剪切应变）可作为评价可压实性的一种措施。本节介绍了和易性研究的成果。关于和易性研究的详细数据分析见附录 E 的 E6 节。

这三种设备和易性研究的主要成果为：这些设备只有在温度比与常用的 WMA 生产温度低很多时才能区分 HAM 与 WMA。图 16 对这点进行了阐明，显示了 UMass 和易性设备在不同温度下测得的扭矩。和易性研究进一步发现，达到 92% 的相对密度所需的旋转压实次数对温度和 WMA 添加剂具有相似的敏感性，如图 17 所示。

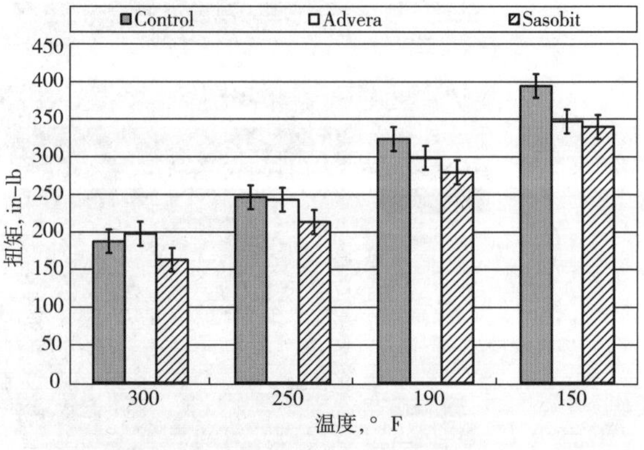

图 16　温度与 WMA 添加剂对 UMass 和易性设备测得的扭矩的影响

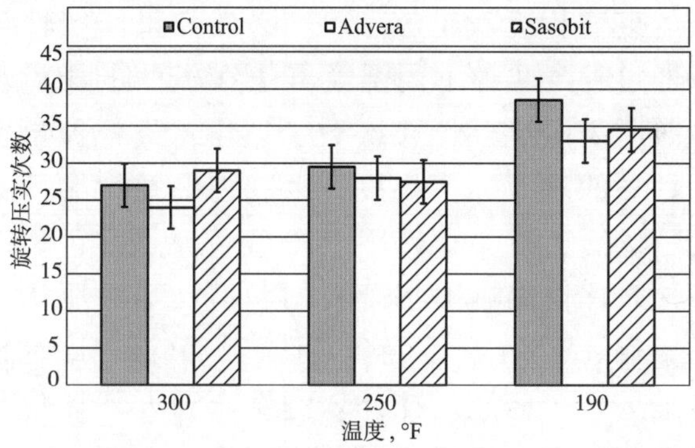

图 17　温度与 WMA 添加剂对达到 92% 的相对密度所需的旋转压实次数的影响

和易性研究表明，HMA 与 WMA 的和易性与可压实性的差异是可以测量的，然而这种差异只有在温度低于标准的 WMA 出厂温度时才明显。这表明没必要评价计划的生产温度下的和易性，只需评价计划的生产温度下的裹覆程度就足够了。和易性和可压实性可以通过确定两种不同温度下空隙率达到 8% 时所需的旋转压实次数来评价，第一种温度为计划的现场压实温度，第二种温度为比计划的现场压实温度低 55℉（30℃）的温度，也能用它来评价混合料的和易性与可压实性的温度敏感性。

3.2　初步混合料设计方法的修正

基于第一阶段的研究成果对初步混合料设计方法进行修正。第一阶段的各种研究成果怎样用于初步混合料设计方法的修正中，如表 23 所示。

表 23　修正的初步混合料设计方法

第一阶段研究	主 要 成 果	初步设计方法的修正
试件重复加热	1. 重复加热对 WMA 与 HMA 产生的硬化效果相近似	1. 不直接结合。用于选择暂行的短期养生时间
结合料等级	1. 结合料高温等级受 RTFOT 老化温度变化影响显著。温度对短期老化敏感性强的结合料影响更大。 2. RTFOT 老化温度变化对结合料低温等级变化影响很小。 3. 当使用掺配图时，RTFOT 温度对低温等级的影响可以影响 RAP 的含量	1. 初步的建议包含于结合料等级选择中，基于计划的生产温度与表 21 提高结合料的高温性能等级。 2. 不需要改变。 3. 为进行掺配图分析，基于表 22 增加提高初始结合料低温等级的初步建议
短期养生	1. 在压实温度下短期养生 2h 能合理地模拟结合料在施工过程中发生的吸收与老化	1. 进行体积设计和性能试验时，规定试件需在压实温度下养生 2h
RAP	1. RAP 与新结合料在 WMA 生产与养生温度下的混合方式与它们在 HMA 中的混合方式一样。混合程度取决于混合料在高温中的时间，同时也可能与 RAP 结合料的劲度有关	1. 在注释增加“RAP 结合料的‘回收’高温等级应该低于计划的现场压实温度”这一条。同时，如果混合料在高温中的混合时间小于 2h，需进行厂拌研究以验证 RAP 与新结合料的拌和程度
和易性	1. WMA 的和易性与可压实性差异只有在温度低于 WMA 生产温度时才可以测量	1. 在修正的初步程序中不包括和易性试验。在计划的生产温度下评价裹覆程度。增加“在计划的现场压实温度下及比计划的现场压实温度低 54℉的温度下，需限制达到 92% 的相对密度时的旋转压实次数”这一条，以控制可压实性

试件重复加热研究的主要成果是重复加热对 WMA 和 HMA 的硬化效果相类似。该成果没有直接纳入修正的初步混合料设计方法中。它用于第一阶段其他研究的数据分析中，特别是选择 WMA 短期养生时间的研究中。

结合料等级研究取得了三个主要研究成果：第一，结合料高温等级受 RTFOT 老化温度变化影响显著。确定短期老化温度、结合料老化指数及结合料高温等级变化之间的关系，并用此关系来进行生产温度的初步指导——低于生产温度结合料的高温等级应当提高一个等级。该指导意见包含在修正的初始程序中。第二，RTFOT老化温度变化对结合料低温等级变化影响很小，建议无需作为WMA结合料低温等级选择变化的考虑因素。第三，当进行掺配图分析时，低温性能很小的改进可使RAP的用量增加。

短期养生研究的主要研究成果为：在压实温度下短期养生2h能合理地模拟结合料在施工过程中发生的吸收与老化。修正的初步程序规定，在进行体积设计和性能试验时，试件需在压实温度下养生2h。

RAP研究表明：RAP与新结合料在WMA生产与养生温度下的混合方式与它们在HMA的较高的生产与压实温度下的混合方式一样。混合程度取决于混合料在高温中的时间，同时也可能与RAP结合料的劲度有关。在WMA的初步混合料设计与分析程序中，假定可加入到WMA中的RAP的总量受计划的WMA生产温度及新结合料与RAP结合料相容性的限制。第一阶段的RAP研究表明：RAP与新结合料在WMA生产温度下能充分地混合，所以应当去掉初步程序中关于RAP用量的限制。附录中描述混合结合料相容性的试验也应当去除，因为第一阶段中的相容性试验表明RAP与新结合料的相容性值在典型的未改性的结合料范围之内。应增加"含RAP的WMA的计划现场压实温度应超过回收RAP结合料的$G^*/\sin\delta$值为2.2kPa时的温度"这一条规定。增加"一注释表明混合料中RAP的有效性取决于混合料放置在高温中的总时间"这一条。该注释同样表明如果混合料放置在比设计中使用的压实温度高的温度中的时间小于2h，则必须在厂拌混合料上进行动态模量试验。

和易性研究表明：HMA与WMA的和易性与可压实性之间的差异是可以测量的。然而这种差异只有在温度低于标准的WMA生产温度时才显著。这表明没必要在计划的生产温度下评价混合料的和易性，只需评价计划的生产温度下的裹覆程度就足够了。和易性和可压实性可以通过确定两种不同温度下达到92%的相对密度时所需的旋转压实次数来评价，第一种温度为计划的现场压实温度，第二种温度为比计划的现场压实温度低55℉（30℃）的温度。也能用这来评价温度对混合料的和易性与可压实性的影响。WMA初始混合料设计与分析程序也相应地进行了修正。在计划的生产温度下评价和易性与可压实性已从程序的"集料结构设计"与"结合料含量设计"的章节中删除了。用达到92%的相对密度时所需的旋转压实次数来评价混合料的可压实性。这在"结合料含量设计"一节中进行了评价。所包括的35%的设计旋转次数的暂行限制是根据NCAT的研究报告制定的。为进行和易性与可压实性评价，让另外两个结合料为最佳结合料含量的试件在比现场的压实温度低54℉（30℃）的温度下压实，并测定达到92%的相对密度时所需的旋转压实次数。基于第一阶段和易性研究中有限的试验，确定一暂行限制，该限制规定在比现场压实温度低54℉（30℃）的温度下的旋转压实次数，应在计划现场压实温度下的旋转次数的125%范围内。

3.3 第二阶段研究成果

NCHRP项目09-43第二阶段的研究即评价与验证WMA修正的初步混合料设计方法。第二阶段的研究包括如下三项：（1）实验室混合料设计研究；（2）现场验证研究；（3）疲劳研究。这些研究中的研究成果将在下面的章节中进行阐述。关于第二阶段研究的详细分析见附录E。

3.3.1 实验室混合料设计研究

在实验室混合料设计研究中，WMA修正的初步混合料设计方法成功地应用于多个WMA混合料中。从被测试的混合料中可知，体积特性对WMA方法的类型或WMA方法的温度不敏感。混合料的可压实性、水敏感性及抗车辙性对 WMA 方法类型与 WMA 生产温度敏感。具体的研究成果将在下面讨论。关于导致这种结果的详细分析见附录 E 的 E7 节。

3.3.1.1　体积特性

为了进行集料与结合料的特定组合，在附录 E 的 E7 节中进行了配对差统计分析，发现当 HMA 的结合料吸水率为 1.0% 或更低时，设计得当的 WMA 与 HMA 的体积特性差别不大。这些研究结果以图形的形式表示，如图 18 ~ 图 21 所示。

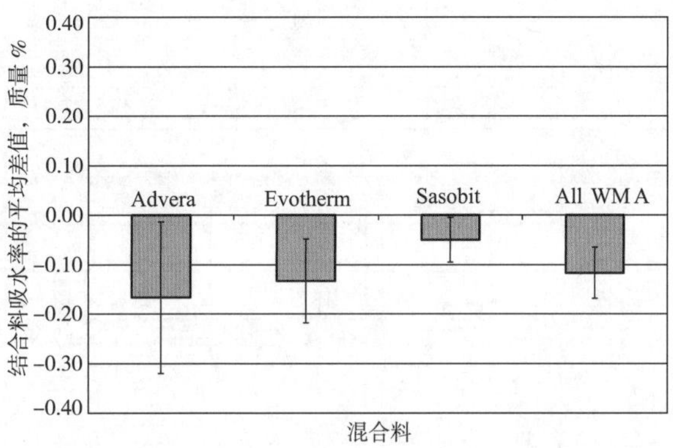

图 18　从混合料配合比设计研究中得到的结合料吸水率（WMA-HMA）的平均差值（误差柱状图是 ±95% 的单侧置信区间）

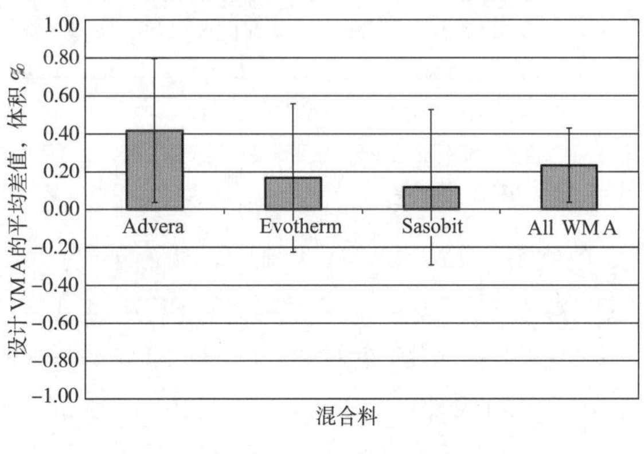

图 19　从混合料配合比设计研究中得到的设计 VMA（WMA-HMA）的平均差值（误差柱状图是 ±95% 的单侧置信区间）

本混合料设计研究中包括的 WMA 与 HMA 混合料的结合料吸收差值如图 18 所示。WMA 混合料吸收值平均比 HMA 混合料低 0.1%，该差值具有统计显著性。这使 WMA 的设计 VMA 平均增加约 0.2%，如图 19 所示，它同样具有统计显著性。然而，这对混合料的设计结合料含量与结合料有效体积（V_{BE}）的影响不大，如图 20 与图 21 所示。WMA 的平均设计结合料含量比 HMA 低，但是其相差值不足 0.1%，而 WMA 的平均设计 V_{BE} 比 HMA 高 0.1%。这些都不具有统计显著性。Advera 混合料的设计 V_{BE} 明显地高于 HMA 的设计 V_{BE}。

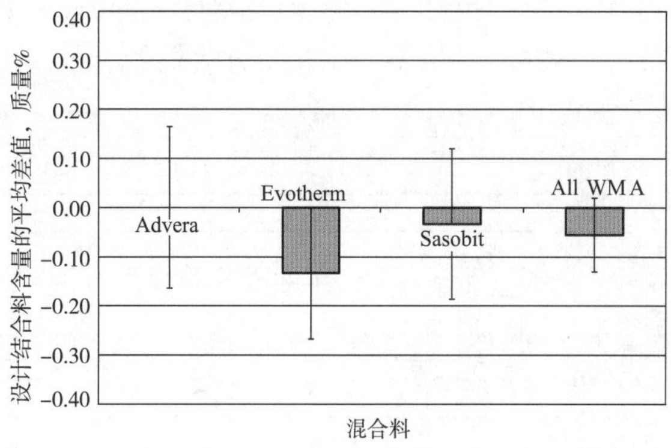

图 20　从混合料配合比设计研究中得到的设计结合料含量（WMA-HMA）的平均差值（误差柱状图是 ±95% 的单侧置信区间）

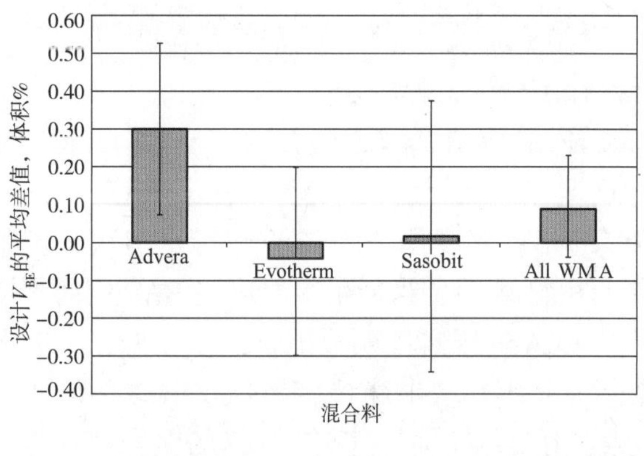

图 21　从混合料配合比设计研究中得到的设计 V_{BE}（WMA-HMA）的平均差值（误差柱状图是 ±95% 的单侧置信区间）

3.3.1.2　可压实性

在修正的初步程序中，测定在计划的现场压实温度下及比计划现场压实温度低 54℉（30℃）的温度下，达到 92% 的相对密度时所需的旋转压实次数，以此来评价混合料的可压实性。附录 E 的 E7 节中的配对差统计分析研究结果表明 WMA 混合料的可压实性［测定压实温度下降 54℉（30℃）时，达到 92% 的相对密度所需增加的旋转压实次数］对生产温度、混合料中的 RAP 及 WMA 方法很敏感。图 22 为在计划现场压实温度下，温度及 RAP 掺量对达到 92% 的相对密度所需的旋转压实次数的影响。图 22 表明，WMA 在 260℉（126℃）与 215℉（102℃）时的可压实性与 HMA 在 310℉（154℃）时的可压实性没有区别，这就表明即使加入了 25% 的 RAP，WMA 方法仍然有效。

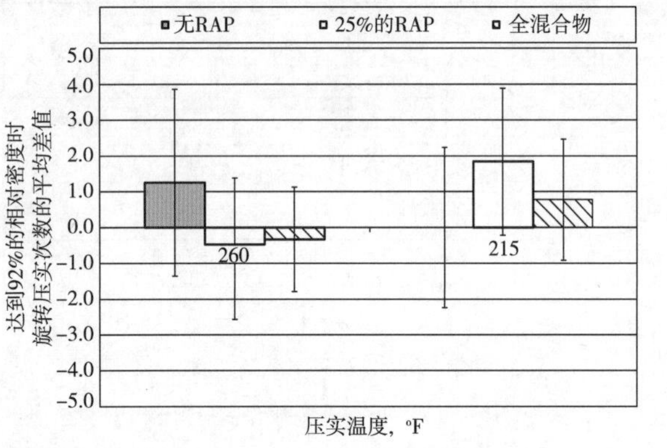

图 22　对于配合比设计研究，压实温度下（WMA-HMA）达到 92% 的相对密度时旋转压实次数的平均差值（误差柱状图是 ±95% 的单侧置信区间）

图 23 与图 24 显示了压实温度下降 54℉（30℃）时，温度、WMA 方法及 RAP 对达到 92% 的相对密度所需增加的旋转压实次数的影响。图 23 表明，当低生产温度与 RAP 同时影响时，WMA 的压实度明显地下降。在修正的初步混合料设计方法中建议旋转压实次数的增加量应限制在 25% 以内，而含 RAP 的混合料在较低压实温度 215℉（102℃）下压实时超过了此限制。图 24 表明，当压实温度下降时，不同的 WMA 方法对可压实性有不同的影响。与其他方法相比，含 RAP 的 Evotherm WMA 对压实温度的下降更敏感。应当指出的是，因为 Evotherm 是通过沥青终端设备加入到结合料中的，所以 RAP 混合料的 Evotherm 浓度（混合料中总结合料的百分比）会下降，而这可能会影响含 RAP 混合料的 Evotherm WMA 的可压实性。

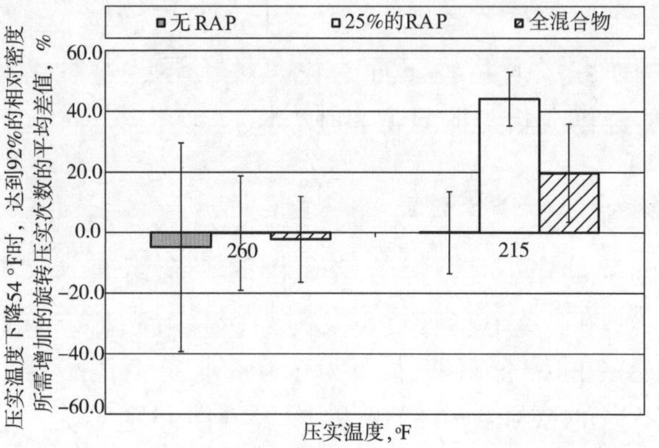

图 23　对于配合比设计研究，温度对压实温度（WMA-HMA）下降 54℉达到 92% 的相对密度时所需增加的旋转压实次数的平均差值的影响（误差柱状图是 ±95% 的单侧置信区间）

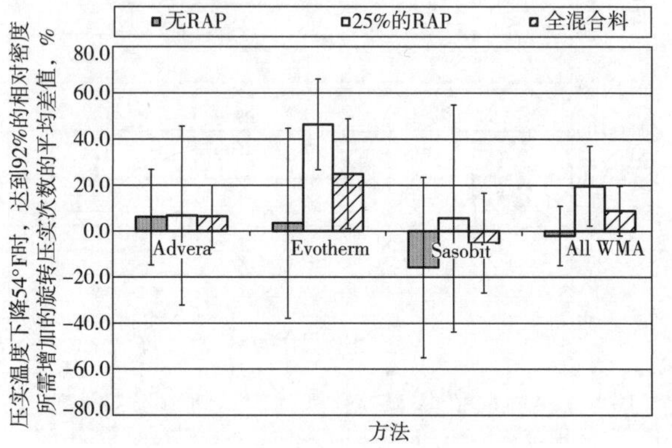

图 24　对于配合比设计研究，WMA 方法对压实温度（WMA-HMA）下降 54℉达到 92% 的相对密度时所需增加的旋转压实次数的平均差值的影响（误差柱状图是 ±95% 的单侧置信区间）

3.3.1.3　水敏感性

在修正的初步 WMA 混合料设计方法与 AASHTO R 35［热拌沥青混合料（HMA）的 Superpave 体积设计标准规程］中使用 AASHTO T 283［压实的热拌沥青混合料（HMA）的抗水损害性］进行水敏感性评价。试验所用的试件在压实温度下进行 2h 的短期养生。附录 E 第 E7 节中介绍的配对差统计分析表明 WMA 的干抗拉强度、条件抗拉强度与抗拉强度比率明显地低于 HMA。分析结果同样表明 WMA 方法会影响抗拉强度比率。WMA 方法对干抗拉强度的影响如图 25 所示。WMA 混合料的干抗拉强度平均比

HMA 混合料低 25psi（172kPa）。所有 WMA 方法的这种减少量是一致的，并与 260℉（127℃）及 215℉（102℃）的压实温度类似。

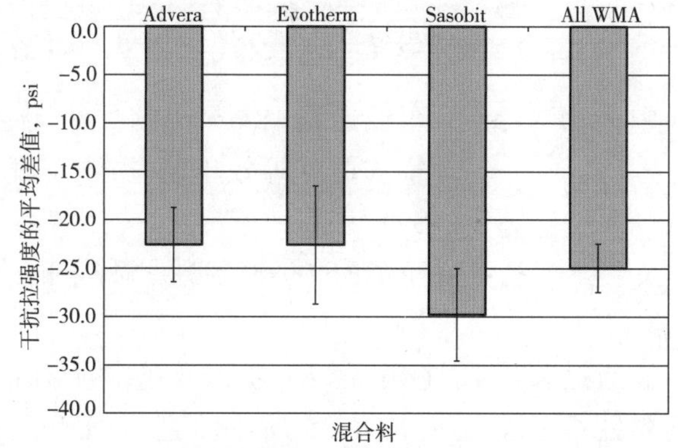

图 25　对于配合比设计研究，WMA 方法对 25°C（WMA-HMA）下的干抗拉强度平均差值的影响（误差柱状图是 ±95% 的单侧置信区间）

WMA 方法对抗拉强度比的影响如图 26 所示。尽管 WMA 混合料老化的减少将导致抗拉强度明显地下降，但是由于 Evotherm 方法添加了抗剥落剂，所以其抗拉强度比并没有减少。

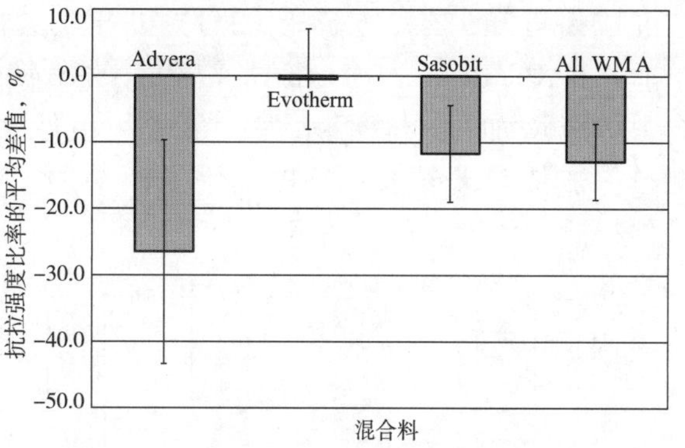

图 26　对于配合比设计研究，WMA 方法对抗拉强度比（WMA-HMA）平均差值的影响（误差柱状图是 ±95% 的单侧置信区间）

本研究中所有混合料的抗拉强度比如表 24 所示，大部分 WMA 混合料的抗拉强度比低于 AASHTO M 323 中的最低规定值——80%。只有使用 Evotherm 的混合料，其抗拉强度比始终高于 80%。对于抗拉强度比超过 92% 的 HMA 及所有的 WMA 方法，使用 Virginia 石灰岩生产的、结合料含量很高的混合料 2 的抗水损害性很强。

表 24　抗 拉 强 度 比 率

混合料	旋转压实次数	设计交通量，百万 MESAL	RAP	HMA		Advera		Evotherm		Sasobit	
				TSR，%	压实温度，℉	TSR，%	压实温度，℉	TSR，%	压实温度，℉	TSR，%	压实温度，℉
1	50	<0.3	是	88.3	310	74.5	215	83.0	215	81.7	260
2	50	<0.3	否	92.3	310	95.2	260	93.9	260	94.9	215
3	75	<3	是	81.4	310	34.5	260	89.8	260	68.4	260
4	75	<3	否	91.8	310	66.7	215	83.6	260	71.5	215
5	100	<10	是	94.7	310	70.6	260	83.7	260	74.0	215
6	100	<10	否	69.8	310	17.9	215	81.5	215	57.8	260

3.3.1.4　抗车辙性

修正的初步混合料设计方法中的抗车辙性是使用流值来评价的，流值依照 AASHTO TP 79［使用沥青混合料性能试验仪（AMPT）来确定热拌沥青混合料（HMA）的动态模量与流值］测定。在 NCHRP 项目 09-33 中同样提议使用流值来评价 HMA 的抗车辙性。因为不同的旋转压实次数其流值明显地不同，故使用公式（3）中定义的标准差来进行配对差统计分析。使用标准差进行分析，因此流值较高的混合料将不会对分析起主导作用。

$$ND = \left(\frac{Nf_{\text{WMA}} - Nf_{\text{HMA}}}{Nf_{\text{HMA}}}\right) \times 100 \qquad (3)$$

式中：ND——标准差；

Nf_{WMA}——WMA 混合料的流值；

Nf_{HMA}——HMA 混合料的流值。

附录 E 第 E7 节中介绍的流值配对差统计分析表明：WMA 的流值明显地低于 HMA。WMA 方法对流值的影响如图 27 所示。所有 WMA 方法的平均差值相近似，均约为 40%。两个不同压实温度下的平均差值同样相近似，如图 28 所示。所有的 WMA 方法及两种温度下的抗车辙性相近似，因为基于第一阶段结合料等级研究的研究成果可知，在215℉（102℃）的压实温度下非-RAP Advera与Evotherm混合料的高温结合料等级增加一个等级水平。在这些条件下，测量的流值随着结合料劲度的增加而增加，这就使得测量的流值的差值更小。

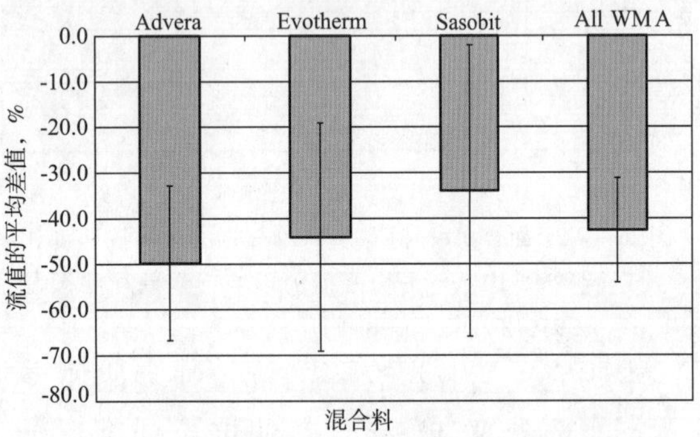

图27　对于配合比设计研究，（WMA-HMA）/HMA流值的平均标准差（误差柱状图是±95%的单侧置信区间）

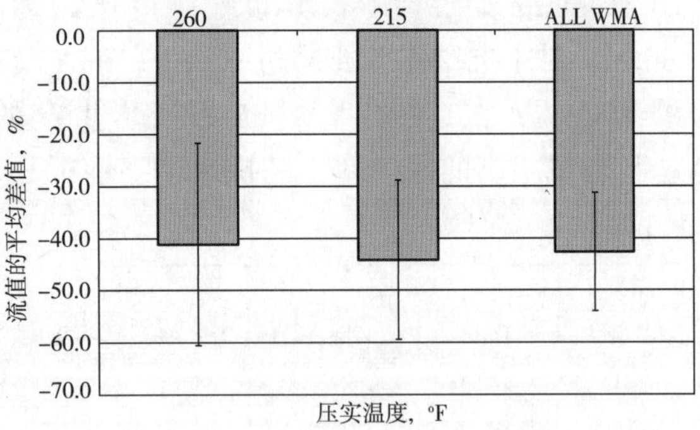

图28　对于配合比设计研究，压实温度对（WMA-HMA）/HMA流值的平均标准差的影响（误差柱状图是±95%的单侧置信区间）

在NCHRP项目09-33中，建立流值与车辙深度为0.5in（12.5mm）时的容许交通量之间的关系式：

$$MESAL = \frac{F_n^{0.873}}{6.222} \tag{4}$$

式中：*MESAL*——车辙达到12mm时的预估交通量，百万等效单轴荷载（MESAL）；

F_n——NCHRP 09-33试验条件下的流值。

通过公式式（4）求出的本研究中所有混合料的容许交通量如表25所示。基于HMA数据可知，两个旋转压实次数为50次的混合料，其抗车辙性明显地高于要求值，因为这两种混合料所使用的集料，其棱角性远远超出了AASHTO M 323中规定的该交通量下的集料棱角性。为混合料4所设计的HMA的抗车辙性略低于设计交通量水平，而混合料6的抗车辙性只有设计交通量水平的二分之一。含RAP的混合料的抗车辙性明显地高于不含RAP的混合料的抗车辙性。分析表25中的数据，结果表明当设计的交通量为一千万当量单轴荷载或更大时，很难进行WMA混合料设计使其满足NCHRP项目09-33中规定的流值抗车辙性标准的要求。

表25　从流值试验中得到的NCHRP 09-33的抗车辙性

混合料	旋转次数	设计交通量MESAL	RAP	HMA		Advera		Evotherm		Sasobit	
				MESAL	压实温度，℉	MESAL	压实温度，℉	MESAL	压实温度，℉	MESAL	压实温度，℉
1	50	<0.3	是	6.1	310	2.4	215	2.0	215	3.5	260
2	50	<0.3	否	2.2	310	1.0	260	1.8	260	1.6	215
3	75	<3	是	13.5	310	4.7	260	5.9	260	9.5	260
4	75	<3	否	2.8	310	2.6	215	2.2	260	1.6	215
5	100	<10	是	12.3	310	3.5	260	5.0	260	4.1	215
6	100	<10	否	4.9	310	3.9	215	3.9	215	5.9	260

3.3.2　现场验证研究

现场验证研究对混合料修正的初步设计程序的几个部分进行了阐述，包括：（1）结合料等级的选择；（2）RAP；（3）短期烘箱养生；（4）试件制作；（5）裹覆程度与可压实性；（6）水敏感性；(7) 抗车辙性。介绍了每个部分的具体研究成果，并将在下面进行讨论。关于这些研究成果的详细分析过程见附录 E 的第 E8 节。

3.3.2.1　结合料等级选择

用回收结合料等级及车辙试验来验证从 RTFOT 试验中得到的高温等级变动表，而车辙评价是使用厂拌混合料及 MEPDG 车辙模型中得到的动态模量试验数据来进行的。每个验证混合料中回收结合料的连续等级如表 26 所示。表 26 包括规定的结合料等级与回收等级。在所有情况下，WMA 方法的低温与中间温度的特性符合项目规定的结合料等级。以下三种情况的高温等级低于规定的值：Yellowstone National Park 项目中的 Advera 比规定的等级低 1.7℃，New York Route 11 项目中的 LEA 比规定的等级低 3.5℃，Pennsylvania SR2006 项目中的 LEA 比规定的等级低 0.8℃。

表 26　回收结合料的连续等级

项　目	方　法	生产温度（℉）	连续等级温度（℃）		
			高	中间	低
Colorado I-70	规定的	NA	58.0	19.0	-28.0
	Control	280	59.3	14.2	-30.6
	Advera	250	60.0	13.7	-31.6
	Evotherm	250	61.3	14.1	-31.1
	Sasobit	250	63.9	15.1	-29.9
Yellowstone National Park	规定的	NA	58.0	16.0	-34.0
	Control	325	60.0	11.1	-34.1
	Advera	275	56.3	8.9	-36.2
	Sasobit	275	60.7	10.1	35.6
New York Route 11	规定的	NA	64.0	22.0	-28.0
	LEA	210	60.5	14.0	-31.1
Pennsylvania SR2007	规定的	NA	64.0	25.0	22.0
	Control	320	67.7	22.0	-24.6
	Evotherm	250	67.2	22.0	-24.9
Pennsylvania SR2006	规定的	NA	64.0	25.0	-22.0
	Control	310	66.6	24.1	-22.5
	Advera	250	67.0	22.9	-24.1
	Gencor	250	67.5	21.7	-25.7
	LEA	210	63.2	21.6	-25.4
	Sasobit	250	72.9	23.3	-22.5
Monroe, North Carolina	规定的	NA	70.0	28.0	-22.0
	Astec	275	71.5	23.7	-23.9

同 HMA 相比，WMA 的连续等级温度的平均差值如表 27 所示。高温等级的变化值明显地低于 RTFOT 试验中的预估值。从 RTFOT 试验中可知，对于老化指数为 2.4 的标准沥青结合料，生产温度下降 50℉（28℃）与 100℉（56℃）时，估计高温等级将分别减少 2.8℃与

5.6℃。从现场数据可知，当生产温度约降低50℉（28℃）时，除Sasobit的结合料高温等级将增加外，其他方法的结合料高温等级的减少值不足1℃，而生产温度约降低100℉（56℃），将导致LEA项目的高温等级约降低二分之一个等级。另一方面，低温等级的变化值将大于从RTFOT试验中得到的预估值。从RTFOT试验可知，生产温度下降50℉（28℃）与100℉（56℃）时，估计低温等级将分别提高0.5℃与1.0℃。从现场试验数据可知，当生产温度约降低50℉（28℃）时，除Sasobit的结合料低温等级增加外，其他方法的结合料低温等级平均提高1.5℃，而生产温度约降低100℉（56℃），将导致LEA项目的低温等级提高2.9℃。基于回收结合料试验可知，当使用WMA时，只要生产温度的下降值不超过100℉（56℃），结合料的等级将不会发生变化。

表27　和HMA相比，WMA的连续等级温度的平均差值

方法	数目	生产温度的平均差值（℉）	连续等级温度的平均差值（℃）		
			高	中	低
Advera	3	-46.7	-0.9	-1.3	-1.6
Evotherm	2	-50.0	0.8	0.0	-0.4
LEA	1	-100.0	-3.4	-2.5	-2.9
工厂发泡	1	-60.0	0.9	-2.4	-3.2
Sasobit	3	-46.7	3.9	-0.3	-0.3

使用E*车辙EXCELE电子表格预测Colorado I-70、Yellowstone National Park与New York Route 11项目的车辙，该E*车辙EXCELE电子表格是通过Arizona State大学的动态模量简单性能试验得到的。该电子表格使用MEPDG中包含的校准车辙模型，能迅速地进行沥青层车辙预估。混合料动态模量主曲线是该分析中所需的材料属性。主曲线是依照AASHTO PP 61的规定从厂拌混合料中得到的。这三个项目的车辙预估值分别如图29、图30和图31所示。从这些图中可得到如下结论：

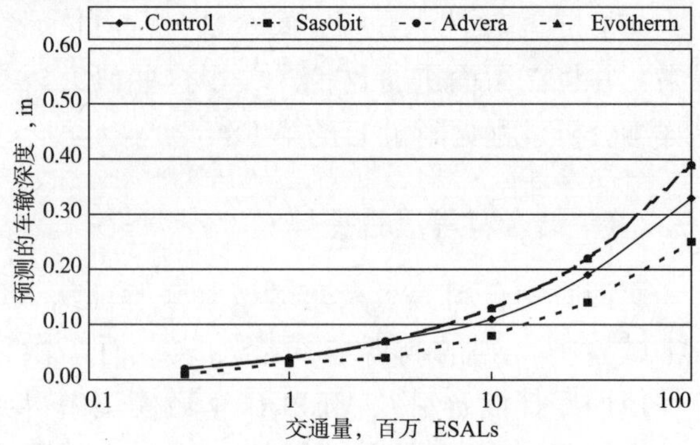

图29　Colorado I-70项目的预测车辙

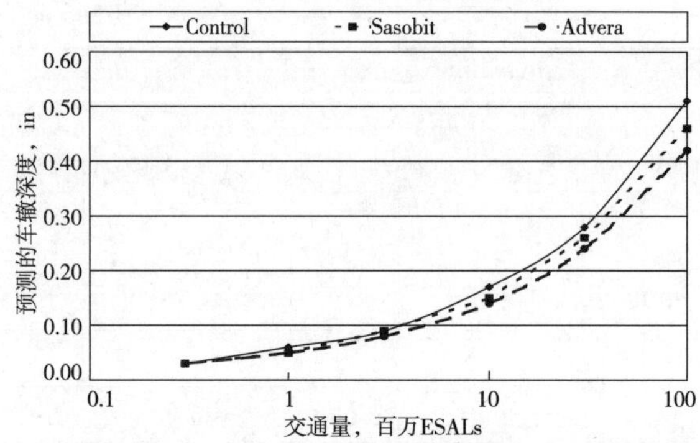

图30　Yellowstone National Park项目的预测车辙

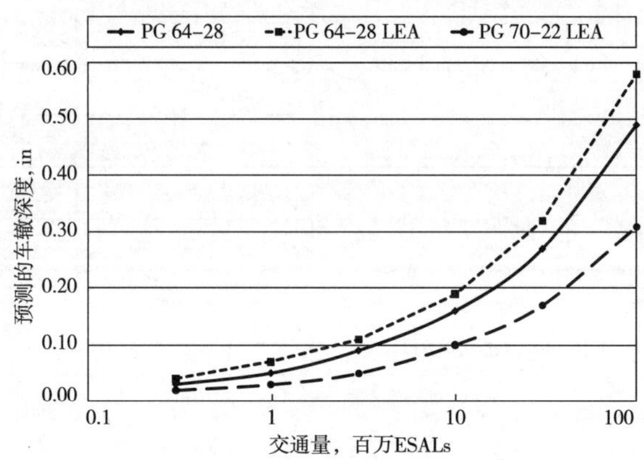

图31　New York项目的预测车辙

1. 在设计交通量水平下控制混合料的预测车辙深度是合理的。Colorado项目的设计交通量为一千万当量单轴荷载（MESAL），而预估的车辙深度为0.11in（2.8mm）。Yellowstone National Park与New York项目的设计交通量为三百万当量单轴荷载，而预估的车辙深度均为0.09in（2.3mm）。

2. 对于Colorado I-70项目，Advera与Evotherm混合料的预测车辙略高于Control混合料，而Sasobit混合料的预测车辙深度略低于Control混合料。Advera与Evotherm混合料的预测车辙深度只有0.13in（3.3mm）。

3. 对于 Yellowstone National Park 项目，在设计交通量下，Advera 及 Evotherm 混合料的预测车辙与 Control 混合料基本相同。

4. 对于 New York 项目，PG 64-28 LEA 混合料的预测车辙为0.11in（2.8mm），而 PG 70-22 LEA 混合料的预测车辙为0.05in（1.3mm）。

现场拌和 WMA 预估的抗车辙性有一定的差异，该差异不支持从 RTFOT 试验中得到的结合料等级变动的推荐值。当生产温度降低100℉（56℃）时，按 WMA 方法制作的混合料只比同样的 HMA 混合料的预估车辙约大25%。

3.3.2.2 RAP

只有一种验证混合料，即 Monroe、North carolina 混合料含有 RAP。这种混合料使用 PG 64-22 结合料及30%的 RAP，以生产一种能够满足 PG 70-22 结合料要求的混合料。该混合料是使用 Astec Double Barrel Green 方法在275℉下制作的。对于这种混合料，混合分析是基于之前在 RAP 实验室研究（见第3.1.4节）中提到的厂拌混合料的动态模量试验而进行的，进行混合分析是为了验证 RAP 与新结合料在现场制作的 WMA 中的拌和情况。该分析的结果如表28及图32所示。图32中的误差柱状图对于实测数据为95%的置信区间，对于 Hirsch 模型预测值为95%预测区间。由于实测数据的平均值在 Hirsch 模型预测区间之内，厂拌混合料的模量与新旧料完全混合时的模量没有明显区别，这表明 RAP 与新结合料的混合程度是可接受的。

表28 按 Astec Double Barrel Green 方法与30%的 RAP 生产的 Monroe、North Carolina 混合料的实测与新旧料完全混合时估算的动态模量值

温度（℉）	频率（Hz）	回收结合料 G^*（psi）	Hirsch 估算的 E^*（ksi）	测量的 E^*（ksi）	测量值与估算值之比
39.2	10.0	15681	2145	2344	1.09
39.2	1.0	7339	1755	1785	1.02
39.2	0.1	2839	1281	1216	0.95
68.0	10.0	2014	1123	1083	0.96
68.0	1.0	596	663	626	0.94
68.0	0.1	145	328	316	0.96
104.0	10.0	100	270	201	0.74
104.0	1.0	19	114	80	0.70
104.0	0.1	3	51	38	0.74

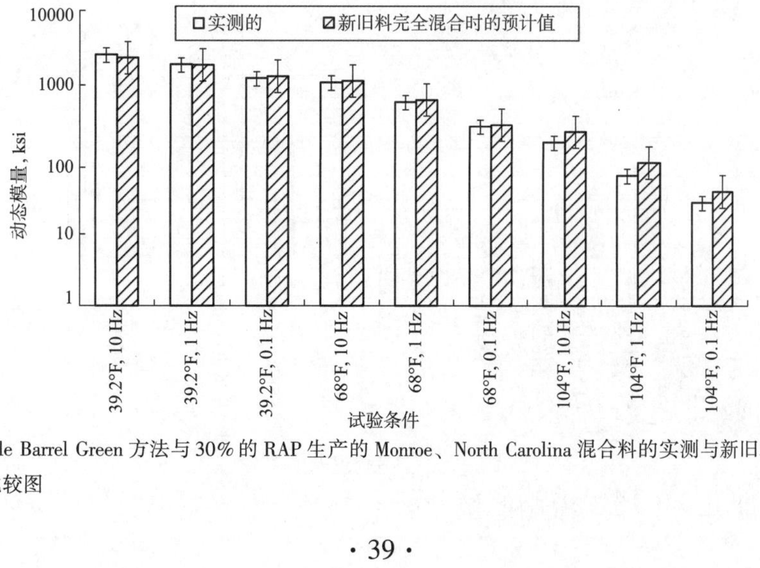

图32 按 Astec Double Barrel Green 方法与30%的 RAP 生产的 Monroe、North Carolina 混合料的实测与新旧料完全混合后预估的动态模量值比较图

3.3.2.3 短期烘箱养生

对 Colorado I-70 项目中混合料的现场拌和、实验室压实试件与实验室拌和、实验室压实试件的性能进行比较，以此来确定 WMA 与 HMA 在压实温度下进行 2h 的短期烘箱养生是否合适。进行比较的特性包括最大相对密度、间接抗拉强度与动态模量。为了验证这种短期养生，在所有的验证章节中都测量最大相对密度与间接抗拉强度。

图 33 与图 34 比较了所有验证混合料的最大相对密度及抗拉强度。图 33 中的误差柱状图是从 AASHTO T 209 中得到的单人测试 d2s 精度。这些数据表明，实验室与现场混合料的最大相对密度是一样的，这表明实验室混合料与现场混合料的结合料吸收量是一样的。集料的吸水量介于 0.5% 与 2.5% 之间，其中 Pennsylvania SR2007 混合料的吸水量为 0.5%，Yellowstone National Park 混合料的吸水量为 2.5%。

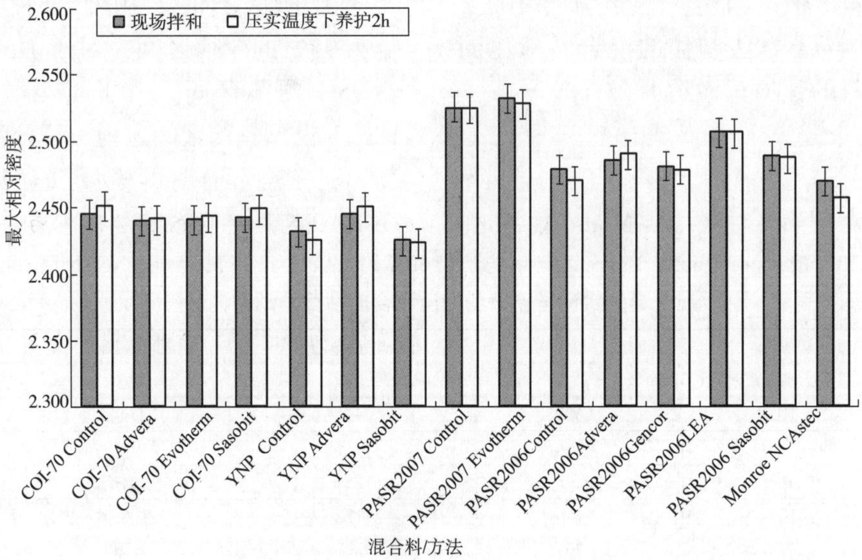

图 33 所有验证混合料最大相对密度的对比图

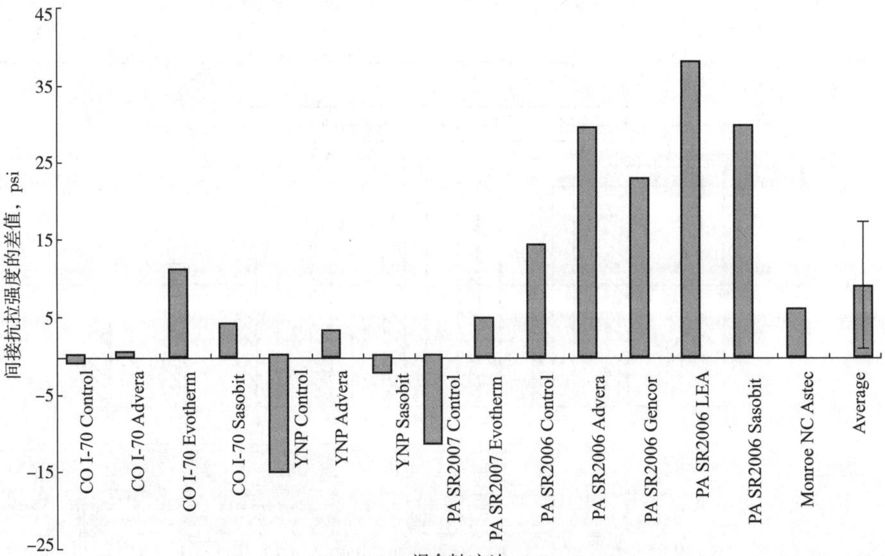

图 34 现场混合料与压实温度下短期养生 2h 的实验室混合料的间接抗拉强度的差值

现场混合料减去实验室混合料的间接抗拉强度的差值如图 34 所示。该图中平均差值的误差柱状图对于一配对 t-试验比较为 95% 的置信区间。因为平均差值的误差柱状图没有捕捉到零点，所以现场拌和试件的抗拉强度在统计学上比实验室拌和试件的抗拉强度高。这表明，压实温度下短期养生 2h 产生的平均老化比现场混合料少。该分析的研究成果似乎偏重于 Pennsylvania SR2006 项目中获得的数据。该分析所使用的数据有三分之一是从 Pennsylvania SR2006 项目中得到的，Pennsylvania SR2006 项目现场混合料的抗拉强度一贯地高于实验室制备的混合料。所有项目的平均差值为 9psi（48kPa），如果不考虑 Pennsylvania SR2006 项目，则平均差值只有 1.4psi（9.8kPa）。考虑 Pennsylvania SR2006 项目的差异，WMA 混合料设计方法中最终所建议的短期烘箱养生条件仍为在压实温度下养生 2h。

3.3.2.4 试件制备

在验证研究中，使用 WMA 试件制作方法来制备多种 WMA 方法的试件，包括：Advera、Astec Double Barrel Green、Evotherm DAT、Gencor Ultrafoam、LEA 与 Sasobit。WMA 混合料与 HMA 现场拌和比公式或与相应的 HMA control 混合料在 N_{design} 的旋转压实次数下的空隙率差值如图 35所示。所有项目的平均差值小于 0.03%。平均值的误差柱状图为 95% 的置信度。因为误差柱状图已经捕捉到零点，这就表明，WMA 混合料与他们所依据的 HMA 混合料非常相似，WMA 混合料是基于 HMA 混合料而确定的。这些研究成果证实了混合料设计研究成果的正确性，混合料设计研究成果为：适当设计的 WMA 与 HMA 混合料的体积特性非常相似。

WMA 混合料设计方法时使用设计方法、试样制作程序来模拟 WMA 方法。工厂发泡系统要求在实验室生产泡沫沥青。在 NCHRP 项目 09-43 完成时，Wirtgen WLB-10 实验室发泡设备是唯一商业的可用实验室发泡设备。Wisconsin-Madison 大学使用 Wirtgen WLB-10 来评价在实验室中设计泡沫沥青 WMA 混合料的可行性与实用性。对于 Gencor WMA 方法是从 Pennsylvania SR2006 项目中进行评价的，对于 Astec WMA 方法是从 Monroe、North Carolina 项目中进行评价的。下面介绍使用这种设备来制作泡沫沥青的方法。

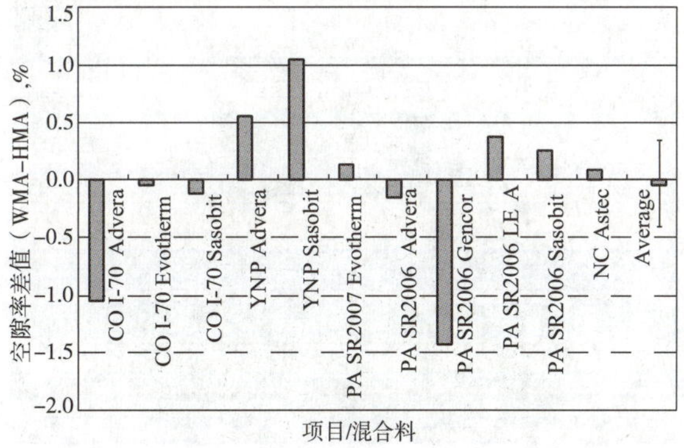

图 35　WMA 与相应的 HMA 混合料在 N_{design} 的旋转压实次数下的空隙率的差值

Wirtgen WLB-10 发泡设备的运行要求沥青结合料的温度高于 320℉（160℃），因此，泡沫沥青混合料的拌和温度是受集料温度控制的。假设结合料与集料一接触，沥青结合料的温度就会迅速恢复到拌和温度。所需泡沫沥青的质量是基于集料的质量而计算得到的。如图 36 所示，把集料与搅拌桶放在发泡头下，则泡沫沥青将喷入到搅拌桶中。使用流量控制器来计量流入到搅拌桶中的泡沫沥青。根据已知的流动速率，使用者规定获得适量沥青结合料所需的时间。

图 36　把泡沫沥青喷入到搅拌桶中

搅拌桶中装有集料与泡沫沥青，而且泡沫沥青在集料的上部，将该搅拌桶立即转移到实验室搅拌机中，搅拌90s后转移到一浅盘中。搅拌前与搅拌90s后的泡沫沥青混合料分别如图37与图38所示。搅拌后，让泡沫沥青混合料在压实温度下短期老化2h，并压实。

图37　搅拌前的泡沫沥青混合料

图38　搅拌90s后的泡沫沥青混合料

在发泡设备的操作指令中介绍了一些与WMA实验室混合料设计相关的实际问题。

- 打算用该设备来制备泡沫沥青稳定底层和就地冷再生的试件。这些应用要求泡沫沥青的含水量为沥青结合料质量的10%以上。为形成对比，WMA应用的含水率介于1.0%与3.0%之间。为适应这种差异，用一更小与更精确的设备来代替现有的流量控制器。WMA应用设备可能能运行，然而，由于WMA所需的含水率较低，流量控制器的运行接近其最低控制容许公差。选择一更精确的流量控制器，以使其在WMA现场生产中所使用的含水量下能输送更加一致的泡沫沥青。
- 为进行大量的材料生产，设计了该设备。这是一个问题，尤其是在制备用于最大相对密度评价的试件时，9.5mm混合料的最大相对密度试验所用试件的质量为1000g。使用一计时器来控制喷入到搅拌桶中的泡沫沥青。由于发泡头的流速较快，该设备在一瞬间内就能提供50～60g的泡沫沥青。这点时间不够设备生产出一个均匀的沥青泡沫，使混合料存在潜在的再生产问题。不建议在小批量的集料中使用该设备，而是应该用此设备来生产大批量的集料，然后再把生产出来的集料分成试验所需的各种批量。
- 该设备的进气管有时会发生阻塞，故这时只能生产沥青/水混合料，而不能生产泡沫沥青。Pennsylvania与North Carolina projects中的净PG 64-22结合料，及另一项目中使用的Styrene-Butadiene-Styrene（SBS）改性PG 76-22结合料同样遇到了该问题。在发泡头处控制气流的阀门经常堵塞，需经常拆卸并清洁源头。这个问题发生在三个不同的时段，制备试件时，每次都会有2～3h的延误。由于这个问题经常规律性地发生，故需重新设计该设备的发泡头，以使其能作为一混合料配合比设计工具连续使用。使用SBS改性结合料时该问题更严重。大约生产完20个试件后设备就会发生堵塞，需拆开设备并充分清洗才能进一步使用。
- 最后，制备泡沫沥青混合料需要大量的技术与专业知识。在评价该项目的每个配合比设计时，均需用3d的时间来进行泡沫沥青混合料生产。

3.3.2.5　裹覆程度与可压实性

根据修正的初步WMA混合料设计方法的要求，在现场验证研究中需测定所有WMA混合料的裹覆程度和可压实性。使用AASHTO T 194进行裹覆程度评价，计算混合料中完全裹覆的粗集料颗粒的数量。以在计划的现场压实温度及比计划的现场压实温度低 54℉（30℃）的温度下、达到 92% 的相对密度时所需的旋转压实次数为基础来进行可压实性评价。裹覆程度与可压实性的评价结果如表 29 所示。

表 29　现场验证混合料的裹覆程度与可压实性

项　目	方　法	温度，℉		裹覆程度	Gmm 达到 92% 时的旋转压实次数		
		混合	压实		在压实温度下	比压实温度低 54℉	旋转次数增加率，%
Colorado I-70	Advera	250	230	100[1]	15	18	20
	Evotherm DAT	250	230	100[1]	20	23	15
	Sasobit	250	230	100[1]	19	22	16
Yellowstone National Park	Advera	275	250	100[1]	69	—	—
	Sasobit	275	245	100[1]	>75	—	—
PA SR2007	Evotherm DAT	250	230	100[1]	20	24	20
PA SR2006 与 PA SR2012	Advera	250	230	100[1]	47	48	2
	Gencor Ultrafoam GX	250	230	81[2]	35	38	9
	LEA	210	195	100[1]	50	52	4
	Sasobit	250	230	100[1]	51	59	16
Monroe，North Carolina	Astec Double Barrel Green	275	260	65[2]	16	16	0

注：[1] 用带叶片的 Blakeslee 行星式搅拌器搅拌。

[2] 斗式搅拌器搅拌。

使用带叶片的行星式搅拌器搅拌的所有混合料的裹覆程度均为 100%。由斗式搅拌器搅拌的两种混合料的裹覆程度较低，特别是 North Carolina 混合料更低，该混合料中总结合料含量的 16% 是由 RAP 贡献的。所有的混合料均搅拌 90s。显然，斗式搅拌器的效率更低，要达到相同的裹覆程度，其所需搅拌的时间更长。没有关于现场混合料裹覆问题的任何报道。

表 29 中的可压实性数据表明，Colorado I-70、Pennsylvania SR2007 及 Monroe、North Carolina 混合料很容易压实。国家沥青技术中心（NCAT）的报告显示：对于粗级配的密实 HMA 混合料达到 92% 的相对密度时所需的平均旋转次数为 N_{design} 的 35%，对于细级配的密实 HMA 混合料达到 92% 的相对密度时所需的平均旋转次数为 N_{design} 的 20%。在压实温度下，这三个项目混合料达到 92% 的相对密度时所需的旋转压实次数介于 N_{design} 的 20% 到 40% 之间。其他两个项目——Yellowstone National Park 与 Pennsylvania SR2006 的混合料可压实性更低。使用 IIveem 方法来设计 Yellowstone Nationa Park 混合料，用 Hveem 法进行设计比使用 AASHTO R 35 或修正的初步 WMA 混合料设计方法进行设计所需的结合料含量少得多。Yellowstone Nationa Park 项目中 HMA control 混合料旋转压实 75 次后的空隙率为 6.8%。Pennsylvania SR2006 中 HMA control 混合料不能通过研究小组验证。在批准的配合比设计所规定的最佳结合料含量下，混合料旋转压实 75 次后的空隙率为 6.2%，远高于设计值 4.0%。

温度对混合料可压实性的影响是通过达到 92% 的相对密度时旋转压实次数需增加的百分比来量化的。修正的初步 WMA 混合料设计方法中限制这种增长在 25% 以内。现场验证研究中所有的 WMA 混合料都应遵从该标准。没有关于现场混合料和易性问题的任何报道。

3.3.2.6 水敏感性

使用 AASHTO T 283 来评价所有验证混合料的水敏感性。压实试件，至其空隙率达到目标空隙率——7.0% ±0.5%，试件使用的结合料含量为现场配合比公式计算的结合料含量或由配合比设计验证确定的结合料含量。初步的 WMA 混合料设计方法中的每个混合料都应在压实温度下养生 2h。结果如表 30 所示。

表 30 AASHTO T 283 研究结果

项 目	方 法	生产温度（℉）	压实温度（℉）	干抗拉强度（psi）	条件抗拉强度（psi）	抗拉强度比（%）
Colorado I-70	Control	280	260	88.3	80.4	91
	Advera	250	230	80.3	0.0	0
	Evotherm	250	230	71.9	32.4	45
	Sasobit	250	230	82.8	58.8	71
Yellowstone National Park	Control	325	315	110.2	87.1	79
	Advera	275	250	86.4	65.7	76
	Sasobit	275	245	95.4	72.5	76
Pennsylvania SR2007	Control	320	300	102.3	92.1	90
	Evotherm	250	230	86.0	79.1	92
Pennsylvania SR2006	Control	310	275	104.6	65.6	63
	Advera	250	230	98.3	34.8	35
	Gencor	250	230	97.3	42.1	43
	LEA	210	195	103.7	86.1	83
	Sasobit	250	230	97.1	51.8	53
Monroe，North Carolina	Astec	275	260	164.0	127.7	78

11 个 WMA 混合料中有 9 个混合料、4 个 HMA control 混合料中有 2 个混合料的抗拉强度比低于 80%。WMA 方法对水敏感性的影响是混合料与方法特殊性。对于 Colorado I-70 项目，所有 WMA 方法的抗拉强度比都减少了。Colorado I-70 项目中的 Advera 试件在养生过程中损坏了。WMA 方法对 Yellowstone National Park 与 Pennsylvania SR2007 项目的抗拉强度比无影响。对于 Pennsylvania SR2006 项目，Advera、Gencor 与 Sasobit WMA 方法的抗拉强度比下降，而 LEA 方法的抗拉强度比却上升了。LEA 方法包括一抗剥落剂，该抗剥落剂是在设备中加入到结合料当中的。当模拟这些方法时，对于工厂发泡方法，斗式搅拌器搅拌的混合料裹覆程度不佳可能会对 AASHTO T 283 的研究结果产生不良影响。

3.3.2.7 抗车辙性

使用 AASHTO TP 79 的流值试验来评价所有现场验证混合料的抗车辙性。压实试件，至空隙率达到目标空隙率——7.0% ±0.5%，试件使用的结合料含量为现场配合比公式计算的结合料含量或由配合比设计验证确定的结合料含量。除 Pennsylvania SR2006 项目中的 Gencor 混合料的空隙率为 4.5% 外，其他所有试件的空隙率都在该容许值内。每个初步 WMA 混合料设计方法，混合料都在压实温度下养生 2h。流值试验是按照项目所在地的路面高温进行的，该路面高温是由 LTPPBind 3.1 版按 50% 的可靠性确定的。在 NCHRP 09-33 中建议使用无侧限试件来进行流值试验，该试验是在 87 psi (600 kPa) 的重复偏应力及 4.4 psi (30 kPa) 的接触偏应力下进行的。试验结果如表 31 所示。

表 31 流值与抗车辙性研究结果

项 目	设计交通量（MESAL）	方法	生产温度（℉）	压实温度（℉）	试验温度（℉）	流值	NCHRP 09-33 容许的交通量（MESAL）
Colorado I-70	<10	Control	280	260	101	321	24.8
		Advera	250	230		165	13.9
		Evotherm	250	230		154	13.0
		Sasobit	250	230		409	30.7
Yellowstone National Park	<3（预估的）	Control	325	315	106	687	48.2
		Advera	275	250		459	33.9
		Sasobit	275	245		1089	72.2
Pennsylvania SR2007	<0.3	Control	320	300	126	124	10.8
		Evotherm	250	230		93	8.4
Pennsylvania SR2006	<3	Control	310	275	121	42	4.2
		Advera	250	230		27	2.8
		Gencor	250	230		104[1]	9.3[1]
		LEA	210	195		21	2.3
		Sasobit	250	230		54	5.2
Monroe，North Carolina	<10	Astec	275	260	136	38	3.9

注：压实试件的空隙率为 4.5% 而不是 7.0%。

表 31 中的容许交通量是通过流值与预估车辙深度为 0.5in（12.5mm）的容许交通量的关系式计算出来的，该关系式［式（4）］在 NCHRP 项目 09-33 中建立的，在前面的混合料设计研究中有叙述（见第 3.3.1.4 节）。有三种混合料不满足抗车辙性标准的要求，这三种混合料为：Pennsylvania SR2006 项目中的 Advera 与 LEA 混合料，及 Monroe、North Carolina 混合料。North Carolina 混合料的设计 VMA 很高，其值为 17.6%，这就表明：这种混合料的抗车辙性可以通过降低其设计的 VMA 来提高。在 NCHRP 项目 09-33 中，建议 9.5mm 混合料的最大 VMA 为 17%，以限制混合料的有效结合料含量及使其具有足够的抗车辙性。Yellowstone 项目中使用 Hveem 法设计的混合料其抗车辙性很好。同样地，考虑设计交通量，Pennsylvania SR 2007 项目中旋转压实为 50 次的混合料其抗车辙性也很好。这些混合料是使用高棱角性的人工砂与碎石制成的。

表 32 对 WMA 混合料与 HMA control 混合料的抗车辙性进行了比较。Pennsylvania SR2006 项目中的 Gencor 混合料不包括在该分析当中，因为该混合料试件的空隙率比其他混合料试件的空隙率低得多。除 Sasobit 外，其他所有的 WMA 方法的抗车辙性均低于 HMA control 混合料，这是因为 WMA 方法的短期养生温度较低。压实温度每下降 10℉（5.5℃），抗车辙性大约降低 6%。Sasobit 提高了结合料的高温劲度，所以使得其抗车辙性也提高了。

表 32　相比于 HMA，在允许交通量下 WMA 的平均差值

方 法	数 目	压实温度的平均差值（℉）	容许交通量的平均差值（%）
Advera	3	-46.7	-35
Evotherm	2	-50.0	-35
LEA	1	-80.0	-45
Sasobit	3	-48.3	+32

3.3.3　使用两步老化方法进行性能试验的可行性

使用流值与其他试验来确定评价抗车辙性的标准，而流值与其他试验所用的试件通常是依照 AASHTO R 30 的规定在 275℉（135℃）的温度下在实验室中养生 4h。尽管人们普遍认为这种养生能代表结合料在施工过程中发生的硬化，从短期养生的研究中可知，这种水平的养生更能代表使用一段时间后结合料的硬化。从配合比设计与现场验证研究的研究成果可知，在压实温度下养生 2h 的 WMA 混合料的抗车辙性通常达不到基于在 275℉（135℃）的温度下养生 4h 而建立的标准，在压实温度下养生 2h 表示 WMA 混合料在施工过程中发生的硬化。为了使现有的性能标准能为 WMA 所用，应当考虑采用两步松散混合料养生方法。该两步程序应该包括：(1) 在压实温度下养生 2h，以模拟结合料在施工过程中发生的吸收与硬化；(2) 在路面使用过程中的代表性路表高温下进行老化，以模拟结合料在路面使用年限内发生的早期硬化。路面使用过程中的代表性路面温度应当介于 120℉（50℃）与 150℉（65℃）之间，具体的温度取决于项目的位置与 LTPPBind 3.1 版按 50% 的可靠性确定的设计路面高温。应当选择养生时间，以使典型 HMA 混合料在经过两步养生方法后的劲度与其在 275℉（135℃）下养生 4h 的劲度相近。这种补充研究超出了 NCHRP 项目 09-43 的研究范围，但可以使用从 NCHRP 项目 09-13 中收集的松散混合料老化数据来进行可行性分析研究。

对 NCHRP 项目 09-13 中包括的数据进行分析研究，以调查相比于 HMA 的拌和与压实温度，混合料在使用中的路面温度下的老化效果。基于 NCHRP 项目 09-13 中的数据库，干抗拉强度是在 5 种混合料的 Superpave 旋转压实试件上测得的，这 5 种混合料在如下的四种不同的松散混合料老化条件下养生：

- 未老化的
- 275℉（135℃）下老化 2h
- 275℉（135℃）下老化 4h
- 140℉（60℃）下老化 16h

在两个压实试件养生期（在室温下养生 0h 与 96h）后测定干抗拉强度。从这项研究中得到的数据如附件 E 的第 E9 节所示。

在分析这些数据时，结合压实混合料的两步老化养生数据。养生试件与未老化试件的平均强度比如图 39 所示。从图 39 可知，Maryland 混合料的未老化数据似乎有错误，因为养生与未老化试件的抗拉强度比一直小于 1，这表明，混合料在松散混合料养生中会变软，这是不合理的。未列出单个试件的空隙率，但是文中有说到试样制作的空隙率容许公差为 7.0% ±1.0%。

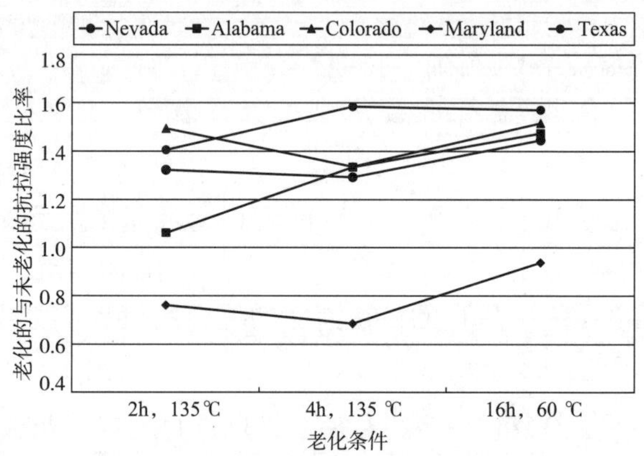

图 39　松散混合料老化对抗拉强度的影响（23）

由于考虑到 Maryland 混合料未老化数据的可疑性，在分析中剔除掉了该混合料的未老化数据。剩余的三个松散混合料老化养生条件下的平均抗拉强度如图 40 所示，三个养生条件分别为：275℉（135℃）下老化 2h、275℉（135℃）下老化 4h、140℉（60℃）下老化 16h。

图 40 中基于每个混合料测量数据的误差柱状图为95%的置信区间。图 40 表明，140℉（60℃）下老化 16h 的抗拉强度比其他老化条件下的抗拉强度略高，这表明，在该老化养生条件下养生的混合料比在高温短时间养生条件下养生的混合料更硬。这一点也获得了附录 E 第 E9 节中介绍的两种方差分析法的证实。

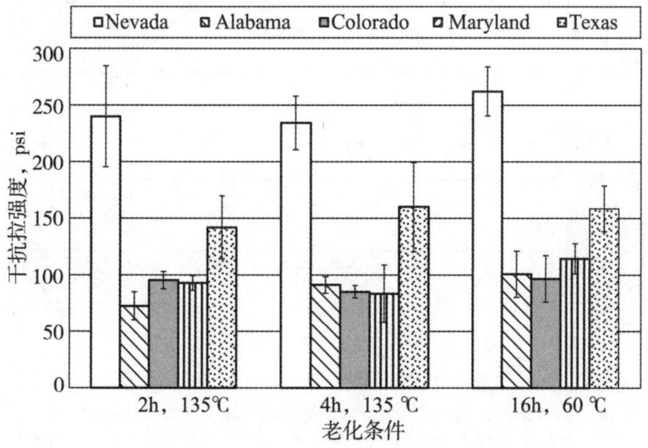

图 40　不同的松散混合料老化养生条件下的抗拉强度对比图（23）

这一分析表明，在 275℉（135℃）下进行 4h 的松散混合料烘箱养生得到的结合料的硬化水平，通过在代表的使用温度下进行松散混合料烘箱养生同样可以达到该硬化水平。因为建议的两步程序包括在压实温度下养生 2h，以模拟结合料在施工过程中发生的吸收与硬化，所以第二步使用过程老化要求在代表的使用生产温度下进行的松散混合料老化需小于 16h。

3.3.4　疲劳研究

相比于 HMA 混合料，WMA 混合料的一个潜在好处即其疲劳性能得到了改善，这是因为在较低的 WMA 生产温度下，WMA 混合料在厂拌过程中发生的老化比 HMA 混合料少。进行疲劳研究的目的是为了评价 WMA 混合料的抗疲劳性，并与 HMA 混合料的抗疲劳性进行对比。在两种混合料上进行这项研究的结果，如表 33 所示。

对每一个混合料，其试件都分别按 HMA 与 WMA 方法制作，WMA 使用下面三种方法制作：Advera、Evotherm G3 与 Sasobit。使用连续损伤

表 33　进行疲劳研究的混合料的设计特性

混合数目		4	6
设计旋转压实次数		75	100
集料吸水率,%		1.6	1.3
RAP		否	否
NMAS		9.5mm	9.5mm
集料来源	粗	PA 砾石	VA 辉绿岩
	细	PA 石灰石 PA 砾石	VA 辉绿岩 天然砂
	RAP	无	无
级配	筛孔尺寸，mm		
	12.5	100	100
	9.5	98	98
	4.75	63	53
	2.36	44	40
	1.18	32	31
	0.6	22	22
	0.3	12	12
	0.15	5	7
	0.075	3.0	4.8
集料性能	FAA	43.5	48.3
	CAA	98/95	100/100
	片状、长粒	7.4	7.6
	砂当量	80.2	76.7
结合料含量，wt%		6.3	5.7
有效结合料含量，wt%		5.3	4.7
空隙率，vol%		4.3	3.7
矿料间隙率，vol%		16.3	15.1
有效结合料含量，vol%		12.0	11.4
沥青饱和度,%		73.6	75.5
粉料与有效沥青比率		0.6	1.0

理论来描述八种混合料的抗疲劳性。连续损伤理论是一个新的强大的表征沥青混凝土疲劳性能的工具，他通过一全面的合理的方式来表征疲劳性能，且只需进行相对有限的试验就可以。最近多个研究人员应用连续损伤理论来表征沥青混凝土混合料的疲劳响应，并且研发出了一个实用的方法：使用连续损伤理论来快速准确地表征沥青混凝土混合料的抗疲劳性。在该方法中，在两种不同的应变水平与温度下进行循环直接拉伸疲劳试验，两种温度为：39.2℉（4℃）与 68℉（20℃），两种应变为：约 150 微

应变的低应变水平与约250微应变（全幅应变）的高应变水平。使用简化疲劳次数概念来分析研究成果数据。在该方法中，每个试件测得的损伤率 C（损伤模量除以线黏弹性模量）表示为简化疲劳次数 N_R 的函数，在参考温度39.2℉（4℃）与参考应变200微应变下使用公式（5）：

$$N_R = N_{R-ini} + N\left(\frac{f_0}{f}\right)\left(\frac{|E^*|_{LVE}}{|E^*|_{LVE/0}}\right)^{2\alpha}\left(\frac{\varepsilon}{\varepsilon_0}\right)^{2\alpha}\left[\frac{1}{a(T/T_0)}\right] \tag{5}$$

式中：N_R——简化疲劳次数；

N_{R-ini}——初始简化疲劳次数，在选定加载次数之前；

N——实际加载次数；

f_0——参考频率；

f——实际试验频率；

$|E^*|_{LVE}$——在给定条件下（线黏弹性或LVE）的初始动态模量；

$|E^*|_{LVE/0}$——参考初始（LVE）动态模量（使用4℃下的LVE模量）；

α——连续损伤材料常数；

ε——应用应变水平；

ε_0——参考有效应变水平（建议为0.0002）；

$a(T/T_0)$——试验温度 T 相对于参考温度 T_0 的转换系数。

在不同温度与应变水平试验下的 C 与 N_R 之间的图形收敛为一单一连续函数图形前，连续损伤材料常数 α 与转换系数 $a(T/T_0)$ 是变化的。经验表明，损伤率 C 与 N_R 的函数关系如下：

$$C = \frac{1}{1 + (N_R/K_1)^{K_2}} \tag{6}$$

式中：C——损伤率；

K_1——在参考的有效应变下，损伤达到50%时的次数；

K_2——模型常数。

最好使用数值优化方法来确定 α、$a(T/T_0)$、K_1 与 K_2 值。典型分析结果如图41所示。此图表示了位移疲劳试验数据，简化疲劳次数损伤关系，实测的与预测的损伤率的对比。分析中的参考温度为39℉（4℃），参考应变为200微应变。详细的分析过程见附录E的第E10节。

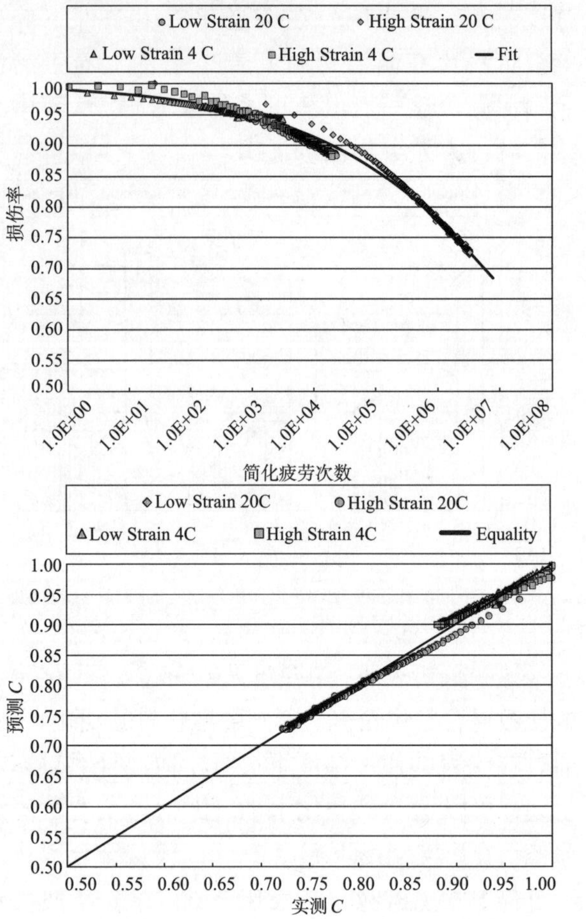

图41 对旋转压实100次的Advera WMA进行连续损伤分析

所有混合料的简化疲劳次数连续损伤分析中的参数如表34所示。参数 K_1 是在参考的温度与应变水平下，混合料模量的减少量达到50%（疲劳半衰期）时的次数。WMA混合料疲劳半衰期约介于旋转压实次数为100次的control HMA疲劳半衰期的70%到170%之间，如果旋转压实次数为75次，则约介于70%到92%之间。这表明，使用相同集料与结合料生产的WMA与HMA混合料的抗疲劳性在本质上是相同的。图42与图43为说明WMA与HMA混合料抗疲劳性具有相似性提供了进一步的依据。这些图像分别对旋转压实次数为100次及75次的混合料的简化疲劳次数损伤拟合曲线进行比较。

WMA方法与HMA control混合料的简化疲劳次数损伤曲线非常相似，这进一步证明了如下结论的正确性——使用相同的集料与结合料生产的WMA与HMA混合料的疲劳性能在本质上是一样的。

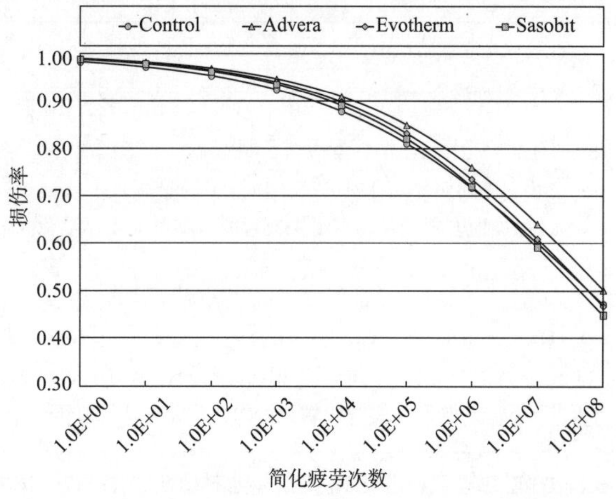

图42　旋转压实次数为100次的混合料的连续损伤疲劳曲线对比图

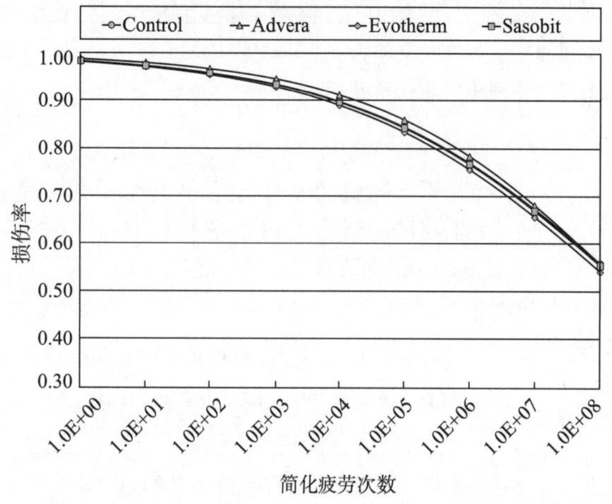

图43　旋转压实次数为75次的混合料的连续损伤疲劳曲线对比图

表34　连续损伤疲劳分析参数

方　法	混合料旋转压实次数	参照温度	参照模量（ksi）	α	连续损伤转换因子	疲劳半衰期 K_1	K_2
Control	100	39	2155	3.5	2098	6.07E+07	0.23
Advera	100	39	2000	2.5	3137	1.03E+08	0.25
Evotherm	100	39	1941	3.1	4370	5.95E+07	0.25
Sasobit	100	39	2135	3.6	3731	4.41E+07	0.25
Control	75	39	774	2.8	2183	3.06E+08	0.21
Advera	75	39	773	2.0	5000	2.75E+08	0.23
Evotherm	75	39	1697	3.6	5183	2.21E+08	0.21
Sasobit	75	39	1667	3.8	3573	2.83E+08	0.21

3.4　AASHTO标准草案

表35总结了NCHRP项目09-43研究过程中的主要研究成果及AASHTO标准草案中每个研究成果的最终处理，这些就是NCHRP项目09-43的主要成果。实验室研究最重要的研究成果是WMA混合料与HMA混合料的体积设计在本质上没有差别，因此，在进行WMA设计时就不需要独立开创一套新的混合料设计方法。重新制定修正的初步程序中混合料的设计部分，表示为AASHTO R 35附录的形式，旨在强调混合料设计过程中WMA混合料设计时需特殊考虑的事项与方法，这份文件作为该报告的附录A。附录B是一个注解，为采用与未来修正WMA混合料配合比设计需考虑的事项与方法提供有用信息。附录C中包括介绍建议的WMA方法的培训材料。对程序的混合料分析部分进行重新修正，作为测量用于性能分析中的WMA性能的标准规程，该性能分析是使用MEPDG来进行的。这份文件作为本报告的附录D。以下各节将描述AASHTO标准的两项草案。

表 35 NCHRP 项目 09-43 的主要研究成果

主题	主要研究成果	处 理
试件重复加热	试件重复加热对 WMA 与 HMA 的影响相似，均使混合料中的结合料进一步硬化	没有直接包括在 NCHRP 09 -43 的成果中。进行现场与实验室数据对比分析时考虑
结合料高温等级的选择	RTFOT 研究表明，除 LEA 方法外，温度对结合料高温等级的影响很大。该研究成果并没有得到现场混合料中回收结合料试验的证实，因为 LEA 方法的混合料温度较典型 HMA 生产温度约低 100℉（56 ℃）	AASHTO R 35 附录草案不包括结合料高温等级变动的推荐标准。一注解中讲到如果混合料的抗车辙性不满足而且不能通过减少 VMA 或增加混合料的填料含量来改善时，就可能需要变化高温等级
结合料低温等级的选择	RTFOT 试验与现场混合料中回收结合料验证试验均表明：相对于 HMA，WMA 的低温等级提高较少	AASHTO R 35 的附录草案不包括结合料低温等级改变的推荐标准。在 RAP 掺配图分析中可能需考虑结合料的低温与中间温度等级的改进。包括一表格，表格中建议的改进值是生产温度的函数
短期养生	在计划的现场压实温度下短期养生 2h 合理地再现了结合料在 WMA 生产过程中发生的吸收与硬化	AASHTO R 35 建议在进行体积设计、水敏感性试验与流值试验时，试件需在计划的现场压实温度下养生 2h。测量用于性能分析（该性能分析是使用 MEPDG 进行的）中的 WMA 性能的标准规程草案建议：在结构设计的动态模量试验中所使用的试件需在计划的现场压实温度下养生 2h
RAP	当在压实温度下养生 2h 时，RAP 与新结合料在 WMA 生产温度下可以混合	AASHTO R 35 附录草案建议限制 WMA 回收 RAP 结合料在计划现场压实温度下的高温等级，以确保 RAP 与新结合料能够充分混合。含 RAP 的 WMA 混合料的最佳结合料含量应当通过使用建议的 RAP 料源来确定，而混合料的总结合料含量为 RAP 中的结合料含量与新结合料的总和
试件制作程序	所有的 WMA 方法，包括工厂发泡方法，均可以在进行混合料设计及性能评价的实验室中合理地重现	AASHTO R 35 附录草案中包括主要 WMA 方法的特殊试件制作程序
裹覆程度	实验室制备 WMA 混合料的搅拌器类型明显地影响粗集料颗粒的裹覆程度	AASHTO R 35 附录草案中提到附录中的搅拌次数是使用带叶片的行星式搅拌器确定的。斗式搅拌器的搅拌次数应通过制备 HMA 混合料与评价裹覆程度来确定，而 HMA 混合料是基于 AASHTO T 312 中的拌和温度的黏度而制备的
和易性	在标准的 WMA 生产温度下，测量拌和过程中的扭矩或使刮板穿过松散混合料所需的力的设备不能够测出 HMA 与 WMA 混合料之间的差异，但是可以在与压实相关的较低温度下测定出这些差异	AASHTO R 35 附录草案不包括和易性的评价
可压实性	WMA 的一个主要优点为改进了低温下的可压实性。用压实温度下降 54℉（30℃）、达到 92% 的相对密度时，旋转压实次数产生的变化数来评价 WMA 的可压实性	AASHTO R 35 的附录草案包括通过确定在计划的现场压实温度及比计划的现场压实温度低 54℉（30℃）的温度下，达到 92% 的相对密度时，所需的旋转压实次数来评价 WMA 混合料的可压实性。当压实温度减少时，旋转压实次数的建议最大增量应为 25%
体积特性	对于吸水率为 1% 或更小的混合料，使用相同的集料与结合料适当设计的 WMA 与 HMA 混合料的体积特性非常相似	AASHTO R 35 的附录草案表明，对于吸水率为 1% 或更小的 WMA 混合料的体积特性将与同样的 HMA 的体积特性相同。应当使用 WMA 方法来评价最佳结合料含量下的可压实性、水敏感性及抗车辙性

续上表

主题	主要研究成果	处　理
水敏感性	由 AASHTO T 283 测定的 WMA 的水敏感性可能与 HMA 的不同。有些 WMA 方法提高了抗水损坏性，因为其含有抗剥落剂。WMA 与 HMA 抗剥落剂的配量率是不一样的	AASHTO R 35 的附录草案建议在进行水敏感性评价时，如果需要则使用适当的抗剥落剂
抗车辙性	除 Sasobit 外，所有的 WMA 方法的抗车辙性要低于 HMA 的抗车辙性，抗车辙性是通过流值试验来测定的，试验所用的混合料在计划的现场压实温度下养生 2h。流值试验的现行标准是基于在 275℉（135℃）的温度下进行 4h 的短期养生而确定的。这种水平的养生代表结合料在施工及使用中的一段时间内发生的硬化。两步养生方法似乎是可行的，该两步程序包括在压实温度下养生 2h，紧接着在代表性的使用温度下进一步进行松散混合料养生	AASHTO R 35 的附录草案建议进行流值试验的实验室制备的混合料需在计划的现场压实温度下养生 2h，以模拟施工过程产生的影响。AASHTO R 35 的附录草案中包含的流值标准调整为 NCHRP 项目 09-33 中的建议值的 56%。这一调整是为了解释下面的事实——HMA 在 275℉（135℃）下养生 4h 产生的老化表示为结合料在施工过程中及使用过程中的一段时间内发生的硬化
抗疲劳性	使用同样的集料与结合料生产的且具有相同体积特性的 WMA 与 HMA 的抗疲劳性能相似	测量用于性能分析（该性能分析是使用 MEPDG 进行的）中的 WMA 性能的标准规程草案不包括疲劳试验，因为 MEPDG 中校准的疲劳关系同样适用于 WMA 混合料

3.4.1　AASHTO R 35 的附录草案：温拌沥青混合料（WMA）设计时需特殊考虑的事项及方法

NCHRP 项目 09-43 第二阶段进行的混合料设计研究的主要研究成果之一，即：结合料吸水率为 1% 或更少的 HMA 与 WMA 混合料的体积特性非常相似。因此，在进行 WMA 设计时就不需要独立研发一新的混合料设计方法，因为 HMA 与 WMA 混合料设计的主要区别即试件的制作程序、裹覆程度与可压实性评价。这些差异可以很容易地在 AASHTO R 35 中表示出来，通过在 AASHTO R 35 中增加进行 WMA 混合料设计需考虑的特殊事项及程序来表示。附录草案的标题——进行温拌沥青混合料（WMA）设计时需特殊考虑的事项及方法，如下所示：

1. WMA 方法的选择。附录草案包括对怎样选择 WMA 方法做了有限的讨论，例如从 20 个或目前可用的 WMA 方法中选择 1 个方法时需进行什么样的考虑。附录建议，进行 WMA 方法选择时，需与 WMA 方法供应商指定的机构及技术提供人员进行商议。本节主要是提醒使用者在选择 WMA 方法时，需考虑下列多项因素，包括：（1）可用的使用性能数据；（2）温拌混合料添加剂的成本；（3）计划的拌和与压实温度；（4）计划的生产速度；（5）设备的生产能力；（6）为利用现场及实验室的可用设备来成功地使用 WMA 方法而需进行的修正。

2. 结合料等级的选择。附录草案表明，不需改变 WMA 结合料的等级，只需与 HMA 通常所使用的等级一致就可以。如果一个混合料没有足够的抗车辙性与体积特性，而级配又不能更改时，可以通过提高结合料的高温等级来达到抗车辙性的要求。

3. WMA 中的 RAP。附录草案表明，设计含 RAP 的 WMA 混合料与设计含 RAP 的 HMA 混合料的方法在本质上是相同的。WMA 需增加的唯一要求即“回收”RAP 结合料的高温应当小于 WMA 混合料的计划现场压实温度，以使 RAP 与新结合料能充分混合。提供了一用于 RAP 掺配图分析中的初始结合料低温等级改进的表格。

4. 特殊试件的制作程序。附录草案包括 NCHRP 项目 09-43 中的几种常见 WMA 方法的特殊试件的制作程序，包括：（1）添加到结合料中的 WMA 添加剂；(2) 在生产过程中添加到混合料中的 WMA 添加剂；(3) 使用湿集料生产的 WMA；(4) 工厂发泡。

5. 裹覆程度与可压实性评价。附录描述了评价 WMA 混合料裹覆程度与可压实性的方法。进行这两个评价的混合料其结合料含量均为设计结合料含量。使用 AASHTO T 195 在计划的生产温度下进行裹覆程度评价。通过在计划的现场压实温度及比计划的现场压实温度低 54℉ (30℃) 的温度下、达到 92% 的相对密度时，所需要的旋转压实次数来评价可压实性。

6. 抗车辙性评价。附录草案介绍了怎样使用流值试验（AASHTO TP 79）来评价 WMA 的抗车辙性。推荐标准表示为交通量水平的函数。这些标准值为 NCHRP 项目 09-43 中 HMA 建议值的 56%。这些调整是为了解释下面的事实——HMA 在 275℉（135℃）下养生 4h 发生的硬化能表示结合料在施工过程中及使用中的一段时间内发生的硬化，而 WMA 在计划现场压实温度下标准养生 2h，只能表示施工过程中发生的硬化。

7. 调整混合料以满足规范的要求。附录草案为 AASHTO R35 的扩展，阐述了以下问题：(1) 裹覆程度；(2) 可压实性；(3) 水敏感性；(4) 抗车辙性。

3.4.2 使用 MEPDG 设计路面时需测量的 WMA 性能标准规范

评价 WMA 与 HMA 性能特征的方法不应当有差异。NCHRP 项目 09-43 包括各种性能试验的评价，得出如下结论：只有水敏感性与抗车辙性的评价需作为混合料设计方法的一部分；疲劳性与温缩裂缝可分别通过控制混合料的有效结合料含量及结合料低温等级来有效地控制。上面所讨论的 WMA 混合料设计方法包括评价水敏感性及抗车辙性所进行的试验。

在特定的路面结构中，可使用从 MEPDG 中预测出的车辙与裂缝来评价 WMA 与 HMA 混合料的性能。此外，在使用 MEPDG 进行第 1 水平分析时，除需要混合料的原状体积特性外还需要下列工程特性：

- 动态模量主曲线
- 低温蠕变柔量
- 低温强度

在应力应变的计算及车辙与疲劳裂缝模型中都需用到动态模量主曲线。在温缩裂缝模型中使用低温蠕变柔量与强度特性。这些模型是现场校准的，作为 MEPDG 扩展的一部分。在 NCHRP 项目 09-43 中进行的 WMA 永久性变形与疲劳试验表明：WMA 混合料的永久变形与疲劳性能与 HMA 混合料相似，因此，校准的 MEPDG 模型应当能合理地预估 WMA 混合料的路面预期性能。

对修正的初步混合料设计与分析程序中的混合料分析部分进行重新修正，作为测量用于性能分析（该性能分析是使用力学经验路面设计指南 MEPDG 进行的）中的 WMA 性能的一个标准规程。标准草案描述了该怎样制备用于 WMA 性能试验中的试件，怎样进行动态模量及低温蠕变柔量与强度试验以获得使用 MEPDG 进行分析时需用的材料特性。本建议的标准规程在附录 D 中有阐述。

第 4 章
结论与建议

4.1 结论

NCHRP 项目 09-43 的目标是建立一个混合料设计与分析程序，该程序应当能够广泛地用于目前或将来的 WMA 使用中。NCHRP 项目 09-43 中进行的研究包括下列内容：

1. 通过总结 WMA 发展过程中的文献与研究而建立一个初步程序。

2. 针对初步程序的关键点进行的第一阶段的试验与分析，包括：（1）试件重复加热的效果；（2）结合料等级的选择；（3）RAP 与新结合料在 WMA 生产温度下的混合程度；（4）WMA适当的短期烘箱养生；（5）评价测量和易性的设备。

3. 根据第一阶段的试验与分析结果修正初步程序。

4. 为评价修正的初步程序而进行的第二阶段的试验与分析，包括：（1）进行混合料配合比设计研究，以测试工程的合理性、敏感性及修正的初步程序的实用性；（2）使用实验室及现场制作的 WMA 的特性来进行现场验证研究，以验证程序的可用性；（3）进行疲劳研究以调查较低的 WMA 温度能否改进混合料的疲劳性能。

5. 根据第二阶段的试验与分析结果最终修正初步程序。

NCHRP 项目 09-43 的主要成果为：(1) AASHTO R 35 的附录草案，标题为“温拌沥青混合料（WMA）设计时需特殊考虑的事项及方法”；（2）标准规程草案，标题为“使用 MEPDG 设计路面时需测量的 WMA 性能标准规范”。研发 AASHTO R 35 附录草案的培训材料及注解，以协助执行 NCHRP 项目 09-43 中所进行的研究。

AASHTO R 35 附录草案中阐述了使用最广泛的 WMA 方法，包括：（1）添加到结合料中的添加剂；（2）在生产过程中添加到混合料中的添加剂；（3）湿集料混合料；（4）工厂发泡系统。在 AASHTO R 35 附录草案中阐述了 WMA 混合料设计的如下几个独特方面：

- 特殊试件制作程序
- 在计划生产温度下评价裹覆程度
- 使用 Superpave 旋转压实机在计划及低于计划的旋转压实温度下评价可压实性
- 使用流值试验校正抗车辙性

测试 WMA 性能的标准规程描述了该怎样制备 WMA 性能试验中所使用的试件，怎样进行动态模量及低温蠕变柔量与强度试验以获得使用 MEPDG 进行分析时需用的材料特性。以下各节描述了从 NCHRP 项目 09-43 中所得到的主要结论。

4.1.1 体积特性

从 NCHRP 项目 09-43 中得到一个主要结论——设计适当的 WMA 与 HMA 混合料的体积特性非常相似。对于结合料吸水率为 1% 或更小的 HMA，使用 NCHRP 项目 09-43 中开发的程序设计的 WMA 的体积特性与从 HMA 设计中获得的体积特性在本质上是一样的。这一结论支持目前的做法——将 WMA 程序代入到已批准的 HMA 混合料设计中。然而，WMA 的可压实性、水敏感性与抗车辙性可能明显地与 HMA 不同。每个特性都在建议的 WMA 混合料设计方法中直接进行评价。

4.1.2 结合料等级选择

同一项目位置处设计的 WMA 与 HMA 混合料应该使用同一等级的结合料。虽然在 NCHRP 项目 09-43 第一阶段进行的 RTFOT 试验表明，温度对结合料的高温等级影响显著，但是从项目取样及项目第二阶段的试验中得到的回收结合料试验数据表明，只有极低的生产温度才会导致混合料中回收结合料的劲度明显下降。RTFOT 试验及回收结合料试验均表明：WMA 生产温度只会使结合料的低温等级产生较小的提高。因此，AASHTO R 35 的附录草案建议在 WMA 与 HMA 混合料中使用相同等级的结合料。生产温度极低的 WMA 方法可能需要高温等级变动，以满足附录中规定的抗车辙性的流值要求。

4.1.3 WMA 中的 RAP

如果混合料在高温条件下保持的时间足够长，那么 RAP 与新结合料就能在 WMA 生产温度中充分混合。因为搅拌程度与时间相关，添加到混合料中的新结合料一开始裹覆在初始集料与 RAP 上，然后在高温储存期间两种结合料继续混合。在实验室进行混合研究，当压实温度超过“回收”RAP 结合料的高温等级时，压实温度下 2h 的养生将导致 RAP 与新结合料完全充分地混合。为了确保 RAP 与新结合料能够很好地混合，AASHTO R 35 的附录草案建议 WMA 的计划现场压实温度应当超过“回收”RAP 结合料的高温等级。

4.1.4 短期烘箱养生

混合料设计中的短期烘箱养生是为了模拟结合料在施工过程中发生的吸收与老化。WMA 在计划现场压实温度下适当地进行 2h 的烘箱养生，这与 HMA 混合料设计中使用的短期养生条件相同。然而，结合料在该条件下发生的老化程度小于性能试验中 AASHTO R 30 养生条件［在 275℉（135℃）下养生 4h］下发生的老化。

4.1.5 裹覆程度、和易性与可压实性

由于有多种可用的 WMA 方法，所以不能用基于黏度的拌和与压实温度来控制裹覆程度、和易性与可压实性。AASHTO R 35 附录草案在实验室制备的试件上直接测定裹覆程度与可压实性。在实验室中获得的裹覆程度取决于使用的搅拌器类型。AASHTO R 35 附录草案中规定的搅拌次数是由带叶片的行星式搅拌器确定的。如果使用斗式搅拌器，则应该通过评价 HMA 混合料的裹覆程度来确定 WMA 的合适的搅拌次数，用于评价试验中的 HMA 混合料是基于 AASHTO T 312 第 8.2.1 节中规定的拌和温度的黏度搅拌不同的次数而制备的。

在 NCHRP 项目 09-43 中进行多种和易性设备的评价。这些用来测定使螺钻或刮板穿过混合料所需的扭矩或力的设备同样也能测量 HMA 与 WMA 混合料之间的差异，但是只有在温度下降到 WMA 的压实温度范围之内才能进行。在这些温度下，旋转压实试件的空隙率差异同样很明显。AASHTO R 35 的附录草案是使用压实温度下降 54℉（30℃）、达到 92% 的相对密度时，旋转压实次数产生的变化数来描述 WMA 方法的压实温度敏感性。增长数超过 25% 则表示 WMA 比 HMA 的温度敏感性更高。这种测量可压实性的方法对压实温度、WMA 方法及混合料中存在的 RAP 很敏感。RAP、较低的 WMA 方法温度与压实温度的组合可能导致 WMA 比相似的 HMA 对温度变化更敏感。

4.1.6 水敏感性

通过 AASHTO T 283 测定出的采用相同的集料与结合料设计而成的 WMA 与 HMA 混合料的水敏感性可能有所不同。含抗剥落剂的 WMA 方法能提高 NCHRP 项目 09-43 试验与分析中包含的有些混合料的抗拉强度比。使用含抗剥落剂的同一种 WMA 方法生产的 9 种 WMA 混合料，其抗拉强度比保持不变或有 67% 的混合料有所提高。使用不含抗剥落剂的方法生产的 WMA 混合料，其抗拉强度比没有提高甚至有 79% 的混合料反而减少。AASHTO R 35 的附录草案包括使用 AASHTO T 283 评价水敏感性。

4.1.7 抗车辙性

AASHTO R 35 的附录草案包括使用流值试验来评价 WMA 的抗车辙性。试验所用的试件在计划的现场压实温度下短期养生 2h，以模拟结合料在施工过程中发生的吸收与硬化。因为和 HMA 混合料相比，WMA 混合料的短期养生温度更低，所以 WMA 混合料中的结合料老化较小，这就导致和使用相同的集料与结合料生产的 HMA 混合料相比，WMA 混合料的流值较低。HMA 的流值与其他车辙试验的现行标准是基于在 275℉（135℃）的温度下进行 4h 的短期养生而确定的。

NCHRP 项目 09-43 中的短期养生研究表明，这种水平的养生代表结合料在施工及使用过程中的一段时间内发生的硬化。因为 WMA 混合料不适合在超过其生产温度的温度下进行养生，所以 WMA 混合料的抗车辙性评价标准与目前所建议的 HMA 混合料［在 275℉（135℃）的温度下养生 4h］的标准有所区别。通过对 NCHRP 项目 09-43 的数据进行分析得到：通过使用两步老化程序可以使 WMA 结合料的硬化水平与在 275℉（135℃）的温度下养生 4h 所产生的结合料硬化水平相近似。该两步老化程序为：（1）在压实温度下养生 2h 以模拟施工过程产生的影响；（2）在路面使用中的代表性路面高温下进一步进行松散混合料养生以表示使用中的早期老化。进一步养生的持续时间可能需小于 16h。

4.1.8 性能评价

NCHRP 项目 09-43 的研究表明：依照 AASHTO R 35 附录草案的规定设计的 WMA 混合料，其性能将与使用同样的集料与结合料生产出的 HMA 混合料的性能一致。WMA 与 HMA 的体积特性在本质上是一样的，但是由于施工条件的差异，WMA 混合料的劲度可能会比 HMA 低。因为 HMA 与 WMA 之间的差异相对较小，所以可以使用 MEPDG 与合适的材料特性来进行 WMA 路面性能的分析。制定制作 WMA 试验试件、确定动态模量主曲线、低温蠕变柔量与强度试验的标准规程草案，以协助使用 MEPDG 来进行 WMA 的性能分析。

4.2 建议

NCHRP 项目 09-43 的研究表明：只需对现行的混合料设计规程进行很小的改变就能设计 WMA 混合料。尽管当结合料的吸水率为 1.0% 或更小时，HMA 与 WMA 的体积特性相近似，但是 WMA 混合料的可压实性、水敏感性与抗车辙性将可能与使用相同的集料与结合料设计而成的 HMA 混合料不同。因此，当进行 WMA 混合料设计时，建议使用在 NCHRP 项目 09-43 中研发的 WMA 混合料设计方法。对于 NCHRP 项目 09-43 中研究的混合料，其可压实性对 WMA 方法及温度很敏感，特别是含 RAP 的混合料更敏感。当 WMA 混合料受低 WMA 温度与 RAP 的双重影响时，相比于 HMA 混合料，其温度敏感性更强。除含抗剥落剂的 WMA 方法外，由 AASHTOT 283 测得的 WMA 混合料的水敏感性均比 HMA 混合料低。最终，非常低的 WMA 温度可能导致混合料的抗车辙性不足。所有的这些问题都可以使用 AASHTO R 35 附录草案中的方法来进行评价。

在此建议的协助下，研发出了命名为“温拌沥青混合料（WMA）设计时需特殊考虑的事项及方法”的 AASHTO R 35 附录草案，以此草案来阐述 WMA 与 HMA 设计之间的差异。此草案包括下列内容：

- WMA 方法的选择
- 结合料等级选择
- WMA 中的 RAP
- 特殊试件制作程序
- 裹覆程度评价
- 可压实性评价
- 水敏感性评价
- 抗车辙性评价
- 调整混合料以满足规范的要求

附录草案应该根据试验基础来使用，在正式被采用之前，代理机构与生产者应当提供补充资料以进一步细化 WMA 混合料设计方法与标准。附加的评价与可能的细化可使下列要素得到改善：特殊试件的制作程序及裹覆程度、可压实性与抗车辙性的标准。此外，代理机构与生产者应该鼓励工厂发泡设备制造商研发出能在实验室中设计泡沫沥青 WMA 混合料的实验室发泡设备。在 NCHRP 项目 09-43 中所使用的实验室发泡设备是用来制备泡沫稳定基层的实验室试件的，而不是 WMA。尽管使用该设备可以进行工厂发泡方法的 WMA 混合料设计，但是为了使设计方法更有效，也需对设备进行特殊设计以复制 WMA 发泡方法及生产更小批量的泡沫沥青，同时又不需要对设备进行大量的清洗，这些小批量的泡沫沥青是用于混合料的批量设计当中的。

在 NCHRP 项目 09-43 完成时，在 NCHRP 中开始进行 WMA 的其他三个附加项目的研究：(1) NCHRP 09-47A，“温拌沥青混合料技术的工程特性、排放及现场使用性能”；(2) NCHRP 09-49，“WMA 技术性能，第一阶段——水敏感性”；(3) NCHRP 项目 09-49A，“WMA 技术性能，第二阶段——长期现场使用性能”。NCHRP 项目 09-47A 与 09-49A 将包括 WMA 混合料现场使用性能的评价，而 NCHRP 项目 09-49 将详细地阐述 WMA 的水敏感性。NCHRP 项目 09-43 的研究成果为这些研究提供依据，阐述了现场使用性能及水敏感性。

然而，WMA 混合料设计方法中有两个要素需进行补充研究，而此补充研究目前并没有实施计划。第一，实验室混合料的混合程序并没有标准化。进行 HMA 设计时，可以手工或使用机械搅拌器进行搅拌。可使用两种类型的机械搅拌器：行星式搅拌器与斗式搅拌器。使用实验室混合料的裹覆程度作为设计标准时，必须使用机械搅拌器，并且需使搅拌方法标准化。NCHRP 项目 09-43 中的裹覆程度的评价表明，行星式与斗式搅拌器的效率明显地不同。AASHTO R 35 附录草案中的搅拌次数是基于带叶片的行星式搅拌器而确定的。因为在大多数的生产配合比设计实验室中，斗式搅拌器或许更易使用，故需进行补充的混合研究以确定使用斗式搅拌器进行 WMA 试件制作时需要的搅拌次数。需对 AASHTO R 35 附录草案进行改进以使其包括斗式搅拌器的搅拌次数。

WMA 混合料设计中需进行补充研究的第二个要素即短期养生方法的发展，该程序应当同时适用于用来进行水敏感性及抗车辙性评价的 WMA 和 HMA 试件。NCHRP 项目 09-43 中的研究得到如下结论：在现场压实温度下进行 2h 的烘箱养生，能合理地再现结合料在施工过程中发生的吸收与硬化，该结论对 WMA 与 HMA 混合料均适用。在现场压实温度下养生 2h 后，WMA 混合料的结合料劲度比同条件养生的 HMA 混合料的劲度低，因为 WMA 的养生温度较低。用于评价水敏感性及抗车辙性的现行标准是基于已经老化成较大等级的混合料而建立的。在 AASHTO T 283 中规定的水敏感性试验的最初始的养生条件为——在140℉（60℃）温度下养生 16h。此外，大多数的车辙标准是基于 275℉

（135℃）温度下养生4h而建立的。在NCHRP项目09-13中，混合料的养生条件为——在275℉（135℃）温度下养生2h、在275℉（135℃）温度下养生4h及在140℉（60℃）温度下养生16h。通过对这些数据进行分析，NCHRP项目09-43的科学研究组得出如下结论：在140℉（60℃）温度下养生16h产生的老化超过了在275℉（135℃）温度下养生4h产生的老化。在275℉（135℃）温度下养生2h与4h产生的老化无统计显著性。为了同时模拟WMA与HMA，需为用于评价水敏感性与抗车辙性的试件考虑一个具有两个步骤的养生方法：第一步，让混合料在压实温度下养生2h，以模拟结合料在施工过程中发生的吸收与硬化；第二步，让混合料在另一温度下进行进一步的加长时间的养生，该温度表示路面运行时的较高温度，用此过程来模拟运行中的一段短期时间。只有评价水敏感性及抗车辙性的试件才需进行第二步养生。体积设计只需根据第一步就可进行。进一步养生的温度与持续时间是基于LTPPBind确定的温度与典型的实验室工作时间而确定的。第二步很有可能需要养生试件一整夜，需选择进一步养生的温度与时间。这样使用二步法养生的HMA混合料才能与275℉（135℃）温度下养生4h的混合料具有相似的劲度。

附录 A
AASHTO R 35 的附录草案：温拌沥青混合料（WMA）设计时需特殊考虑的事项及方法

1　目的

1.1　本附录介绍了使用 AASHTO R 35 进行温拌沥青混合料设计时需特殊考虑的事项及方法。WMA 是指生产温度比普通的 HMA 生产温度低 50℉（28℃）或更多的沥青混合料。WMA 的目的是在大幅度地降低生产温度的同时又能保证生产的混合料与 HMA 具有相似的强度、耐久性与使用性能。

1.2　本附录中的方法广泛适用于 WMA 方法中，包括以下几种：

- 添加到沥青结合料中的 WMA 添加剂
- 在生产过程中添加到混合料中的 WMA 添加剂
- 湿集料混合料
- 工厂发泡法

1.3　本附录的内容作为 AASHTO R 35 中的标准程序的补充。本附录是在假定使用者熟悉 AASHTO R 35 中的标准程序的基础上进行的。

2　概要

2.1　本附录包括几个单独的章节，对 WMA 混合料设计的以下几个方面的问题进行了阐述：

- WMA 设计需使用的设备
- WMA 方法的选择
- 结合料等级选择
- WMA 中的 RAP
- 特殊试件的制作程序
- 裹覆程度评价
- 可压实性评价
- 水敏感性评价
- 抗车辙评价
- 调整混合料以满足规范要求

2.2　在每一节中，都参考了 AASHTO R 35 中的适用章节。

3　需额外使用的实验室设备

3.1　所有的 WMA 方法

3.1.1　机械搅拌器。使用容量为 20 夸脱（容量单位，等于 1 加仑的 1/4，约合 1.14L）的带金属丝缠绕的行星式搅拌器，或容量为 5 加仑的斗式搅拌器。

注解 1——本附录中规定的搅拌次数是通过使用带金属丝缠绕的行星式搅拌器（Blakeslee B－20 或与之等效的设备）确定的。斗式搅拌器适当的搅拌次数应通过评价 HMA 混合料的裹覆程度来确定，该 HMA 混合料是基于 AASHTO T 312 第 8.2.1 节中规定的拌和温度的黏度而制备的。

3.2　WMA 方法中结合料添加剂

3.2.1　低剪切机械搅拌器。用有适当叶轮的低剪切机械搅拌器均匀地搅拌结合料中的添加剂。

3.3　工厂泡沫法

3.3.1　实验室泡沫沥青设备。实验室泡沫沥青设备的规模大小为能够在现场生产中所使用的含水量下生产一致的泡沫沥青。要求该设备能生产质量为10～20kg的泡沫沥青。

4　WMA方法的选择

4.1　在美国市面上有超过20种的WMA方法，在选择WMA方法前应先和WMA技术提供商所指定的机构及技术援助人员进行蹉商。应该考虑的因素有很多，包括：(1) 可用的使用性能数据；(2) 温拌混合料添加剂的成本；(3) 计划的生产与压实温度；(4) 计划的生产速率；(5) 设备的生产能力；(6) 为利用现场及实验室的可用设备来成功地使用WMA方法而需进行的修正。

4.2　确定计划的生产与现场压实温度。

5　结合料等级选择

5.1　与HMA通常所使用的结合料等级相同。依照AASHTO M 323第5节中的规定，并考虑项目所在地的环境和交通量来选择结合料的性能等级。

注解2——WMA方法的生产温度比HMA的生产温度低100℉（56℃）或更多，可能需使结合料的高温性能等级增加一个等级，以满足本附录中规定的抗车辙要求。

6　WMA中的RAP

6.1　对于含RAP的WMA，其计划的现场压实温度应高于回收RAP结合料的高温等级。

注解3——该要求包括确保新的与回收的结合料充分混合。实验室研究表明：假定该要求满足且混合料在计划的压实温度下至少保持2h，则新的与回收的结合料在WMA生产温度中能充分混合。设备的拌和程度应通过评价工厂生产混合料的体积或劲度特性来验证。

6.2　依照AASHTO M 323第6节的规定进行RAP材料的选择。

6.3　对于掺配图分析，使用表1可能可以提高初始结合料的中间及低温特性。

注解4——当使用掺配图分析时，由于表1中中间及低温等级的改进将允许更多的RAP添加到WMA混合料中。基于混合结合料等级要求，低温性能改善约0.6℃，则允许在混合料中多加入大约10%的RAP结合料。

表1　对于WMA生产温度，RAP掺配图分析中初始结合料低温连续等级推荐的提高值

初始结合料的PG等级	58－28	58－22	64－22	64－16	67－22
平均HMA生产温度,℉	285	285	292	292	300
设备温度每减少1℃，原始结合料低温等级的提高率	0.035	0.025	0.025	0.012	0.025
WMA的生产温度,℉	RAP掺配图分析中初始结合料低温连续等级推荐的提高值,℃				
300	NA	NA	NA	NA	0.0
295	NA	NA	NA	NA	0.1
290	NA	NA	0.0	0.0	0.1

续上表

WMA 的生产温度,℉	RAP 掺配图分析中初始结合料低温连续等级推荐的改善值,℃				
285	0.0	0.0	0.1	0.0	0.2
280	0.1	0.1	0.2	0.1	0.3
275	0.2	0.1	0.2	0.1	0.3
270	0.3	0.2	0.3	0.1	0.4
265	0.4	0.3	0.4	0.2	0.5
260	0.5	0.3	0.4	0.2	0.6
255	0.6	0.4	0.5	0.2	0.6
250	0.7	0.5	0.6	0.3	0.7
245	0.8	0.6	0.7	0.3	0.8
240	0.9	0.6	0.7	0.3	0.8
235	1.0	0.7	0.8	0.4	0.9
230	1.1	0.8	0.9	0.4	1.0
225	1.2	0.8	0.9	0.4	1.0
220	1.3	0.9	1.0	0.5	1.1
215	1.4	1.0	1.1	0.5	1.2
210	1.5	1.0	1.1	0.5	1.3

7　特殊试件的制作程序

7.1　配料

7.1.1　确定所需试样的尺寸与数量。WMA 混合料设计中试样的近似尺寸如表 2 所示。

注解 5——各种试样所需混合料的质量取决于试样的集料相对密度与空隙率。需通过试验试样来确定 AASHTO T 283 与流值试验所需的合适的批量质量。

表2　试样要求

试样类型	旋转试样尺寸	试样近似质量	所需的数量
最大相对密度	NA	500~600g，取决于最大集料尺寸	混合试验需 2 个 + 确定设计结合料含量需 8 个 + 评价混合料在设计结合料含量下的可压实性需 1 个
体积设计	直径为 150mm，高为 115mm	4700g	混合试验需 2 个 + 确定设计结合料含量需 8 个
裹覆程度	NA	500~600g，取决于最大集料尺寸	1 个结合料含量为设计结合料含量的试件
可压实性	直径为 150mm，高为 115mm	4700g	4 个结合料含量为设计结合料含量的试件
AASHTO T 283	直径为 150mm，高为 95mm	3800g	6 个结合料含量为设计结合料含量的试件
流值	直径为 150mm，高为 175mm	7000g	4 个结合料含量为设计结合料含量的试件

7.1.2　准备一个配量表，表中显示集料的每个部分、RAP 及沥青结合料的配量。

7.1.3　称取集料每个部分的质量并放入到一个盘中。

注解6——对于使用湿集料的WMA方法，称取需加热的集料的各部分质量并放入到一个盘中，再称取需要湿润的集料的各部分质量并放入到另一个盘中。

7.1.4　称取RAP的质量并放在一个单独的盘中。

7.2　加热

7.2.1　把集料放在温度大约比计划的生产温度高15℃的烘箱中。

注解7——集料需要烘烤2～4h后，才能达到烘箱的温度。可能需把集料放在烘箱中一整夜。

7.2.2　让RAP与集料一起在烘箱中加热，但是必须限制RAP的加热时间为2h。

7.2.3　加热结合料，使其温度达到计划的生产温度。

7.2.4　加热搅拌桶及其他工具，使其温度达到计划的生产温度。

7.2.5　预热混合料短期养生中使用的一个鼓风烘箱及所需的盘，使其温度达到计划的现场压实温度。

7.3　通过在结合料中加入WMA添加剂来制备WMA混合料

注解8——如果WMA添加剂供应商提供了具体的混合与储存指令，按照供应商的指令进行。

7.3.1　在结合料中加入WMA添加剂

7.3.1.1　称取所需的添加剂质量并放入到一个小容器中。

注解9——添加剂通常为结合料质量的百分数。对于含有RAP的混合料，基于混合料的总结合料含量来确定添加剂的质量。

7.3.1.2　把沥青结合料装入有盖的容器中，并放入温度为135℃的烘箱中进行加热，直到结合料能够流出为止。为了确保结合料的均匀性，在加热过程中有时需进行人工搅拌。

7.3.1.3　在结合料中加入要求数量的添加剂，并用机械搅拌器进行搅拌，直到添加剂完全分散到结合料中。

7.3.1.4　把含WMA添加剂的结合料装在有盖的容器中，并在室温中储存，直到混合料设计中需使用时才取出。

7.3.2　准备WMA试件

7.3.2.1　依照7.2节中的规定加热搅拌工具、集料、RAP和结合料。

7.3.2.2　如果需使用液体的抗剥落剂，则需按照制造商的指令在结合料中加入抗剥落剂。

7.3.2.3　把热搅拌锅放在天平上并将天平置零。

7.3.2.4　把加热的集料与RAP装进搅拌锅中并充分干拌。

7.3.2.5　在混合集料中做一个弧坑，称取所需的沥青结合料加入到混合料中，以使其能达到期望的配量。

注解10——如果集料与RAP长期储存在潮湿的环境中，则需要根据集料与RAP的烘干质量来调整结合料的质量，如下所示：

1. 记录集料与RAP的烘干质量，记为w_i。
2. 确定混合料的目标总质量：

$$w_{\mathrm{t}} = \frac{w_i}{1 - \frac{p_{\mathrm{bnew}}}{100}}$$

式中：w_t——目标总质量；

w_i——从第 1 步中得到的烘干质量；

p_{bnew}——混合料中新结合料与总混合料质量的百分比。

3. 在搅拌锅中加入新的黏结料，使其质量达到 w_t。

7.3.2.6　从天平上移去搅拌锅，并用机械搅拌机搅拌 90s。

7.3.2.7　把混合料倒入平底浅盘中，使混合料均匀且厚度为 20～50mm，并把盘放入温度为计划的现场压实温度的鼓风式烘箱中 2h。在第一个小时后搅拌一次混合料。

7.4　通过在混合料中加入 WMA 添加剂来制备 WMA 混合料

注解 11——如果添加剂供应商提供了具体的混合与储存指令，按照供应商的指令工作。

7.4.1　称取所需的添加剂质量并放入到一个小容器中。

注解 12——添加剂的质量可能为结合料质量的百分数，或混合料总质量的百分数。

7.4.2　如果需使用液体的抗剥落剂，则需按照制造商的指令在结合料中加入抗剥落剂。

7.4.3　依照 7.2 节中的规定加热搅拌工具、集料、RAP 和结合料。

7.4.4　把热搅拌锅放在天平上并将天平置零。

7.4.5　把加热的集料与 RAP 装进搅拌锅中并充分干拌。

7.4.6　在混合集料中做一个弧坑，称取所需的沥青结合料加入到混合料中，以使其能达到期望的配量。

注解 13——如果集料与 RAP 长期储存在潮湿的环境中，则需要根据集料与 RAP 的烘干质量来调整结合料的质量，如下所示：

1. 记录集料与 RAP 的烘干质量，记为 w_i。
2. 确定混合料的目标总质量：

$$w_t = \frac{w_i}{1 - \frac{p_{bnew}}{100}}$$

式中：w_t——目标总质量；

w_i——从第 1 步中得到的烘干质量；

p_{bnew}——混合料中新结合料与总混合料质量的百分比。

3. 在搅拌锅中加入新的黏结料，使其质量达到 w_t。

7.4.7　把 WMA 添加剂倒入新沥青结合料的储存池中。

7.4.8　从天平上移去搅拌锅，并用机械搅拌机搅拌 90s。

7.4.9　把混合料倒入平底浅盘中，使混合料均匀且厚度为 20～50mm，并把盘放入温度为计划的现场压实温度的鼓风式烘箱中 2h。在第一个小时后搅拌一次混合料。

7.5　利用部分湿集料来制备 WMA 混合料

注解 14——向 WMA 方法供应商进行咨询，以确定适当的添加剂配量率、拌和温度、湿集料的百分比及湿集料含水率。

7.5.1　在结合料中加入 WMA 添加剂

7.5.1.1　称取所需的添加剂质量并放入到一个小容器中。

注解 15——添加剂通常为黏结剂质量的百分数，对于含有 RAP 的混合料，基于混合料的总结合料含量来确定添加剂的质量。

7.5.1.2 把沥青结合料装入有盖的容器中，并放入温度为135℃的烘箱中进行加热，直到结合料能够流出为止。为了确保结合料的均匀性，在加热过程中有时需进行人工搅拌。

7.5.1.3 在结合料中加入要求数量的添加剂，并用机械搅拌器进行搅拌，直到添加剂完全分散到结合料中。

7.5.2 准备 WMA 试件

7.5.2.1 在湿集料中加入所需的水分，并充分地拌匀，然后盖上盖子，在与热集料混合前至少应静置2h。

7.5.2.2 依照7.2节中的规定，在初始拌和温度下加热搅拌工具、干集料及干的RAP。

7.5.2.3 把热搅拌锅放在天平上并将天平置零。

7.5.2.4 把加热的集料与RAP装进搅拌锅中并充分干拌。

7.5.2.5 在混合集料中做一个弧坑，称取所需的沥青结合料加入到混合料中，以使其能达到期望的配量。

注解16——如果集料与RAP长期储存在潮湿的环境中，则需要根据集料与RAP的烘干质量来调整结合料的质量，如下所示：

1. 记录加热集料与RAP的烘干质量，记为w_i。
2. 确定混合料的目标总质量：

$$w_t = \frac{w_i + w_{dwf}}{1 - \frac{p_{bnew}}{100}}$$

式中：w_t——目标总质量；

w_i——从第1步中得到的烘干质量；

w_{dwf}——从配量表中得到的湿集料的烘干质量；

p_{bnew}——混合料中新结合料与混合料总质量的百分比。

3. 确定加热混合料的目标质量：

$$w_{thm} = w_t - w_{dwf}$$

式中：w_{thm}——加热混合料的目标质量；

w_t——目标总质量；

w_{dwf}——从配量表中得到的湿集料的烘干质量。

4. 在搅拌锅中加入新的黏结料，使其质量达到w_{thm}。

7.5.2.6 按7.5.1的要求，在与集料的加热部分混合前，立即在结合料中加入添加剂。

7.5.2.7 从天平上移去搅拌锅，并用机械搅拌机搅拌30s。

7.5.2.8 停止搅拌，并立即加入湿集料。

7.5.2.9 重新启动搅拌器，并继续搅拌60s。

7.5.2.10 把混合料倒入平底浅盘中，使混合料均匀且厚度为20~50mm。

7.5.2.11 检查盘中混合料的温度，其温度应该在90~100℃之间。

7.5.2.12 把盘放入温度为计划的现场压实温度的鼓风式烘箱中2h。在第一个小时后搅拌一次混合料。

7.6　准备泡沫沥青混合料

7.6.1　制备泡沫沥青混合料需要特殊的沥青结合料发泡设备，该设备能够在现场生产中使用的含水量下生产泡沫沥青。

7.6.2　准备沥青结合料发泡设备，并按照制造商的指令把结合料装入设备中。

7.6.3　如果需使用液体的抗剥落剂，则需按照制造商的说明把它加入到发泡设备里的结合料中。

7.6.4　按照7.2节中的规定，加热搅拌工具、集料及RAP。

7.6.5　按照发泡设备的说明准备泡沫沥青结合料。

7.6.6　把热搅拌锅放在天平上并将天平置零。

7.6.7　把加热的集料与RAP装进搅拌锅中并充分干拌。

7.6.8　在混合集料中做一个弧坑，称取所需的沥青结合料加入到混合料中，以使其能达到期望的配量。

注解17——实验室发泡设备使用一个定时器来控制提供的泡沫沥青的量，确保批量的规模足够大，使所需的泡沫沥青的量在发泡设备的校准范围内。这可能需要为每个沥青含量下的两个旋转压实试样及两个最大相对密度试样生产一批，然后再把大的批次分成每个试样所需的量。

注解18——如果集料与RAP长期储存在潮湿的环境中，则需要根据集料与RAP的烘干质量来调整结合料的质量，如下所示：

1. 记录集料与RAP的烘干质量，记为w_i。
2. 确定混合料的目标总质量：

$$w_t = \frac{w_i}{1 - \frac{p_{bnew}}{100}}$$

式中：w_t——目标总质量；

w_i——从第1步中得到的烘干质量；

p_{bnew}——混合料中新结合料与混合料总质量的百分比。

3. 在搅拌锅中加入泡沫结合料，使其质量达到w_t。

7.6.9　从天平上移去搅拌锅，并用机械搅拌机搅拌90s。

7.6.10　把混合料倒入平底浅盘中，使混合料均匀且厚度为20～50mm，并把盘放入温度为计划的现场压实温度的鼓风式烘箱中2h。在第一个小时后搅拌一次混合料。

8　WMA混合料评价

8.1　依照AASHTO R35第10节中确定的最佳黏结料含量，依照本附录第7节中适当的方法来制备WMA混合料，进行如下评价：

- 裹覆程度
- 可压实性
- 水敏感性
- 抗车辙性

8.2 裹覆程度

8.2.1 使用本附录第7节的适当的WMA制作方法来制备混合料，制备的混合料数量必须足够完成AASHTO T 195的试验，制备的混合料的结合料含量为设计的结合料含量。混合料不需要进行短期养生。

8.2.2 依照AASHTO T 195的规定评价裹覆程度。

8.2.3 建议的裹覆标准为：至少要有95%的粗集料颗粒被完全裹覆。

8.3 可压实性

8.3.1 依照本附录第7节的适当的WMA制作方法，准备足够的混合料使其能制备4个旋转压实试件及1个最大相对密度测量试件，混合料的结合料含量为设计结合料含量，混合料应在计划压实温度下短期养生2h。

8.3.2 按照AASHTO T 209的规定确定理论最大相对密度（G_{mm}）。

8.3.3 按照AASHTO T 312的规定在计划的现场压实温度下压实复制试件，旋转压实次数为N_{design}。记录每次旋转压实后试件的高度。

8.3.4 按照AASHTO T 166的规定确定试样的毛体积相对密度。

8.3.5 让混合料冷却至比计划的现场压实温度低30℃的温度。按照AASHTO T 312的要求压实复制试件，旋转压实次数为N_{design}。记录每次旋转后试件的高度。

8.3.6 按照AASHTO T 166的规定确定试样的毛体积相对密度。

8.3.7 使用式（1）来确定每旋转压实一次后每个试件的校正相对密度。

$$\% G_{mmN} = 100\left(\frac{G_{mb} \times h_d}{G_{mm} \times h_N}\right) \tag{1}$$

式中：$\% G_{mmN}$——旋转次数为N次时的相对密度；

G_{mb}——试样旋转压实N_{design}次后的毛体积相对密度；

h_d——旋转压实N_{design}次后的试样高度，从Superpave旋转压实器中量得，mm；

h_N——旋转压实N次后的试样高度，从Superpave旋转压实器中量得，mm。

8.3.8 确定每个试件达到92%的相对密度时所需的旋转压实次数。

8.3.9 确定在计划现场压实温度下达到92%的相对密度时所需的平均旋转压实次数。

8.3.10 确定在比计划的现场压实温度低30℃的温度下达到92%的相对密度时所需的平均旋转压实次数。

8.3.11 使用公式（2）确定旋转压实次数的比率。

$$Ratio = \frac{(N_{92})_{T-30}}{(N_{92})_T} \tag{2}$$

式中：$Ratio$——旋转压实次数的比率；

$(N_{92})_{T-30}$——比计划的现场压实温度低30℃的温度下，达到92%的相对密度时所需的旋转压实次数；

$(N_{92})_T$——在计划现场压实温度下，达到92%的相对密度时所需的旋转压实次数。

8.3.12 建议的压实标准为：旋转压实次数的比率应当小于或等于1.25。

注解19——用典型的HMA混合料的压实标准来限制WMA的温度敏感性。该标准是基于NCHRP 9-43的有限研究成果而确定的。该标准是暂定标准，应根据收集到的另外的WMA混合料数据来进行修正。

8.4 水敏感性评价

8.4.1 按照本附录第7节中的适当的WMA制作方法，准备足够的混合料使其能制备6个旋转压实试件，其中混合料的结合料含量为设计结合料含量，混合料应进行短期养生。

8.4.2 按照AASHTO T 312的要求，压实试验试件，使其空隙率为7.0% ±0.5%。

8.4.3 按照AASHTO T 283的要求，进行试件的分组、养生及试验。

8.4.4 建议的水敏感性标准为：抗拉强度比应当大于0.8且从外观看不应该有任何的剥离。

8.5 评价抗车辙性

8.5.1 用AASHTO TP 79中的流值试验来评价抗车辙性。

8.5.2 按照本附录第7节中的适当的WMA制作方法，准备足够的混合料使其能制备4个流值试验试件，其中混合料的结合料含量为设计结合料含量，混合料应进行短期养生。

8.5.3 试验试件的尺寸为直径100mm，高150mm，该试件是从直径为150mm、高至少为175mm的较大旋转试样中钻芯取出来的。试验试件制作的详细程序参考AASHTO PP 60。WMA试件的短期养生条件为在压实温度下养生2h。

8.5.4 准备流值试验试件，使其空隙率为7.0% ±1.0%。

8.5.5 使用LTPP Bind 3.1版按50%的可靠性确定设计温度，流值试验是在该设计温度下进行的。温度是从表层20mm处及中层与基层顶部计算的。

8.5.6 使用600kPa的重复偏应力及30kPa的接触偏应力来进行无侧限流值试验。

8.5.7 确定每个试样的流值后取平均值。将平均流值与表3中的标准值进行对比。

表3 流值的最低要求

交通量，ESALs（百万次）	最低流值
<3	NA
3 < ESALs < 10	30
10 < ESALs < 30	105
≥30	415

9 调整混合料，使其符合规范要求

9.1 本节提出了混合料的调整准则，以满足本附录第8节中规定的评价标准。对于WMA混合料来说，本节为AASHTO R 35第12节的扩展。

9.2 改善裹覆程度。大多数的WMA方法包括复杂的化学反应和热力学过程，应向WMA添加剂供应商进行咨询，以得到有效的方法来改善裹覆程度。

9.3 改善可压实性。大多数的WMA程序包括复杂的化学反应和热力学过程，应向WMA添加剂供应商进行咨询，以得到有效的方法来改善可压实性。

9.4 改善抗拉强度比。有些WMA程序包括增黏剂，以提高抗水损害能力。应向WMA添加剂供应商进行咨询，以得到有效的方法来改善抗拉强度比。

9.5 改善抗车辙性。可通过改变结合料的等级及体积性质来改善WMA的抗车辙性。为了改善抗车辙性，可使用下列经验法来进行混合料的调整。

- 高温性能等级提高一个等级，抗车辙性提高到原来的2倍。
- 加入25%～30%的RAP，高温性能等级将大约增加一个等级水平。
- 细度模数（通过0.075mm、0.15mm及0.3mm筛孔的总百分数）增加50，抗车辙性提高到原来的2倍。
- 设计的VMA减少1%，抗车辙性提高到原来的1.2倍。
- N_{design}次数增加一个等级，抗车辙性提高到原来的1.2倍。

---

10 WMA的补充要求

10.1 对于WMA混合料，除了AASHTO R 35第13节中的要求外还应包括下列内容。

10.1.1 WMA方法的描述。

10.1.2 计划的生产温度。

10.1.3 计划的现场压实温度。

10.1.4 对混合了RAP的混合料，RAP中结合料的高温等级。

10.1.5 结合料含量为设计结合料含量下的裹覆程度。

10.1.6 在计划现场压实温度及比计划现场压实温度低30℃的温度下，混合料达到92%的相对密度时所需的旋转压实次数，此时混合料的结合料含量为设计结合料含量。

10.1.7 旋转压实次数比率。

10.1.8 设计结合料含量下的干拉伸强度、抗拉强度比及观测到的剥离量。

10.1.9 设计结合料含量下的流值试验温度及流值。

附录 B
AASHTO R 35 附录草案的注释

B1 绪论

（美国）全国公路研究协作计划（NCHRP）项目09-43的一个研究成果即命名为“温拌沥青混合料（WMA）设计时需特殊考虑的事项及方法”的AASHTO R 35的附录草案。附录草案对WMA混合料设计的如下几个方面进行了阐释。

- WMA设计需使用的设备
- WMA方法的选择
- 结合料等级选择
- WMA中的RAP
- 特殊试件的制作程序
- 裹覆程度、可压实性、水敏感性及抗车辙性的评价
- 调整混合料以满足规范要求
- WMA的补充要求

附录草案的注释为草案的大多数章节提供了支撑资料，而这些支撑资料又是从NCHRP项目09-43的最终报告中得到的。该注释是为附录草案的使用者及未来的修订者而编制的。该注释的每个章节都有如下的结构：

一般的评价

描述章节的概要内容及基本原理。

关键内容的依据

为章节中包含的关键内容提供工程证明。它包括NCHRP项目09-43的分析及研究成果的总结，该总结支持关键内容。

需进一步进行的研究

介绍了改进章节内容所需进行的补充研究。

B2 第1节 目的

一般的评价

本节介绍了附录的目的。

关键内容的依据

本节没有关键内容。

需进一步进行的研究

不需要进行进一步的研究。

B3 第2节 概要

一般的评价

本节列出了附录所包括的主要主题。

关键内容的依据

本节没有关键内容。

需进一步进行的研究

不需要进行进一步的研究。

B4 第3节 附加的实验室设备

一般的评价

本节描述了WMA混合料实验室设计所需的附加设备。因为用裹覆程度评价来代替基于黏度的混合温度，所以需要机械搅拌器。在WMA方法中，只要结合料中需要加入添加剂，就需要机械搅拌器。使用工厂发泡方法设计的混合料，同样需要实验室泡沫沥青设备，该设备要能在现场设备所使用的水量下生产泡沫沥青。

关键内容的依据

WMA混合料的设计包括使用AASHTO T 195进行裹覆程度的评价。为了规范混合方法，需要一机械搅拌器。在NCHRP项目09-43中，发现行星式搅拌器与斗式搅拌器的搅拌效率不一样。在NCHRP项目09-43中规定附录草案第7节中试件制作方法的搅拌次数（使用行星式搅拌器确定）。斗式搅拌器的搅拌次数可能需更多。

NCHRP项目09-43证明了在实验室进行泡沫沥青WMA混合料设计是可行的。在NCHRP项目09-43中，使用一改良的Wirtgen WLB－10实验室发泡设备来模拟Gencor Ultrafoam GX方法及Astec Double Barrel Green方法，模拟Gencor Ultrafoam GX方法时使用的水量为结合料质量的1.25%，模拟Astec Double Barrel Green方法时使

用的水量为结合料质量的2.0%。为了适应WMA混合料中使用的含水量,需进行改进以使目前使用的流量控制器能用一更小、更精确的流量控制器来代替。

需进一步进行的研究

斗式搅拌器明显地比行星式搅拌器更便宜且更容易在配合比设计实验室中使用。应该进行更多的研究,以确定斗式搅拌器适当的搅拌次数。

应该鼓励工厂发泡设备制造商发展实验室发泡设备,以使能在实验室进行泡沫沥青WMA混合料设计。NCHRP项目09-43中使用的实验室发泡设备是专为制备泡沫稳定基层的实验室试件而设计的,而不是为WMA而设计的。尽管使用该设备也可进行工厂发泡方法的WMA混合料设计,但是为了使设计程序更有效,以复制WMA发泡方法及生产用于混合料批量设计当中的更小批量的泡沫沥青,而且不需要多余的清洗,需对设备进行特殊设计。

B5　第4节　WMA方法选择

一般的评价

本节列出了选择WMA程序时需要考虑的因素。

关键内容的依据

本节没有关键内容。

需进一步进行的研究

不需要进行进一步的研究。

B6　第5节　结合料等级选择

一般的评价

WMA与HMA应使用同一等级的结合料。对于生产温度很低的WMA方法,可能有必要提高结合料的高温性能等级,以满足抗车辙性要求。

关键内容的依据

从NCHRP项目09-43中抽取的几个WMA项目中收集到的性能等级数据显示:WMA与HMA的结合料等级只有很小的差别。表1为从NCHRP项目09-43中得到的再生结合料的连续等级。表2列出了和HMA相比,WMA的连续等级温度的平均差值。生产温度约下降50 ℉(28℃)时,除Sasobit结合料的高温等级增加外,其他项目的高温等级将下降,且下降量小于1℃;而生产温度约下降100 ℉(56℃)时,低能量沥青(LEA)项目的高温等级将近似地降低半个等级。对于低温等级,生产温度约下降50 ℉(28℃)时,同样除Sasobit外,其他项目结合料低温等级的平均改进量为1.5℃;而生产温度约下降100 ℉(56℃)时,LEA项目的改进量为2.9℃。

需进一步进行的研究

应当收集更多的再生结合料等级数据,并分析这些数据,以验证NCHRP项目09-43结论(WMA结合料等级无需与HMA不同)的正确性。

表1　再生结合料的连续等级

项　目	方　法	生产温度(℉)	连续等级温度(℃)		
			高	中	低
Colorado I-70	规定的	NA	58.0	19.0	-28.0
	Control	280	59.3	14.2	-30.6
	Advera	250	60.0	13.7	-31.6
	Evotherm	250	61.3	14.1	-31.1
	Sasobit	250	63.9	15.1	-29.9

续上表

项　目	方　法	生产温度(℉)	连续等级温度(℃)		
			高	中	低
Yellowstone National Park	规定的	NA	58.0	16.0	-34.0
	Control	325	60.0	11.1	-34.1
	Advera	275	56.3	8.9	-36.2
	Sasobit	275	60.7	10.1	-35.6
New York Route 11	规定的	NA	64.0	22.0	-28.0
	LEA	210	60.5	14.0	-31.1
Pennsylvania SR2007	规定的	NA	64.0	25.0	-22.0
	Control	320	67.7	22.0	-24.6
	Evotherm	250	67.2	22.0	-24.9
Pennsylvania SR2006	规定的	NA	64.0	25.0	-22.0
	Control	310	66.6	24.1	-22.5
	Advera	250	67.0	22.9	-24.1
	Gencor	250	67.5	21.7	-25.7
	LEA	210	63.2	21.6	-25.4
	Sasobit	250	72.9	23.3	-22.5
Monroe, North Carolina	规定的	NA	70.0	28.0	-22.0
	Astec	275	71.5	23.7	-23.9

表2　和HMA相比,WMA的连续等级温度的平均差值

方　法	数　目	生产温度的平均差值(℉)	连续等级温度的平均差值(℃)		
			高	中	低
Advera	3	-46.7	-0.9	-1.3	-1.6
Evotherm	2	-50.0	0.8	0.0	-0.4
LEA	1	-100.0	-3.4	-2.5	-2.9
工厂发泡	1	-60.0	0.9	-2.4	-3.2
Sasobit	3	-46.7	3.9	-0.3	-0.3

B7　第6节　WMA中的RAP

一般的评价

NCHRP项目09-43的研究结果表明,再生沥青路面(RAP)结合料与新结合料能在WMA生产温度中混合。因此,可以使用与HMA相同的方法来设计含RAP的WMA混合料,并说明RAP结合料对混合料中总结合料含量所做的贡献。从NCHRP项目09-43的研究结果可知,当混合料保持在高温度条件下拌制时,RAP与新结合料继续混合。为了保证RAP与新结合料能够充分混合,应限制WMA中RAP结合料的最大劲度。该限制是基于混合料的计划现场压实温度而制定的,因为该温度将在储存与运输过程中控制混合温度。该限制即为——RAP 结合料应该有一个低于 WMA 的计划现场压实温度的高温等级。RAP 结合料通常介于 PG82 与 PG94 之间,这就使得相应的最低现场压实温度介于 180 ℉(82℃)与 200 ℉(94℃)之间。

因为生产过程中发生的老化较低,所以 WMA 混合料的结合料的低温特性得到了提高。尽管低温性能的改进不足以使低温等级改变,但是当使用掺配图分析时,却足以影响能加入到混合料中的 RAP 的数量。

关键内容的依据

NCHRP 项目 09-43 包括一实验室混合研究——在实验室制备掺入 RAP 的 WMA 与 HMA 混合料,并在压实温度下储存不同的时间。把从混合料试件中测得的动态模量与从混合料试件中回收的结合料的特性估算出的动态模量进行对比,以此对比结果来评价 RAP 与新结合料的混合程度。动态模量试验对混合料中结合料的劲度非常敏感,当 RAP 与新结合料适当地混合时,加入 RAP 将使动态模量显著提高。测得的动态模量值表示混合状态。使用 Hirsch 模型根据从动态模量试件中回收的结合料的剪切模量来估算完全混合时的动态模量。如果测得的与预估的动态模量值一样,则表示 RAP 与新结合料混合良好。

实验室混合试验的研究成果如图 1 所示。在 0.5~1.0h 的养生时间下,新结合料与回收结合料只有很少地混合。对于所有的方法与温度,模量的测量值与完全混合时的预估值的比率介于 0.35~0.55 之间。在 2h 的养生时间下,Control HMA、Advera WMA 与 Sasobit WMA 的模量的测量值与完全混合时的预估值的比率接近 1。温度对这些方法的影响同样很明显,较高的养生温度将使混合程度有所提高。即使在 2h 的养生时间下,Evotherm WMA 模量的测量值与完全混合时的预估值的比率值仍然较低。这表明,这项研究中使用的 Evotherm 的特殊形式阻碍了新结合料与回收结合料的混合,或萃取、恢复的方法使 Evotherm 改性结合料变硬。

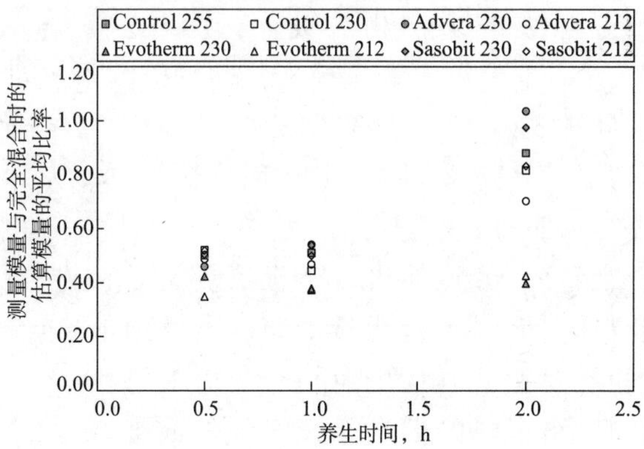

图 1　测量的与完全混合时估算的动态模量的比率

从 NCHRP 项目 09-43 的混合料设计研究中获得新结合料与 RAP 结合料在 WMA 生产温度下混合的进一步证据。在该研究中,分别为 HMA 与 WMA 设计了 6 种混合料,并对这 6 种混合料的各种体积特性与工程特性进行对比。其中有 3 种混合料包含 RAP,这 3 种含 RAP 的混合料的最佳结合料含量如表 3 所示。如表所示,WMA 的最佳结合料含量与 HMA 的相同或比 HMA 低,进一步地证明了"RAP 与新结合料在 WMA 生产温度中混合"这一结论的正确性。在该研究中 Evotherm 混合料的最佳结合料含量不会高于 HMA 及其他方法,建议用 Evotherm 来进行混合,这些方法在图 1 中的差异是由混合研究中使用的萃取与回收方法不同产生的。

表 3　NCHRP 09-43 混合料设计研究中含 RAP 的混合料的最佳结合料含量

混　合　料	HMA	Advera WMA	Evotherm WMA	Sasobit WMA
旋转压实 50 次,25% 的 RAP	6.4	6.5	6.1	6.3
旋转压实 75 次,25% 的 RAP	5.5	5.3	5.2	5.3
旋转压实 100 次,25% 的 RAP	6.0	6.1	5.8	6.2

NCHRP 项目 09-43 包括一结合料等级研究,使用回转薄膜烘箱试验(RTFOT)来模拟生产温度的改变对结合料性能产生的影响。图 2 表明,低温等级变化值与 RTFOT 温度的比率与结合料低温等级之间的关系相关性不强。当 RTFOT 温度下降时,具有较好低温性能的结合料,其低温性能方面往往提高得更多。RTFOT 温度对结合料低温等级的影响相对较小,建议无需作为 WMA 结合料低温等级选择变化的考虑因素。对于结合料试验,生产温度降低 95 ℉(53℃),结合料的低温等级仅提高 1 ~ 2℃,而这个值仅仅为一个等级水平的 1/6 ~ 1/3。

然而,当考虑掺入再生沥青路面(RAP)的混合料时,低温等级明显提高。当使用 RAP 掺配图时,发现每 10% 的总结合料由 RAP 结合料代替时,结合料的低温连续等级约改变 0.6℃。因此,提高混合料中初始结合料的低温性能 0.6℃(通过降低生产温度),将允许在混合料中多加入 10% 的 RAP 结合料。根据图 2 所示的关系,对于低温结合料等级温度范围的中间值,为进行 RAP 掺配图分析,初始结合料低温连续等级所推荐的提高值可以作为掺入了 PG XX - 16、PG XX - 22 与 PG XX - 28 的混合料的 WMA 生产温度的函数。一些常见结合料等级推荐的提高值如表 4 所示。对于使用 PG 64-22 初始结合料及 250 ℉ WMA 生产温度的混合料,考虑较低的 WMA 生产温度,初始结合料低温连续等级将提高 0.6℃。

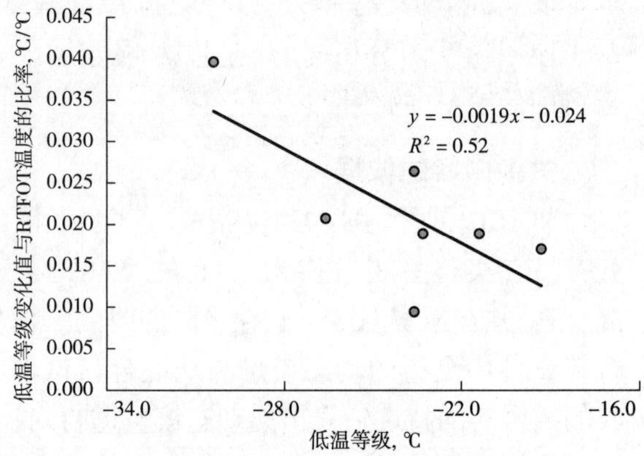

图 2 结合料低温等级对低温等级变化值与 RTFOT 温度的比率的影响

表 4 对于 WMA 生产温度,RAP 掺配图分析中初始结合料低温连续等级推荐的提高值

初始结合料的 PG 等级	58 - 28	58 - 22	64 - 22	64 - 16	67 - 22
平均的 HMA 生产温度	285	285	292	292	300
设备温度每降低 1℃,初始结合料低温等级的提高速率	0.035	0.025	0.025	0.012	0.025
WMA 的生产温度,℉	RAP 掺配图分析中初始结合料低温连续等级推荐的提高值,℃				
300	NA	NA	NA	NA	0.0
295	NA	NA	NA	NA	0.1
290	NA	NA	0.0	0.0	0.1
285	0.0	0.0	0.1	0.0	0.2
280	0.1	0.1	0.2	0.1	0.3
275	0.2	0.1	0.2	0.1	0.3
270	0.3	0.2	0.3	0.1	0.4
265	0.4	0.3	0.4	0.2	0.5
260	0.5	0.3	0.4	0.2	0.6
255	0.6	0.4	0.5	0.2	0.6
250	0.7	0.5	0.6	0.3	0.7
245	0.8	0.6	0.7	0.3	0.8

续上表

初始结合料的 PG 等级	58 - 28	58 - 22	64 - 22	64 - 16	67 - 22
240	0.9	0.6	0.7	0.3	0.8
235	1.0	0.7	0.8	0.4	0.9
230	1.1	0.8	0.9	0.4	1.0
225	1.2	0.8	0.9	0.4	1.0
220	1.3	0.9	1.0	0.5	1.1
215	1.4	1.0	1.1	0.5	1.2
210	1.5	1.0	1.1	0.5	1.3

需进一步进行的研究

需进行与实验室混合研究相似的工厂混合研究，以确认现场条件下，RAP 与新结合料在 WMA 生产温度中的混合情况。NCHRP 项目 09-43 包括一现场项目，该项目使用 30% 的 RAP 及 Astec Double Barrel Green WMA 方法，且其现场拌和与压实温度分别为 275 ℉(135℃) 与 260 ℉(127℃)。对该项目进行其拌和分析，分析表明 RAP 与新结合料能很好地混合。对这种类型进行进一步的研究是很有必要的。

应在含 RAP 的 WMA 上进行回收结合料试验，以验证掺配图分析中建议的低温特性提高值的有效性。

B8 第 7 节 特殊试件的制作程序

一般的评价

本节介绍了几种常见 WMA 方法的试件制作程序。

关键内容的依据

进行试件制作程序的设计以合理地复制 WMA 方法。程序为：

- 加入到结合料中的 WMA 添加剂
- 加入到混合料中的 WMA 添加剂
- 混合湿细集料的 WMA 方法及连续搅拌
- 工厂发泡方法

这些程序是从 WMA 方法开发商提供的指令中研发出来的，并通过 NCHRP 项目 09-43 中的实验室试验来验证。

需进一步进行的研究

应鼓励研发新的 WMA 方法，使能以相似的形式来准备试样制作程序，以致于在将来这些研究能加入到 AASHTO R 35 附录中。

B9 第 8 节 WMA 混合料的评价

一般的评价

本节描述 WMA 混合料的四个方面的评价，WMA 混合料的结合料含量为设计结合料含量。

- 裹覆程度
- 可压实性
- 水敏感性
- 抗车辙性

用裹覆程度评价来代替 HMA 中使用的以黏度为基础的混合温度。在设计结合料含量下使用 AASHTO T 195(测量完全裹覆的粗集料颗粒的百分比)进行裹覆程度评价。

用可压实性评价来代替 HMA 中使用的以黏度为基础的压实温度。可压实性是通过比较在计划现场压实温度及比计划现场压实温度低 54 ℉(30℃)的温度下，压实 N_{design} 次后的压实试件来评价的。达到 92% 的相对密度时所需的旋转压实次数是从压实试件的高度数据中计算出来的。达到 92% 的相对密度时，低温与高温下所需的旋转压实次数的比率应当低于 1.25。

WMA 与 HMA 一样使用 AASHTO T 283 进行水敏感性评价。AASHTO T 283 中的标准也与 HMA 的一样。

最后，使用 AASHTO TP 79 中的流值试验进行抗车辙性评价。该试验是按照项目所在地的路面高温进行的,该路面高温是由 LTPPBind 3.1 版按 50% 的可靠性确定的。使用无侧限流值试验,该试验是在 87 psi(600 kPa)的重复偏应力及 4.4 psi(30 kPa)的接触偏应力下进行的。假定最小流值为交通量的函数。

关键内容的依据

裹覆程度是评价计划的 WMA 生产温度的一种方法,该裹覆程度与所有的 WMA 方法有关。在 NCHRP 项目 09-43 中,使用 AASHTO T 195 在多个 HMA 与 WMA 混合料上进行裹覆程度评价。当使用行星式搅拌器搅拌时,发现 WMA 与 HMA 的裹覆程度通常近 100%。当在少量的 WMA 混合料中使用斗式搅拌器搅拌时,发现集料的裹覆程度低得多。搅拌次数及 95% 的建议标准都是基于行星式搅拌器的数据而确定的。

可压实性评价的方法是从 NCHRP 项目 09-43 的和易性研究中得到的。和易性研究在混合料设计方法中,评价使用各种和易性设备与旋转式压实机来测量 WMA 和易性的可行性。和易性研究表明 WMA 与 HMA 的和易性与可压实性的差异是可以测量的。然而,这些差异只有在温度低于典型的 WMA 混合料出厂温度时才明显。图 3 与图 4 显示了 WMA 方法与温度对和易性与可压实性的影响。因为和易性设备不能区分比从标准的 Superpave 旋转式压实机中获得的压实数据更精密的数据,故提出评价 WMA 可压实性的温度敏感性的方法,用该方法来评价 WMA 的和易性与可压实性。它包括在计划的现场压实温度及比计划的现场压实温度约低 54 ℉(30℃)的温度下确定空隙率达到 8% 时的旋转压实次数。当温度下降时,确定一暂行界限允许旋转次数增加 25%。该界限是使用从 NCHRP 09-43 中抽取的 9 个 WMA 现场混合料项目的数据来进行调查研究的。WMA 方法旋转次数的增加量介于 0~20% 之间。和易性与可压实性对任何项目来说都不是问题。

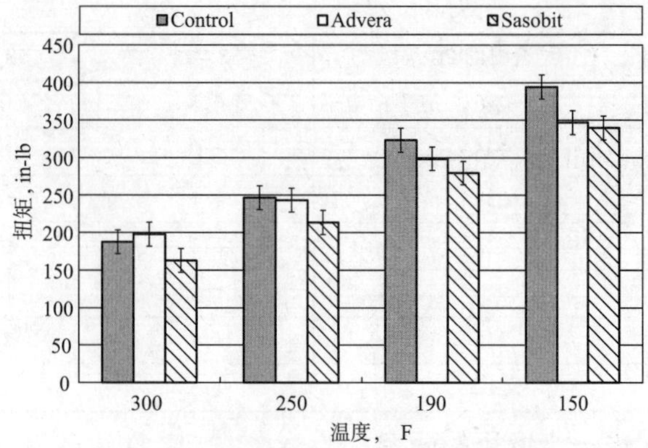

图 3 温度与 WMA 添加剂对从 UMass 和易性设备中测得的扭矩的影响

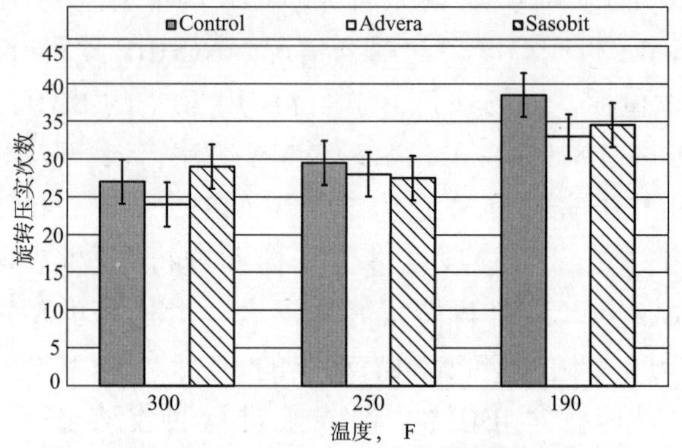

图 4 温度与 WMA 添加剂对达到 92% 的相对密度时所需的旋转次数的影响

使用 AASHTO T 283 进行水敏感性评价。NCHRP 项目 09-43 中的试验表明:使用相同集料与结合料设计而成的 WMA 与 HMA 混合料的水敏感性可能会有所不同。含抗剥落剂的 WMA 方法能提高 NCHRP 项目 09-43 的试验与分析中包括的一些混合料的抗拉强度比率。使用含抗剥落剂的同一种 WMA 方法生产的九种 WMA 混合料,其抗拉强度比保持不变或有 67% 的混合料有所提高。使用不含抗剥落剂的方法生产的 WMA 混合料,其抗拉强度比没有提高甚至有 79% 的混合料反而减少。

用流值试验来评价抗车辙性。在 NCHRP 项目 09-33 中,同样建议用此试验来评价 HMA 混合料的抗车辙性。试验所用的试件在计划的现场压实温度下短期养生 2h,以模拟结合料在施工过程中发生的吸收与硬化。因为 WMA 比 HMA 混合料的短期养生温度更低,所以 WMA 混合料的老化较小，这就导致与使用相同的集料与结合料的 HMA 相比，WMA 混合料的流值更低。从现场验证混合料中获得的流值的差值如表 5 所示。Sasobit 方法的抗车辙性增加了，因为其结合料的高温等级增加了。

表 5　HMA 与 WMA 的流值的平均差值

方　法	数目	压实温度的平均差值(℉)	流值的平均差值(%)
Advera	3	-46.7	-39
Evotherm	2	-50.0	-38
LEA	1	-80.0	-50
Sasobit	3	-48.3	+38

HMA 的流值与其他车辙试验的现行标准是基于在275 ℉(135℃)的温度下进行4h 的短期养生而确定的。NCHRP 项目 09-43 中的短期养生研究表明，这种养生水平代表结合料在施工及使用过程中的一段时间内发生的硬化。因为 WMA 混合料不适合在超过其生产温度的温度下进行养生，所以与目前所建议的在 275 ℉(135℃)的温度下养生 4h 的 HMA 混合料的标准相比，WMA 混合料的抗车辙性评价标准有所下降。

需进一步进行的研究

在配合比设计实验室中，斗式搅拌器明显更便宜、更容易使用，应进行更多的研究以确定斗式搅拌器的适当搅拌次数。

由于 AASHTO R 35 的附录草案是根据试验基础来采用的，所以应当收集裹覆程度与可压实性的数据以进一步修订这两个评价标准。

需对 WMA 的水敏感性进行进一步的研究，而且已经在 NCHRP 项目 09-49 中开始研究了，“WMA 技术性能：第一阶段——水敏感性”。

需进行更多的研究，以研发一同时适用于 WMA 与 HMA 的短期养生方法，用该程序来养生进行水敏感性与抗车辙性评价的试件。通过 NCHRP 项目 09-43 的研究得出如下结论：混合料在现场压实温度下进行 2h 的烘箱养生能合理地模拟结合料在施工过程中发生的吸收与硬化，该结论对 WMA 与 HMA 混合料均适用。同样在压实温度下养生 2h，WMA 混合料中结合料的劲度比 HMA 混合料的劲度低，因为 WMA 的养生温度较低。用于评价水敏感性及抗车辙性的现行标准是基于已经老化成较高等级的混合料而建立的。AASHTO T 283 中规定的水敏感性试验的最初始的养生条件为：在 140 ℉(60℃)温度下养生 16h。此外，大多数的车辙标准是基于 275 ℉(135℃)温度下养生 4h 而建立的。在 NCHRP 项目 09-13 中，混合料的养生条件为：在 275 ℉(135℃)温度下养生 2h、在 275 ℉(135℃)下养生 4h 及在 140 ℉(60℃)温度下养生 16h。对 NCHRP 项目 09-43 中的这些数据进行分析，得出如下结论——在 140 ℉(60℃)温度下养生 16h 产生的老化超过了在 275 ℉(135℃)温度下养生 4h 产生的老化。在 275 ℉(135℃)温度下养生 2h 与 4h 产生的老化无统计显著性。为了同时模拟 WMA 与 HMA，需考虑一个两步养生方法以养生进行水敏感性与抗车辙性评价的试件。第一步，让混合料在压实温度下养生 2h，以模拟结合料在施工过程中发生的吸收与硬化。第二步，让混合料在另一温度下进行进一步的加长时间的养生，该温度表示路面运行时的较高温度，用此过程来模拟运行中的短期时间。只有用于评价水敏感性及抗车辙性的试件才需进行第二步养生。体积设计只需根据第一步就可进行设计，进一步养生的温度与持续时间是基于 LTPPBind 确定的温度与典型的实验室工作时间而确定的。第二步很有可能需要养生试件一整夜。需选择进一步养生的温度与时间，这样使用二步法养生的 HMA 混合料就能与在 275 ℉(135℃)温度下养生 4h 的混合料具有相同的劲度。

B10　第 9 节　调整混合料以使其能满足规范要求

一般的评价

本节提供用于调整 WMA 混合料的资料，使调整后的 WMA 能满足 AASHTO R 35 附录草案中的评价标准的要求。对于裹覆程度、可压实性及水敏感性,用户可直接向 WMA 方法供应商进行咨询,提供结合料等级改变、体积特性及压实水平对抗车辙性的影响的相关资料。

关键内容的依据

因为 WMA 的各种方法区别很大,因此不能确定调整混合料的建议标准,进行混合料调整是为了满足裹覆程度、可压实性及水敏感性要求。抗车辙性的建议标准是基于 NCHRP 报告 567 中登载的成果而建立的,该成果为:Superpave 混合料设计的体积要求。

需进一步进行的研究

需进行更多的研究,以了解该如何改变 WMA 混合料才能提高裹覆程度、可压实性与水敏感性。这些改变最有可能是提出特别的方法。

B11　第10节　WMA 所需的附加报告

一般的评价

本节将介绍 WMA 混合料需报告的更多的数据。

关键内容的依据

本节没有关键内容。

需进一步进行的研究

不需要进行进一步的研究。

附录 D

建议的标准规程——测定用于性能分析中的温拌沥青混合料(WMA)的性能，该性能是使用力学经验路面设计指南软件进行的。

AASHTO 名称:PP XX - XX

1 范围

1.1 这个标准提出了测量用于性能分析中的温拌沥青混合料(WMA)工程性能的方法,该性能分析是使用力学经验路面设计指南(MEPDG)进行的。输入到 MEPDG 中的、可使用该标准测量的第 1 级输入量为:(1)动态模量主曲线;(2)低温蠕变柔量;(3)低温抗拉强度。复制各种 WMA 方法的试样制作程序也同样包括在内。

1.2 这个标准可能包含危险物质、危险操作及危险设备,本标准并非旨在阐述所有与其使用相关的安全问题。使用该方法的用户在使用该方法前,应当建立适当的安全与卫生规程及确定适用的规章制度。

2 参考文献

2.1 AASHTO 标准

- R 35 Superpave 混合料的体积设计。
- T 166 使用饱和面干试样来测定压实沥青混合料的毛体积相对密度。
- T 209 沥青铺面混合料的理论最大相对密度与密度。
- T 269 密级配与开级配沥青混合料的空隙率。
- T 312 使用 Superpave 旋转压实机来制备及确定热拌沥青混合料(HMA)试样的密度。
- T 322 使用间接拉伸试验装置来确定热拌沥青混合料(HMA)的蠕变柔量与蠕变强度。
- TP 60 使用 Superpave 旋转压实机(SGC)来制备圆柱形的性能试验试件。
- TP 61 使用沥青混合料性能试验仪(AMPT)来建立热拌沥青混合料的动态模量主曲线。
- TP 79 使用沥青混合料性能试验仪(AMPT)来确定热拌沥青混合料(HMA)的动态模量与流值。

2.2 其他文献

- ASTM D 3549,压实沥青铺面混合料试件顶面的厚度。
- 3.0 版简单性能试验系统的设备说明书,该说明书是由美国公路研究协作计划(NCHRP)于 2007 年 10 月 16 日编写的。
- 力学经验法路面设计指南,暂行版:AASHTO 的实施手册,华盛顿,2008。

3 术语

3.1 温拌沥青混合料(WMA)——温拌沥青混合料是指生产温度比热拌沥青混合料生产温度约低 50 ℉(28℃)或更多的沥青混合料。温拌沥青混合料的目的是在有效地降低生产温度的同时,保证生产的混合料与热拌沥青混合料具有相似的强度、耐久性和性能特性。

3.2 空隙率(Va)——压实铺面混合料中裹覆集料颗粒间空气总体积,以压实铺面混合料毛体积的百分率表示。

3.3 蠕变——由应力产生的,应变随时间变化的部分。

3.4 蠕变柔量——随时间变化的应变除以作用的应力。

3.5 动态模量——$|E^*|$,复数模量的绝对值,复数模量由受正弦式荷载作用的材料的全幅应力除以全幅应变计算得到。

3.6 动态模量的主曲线——通过在参考温度下,沿对数频率坐标轴随不同温度变化的动态模量数据所构建的复合曲线。

3.7 抗拉强度——试件受张拉时的强度。

3.8 矿料间隙率(VMA)——压实铺面混合料集料颗粒间的空隙体积,包括空气空隙与有效结合料含量,以试件总体积的百分率表示。

3.9 沥青饱和度(VFA)——结合料填充 VMA 的百分率(有效沥青结合料部分的体积在 VMA 中所占的百分率)。

4 规程总结

4.1 本规程描述了制备 WMA 试验试件的方法,及测定 WMA 混合料动态模量、低温蠕变柔量与低温强度的测试方法。

5 重要性及使用

5.1 使用本标准规程测定的 WMA 工程性能为 WMA 层次性能分析第 1 水平的输入量,该性能分析是使用(MEPDG)进行的。

5.2 有了实测的工程性质及 MEPDG,就能估算含 WMA 层的路面的使用性能。

5.3 在 MEPDG 应力应变分析、车辙模型及疲劳开裂模型中使用动态模量。

5.4 在 MEPDG 温缩裂缝模型中使用低温蠕变柔量与强度。

6 设备

6.1 试件制作设备——制作动态模量试验试件的设备见 AASHTO TP 60。

6.2 动态模量试验系统——动态试验系统满足 3.0 版的简单性能试验系统中设备规范的要求。

6.3 间接拉伸试验系统——低温间接拉伸试验系统满足 AASHTO T 322 的要求。

7 动态模量

7.1 准备试件

7.1.1 准备两个直径为 100mm、高为 150mm 的试验试件。

7.1.2 除需按 AASHTO R 35 的 WMA 附录规定进行制备的试件外,其他试件需依照 AASHTO TP 60 的规定进行制备,且混合料的短期烘箱老化条件应为:在建议的压实温度下老化 2h。

7.1.3 进行动态模量试验的试件,其目标空隙率应该为代理规范规定的代表性原状空隙率。

7.2　动态模量试验

7.2.1　在 AASHTO TP 61 中规定的温度与频率下,测定每个试件的动态模量。

7.2.2　依照 AASHTO TP 79 的规定进行动态模量试验。

7.3　数据分析

7.3.1　依照 AASHTO TP 61 的规定分析试验数据,并绘制动态模量主曲线。

注解 1——在 NCHRP 项目 09-29 中编制了一题为"MASTERSOLVER2.1.xls"的 Excel 工作薄,可以用此工作簿来进行分析。

7.3.2　根据拟合的动态模量主曲线,对用于 MEPDG 软件中的动态模量是在下列温度与频率下计算的,总共需计算 30 个动态模量值。

温度(℃或℉)	频率(Hz)
-10、4.4、21.1、37.8、54.4(14、40、70、100、130)	25、10、5、1、0.5、0.1

7.4　报告如下:

7.4.1　混合料的鉴别。

7.4.2　试验试件的目标空隙率及实际空隙率。

7.4.3　每个试验试件的 VMA 与 VFA。

7.4.4　试验试件的平均 VMA 与 VFA。

7.4.5　测量每个温度/频率组合下,每个试件的动态模量及相位角。

7.4.6　每个温度/频率组合下,测量的动态模量及相位角的平均值。

7.4.7　每个温度/频率组合下,测量的动态模量值的变化系数。

7.4.8　每个温度/频率组合下,测量的相位角的标准差。

7.4.9　参考温度。

7.4.10　拟合主曲线的参数(Max、δ、β、γ、ΔE_a)。

7.4.11　拟合主曲线统计学上的拟合良好性(S_e、S_y、$\frac{S_e}{S_y}$、R^2)。

7.4.12　绘制动态模量主曲线,动态模量作为简化频率的函数,显示出测量的动态模量数据的平均值。

7.4.13　绘制转换系数,该转换系数为温度的函数。

7.4.14　绘制平均相位角,该平均相位角为简化频率的函数。

7.4.15　把温度、频率及动态模量制成表格,输入到 MEPDG 中。

8　低温柔量与强度

8.1　准备试样

8.1.1　依照 AASHTO T 312 的规定压实 3 个直径为 150mm、高为 115mm 的密实旋转试样,使试样的空隙率比试验试样的目标空隙率高 1%。试样的目标空隙率应当为代理规范规定的代表性原状空隙率。

8.1.2　准备一松散混合料对比试件,试件的尺寸应满足 AASHTO T 209 中试样尺寸的要求。

8.1.3　应当按照 AASHTO R 35 中 WMA 附录的规定制备混合料,短期烘箱老化条件应当为:在建议的压实温度下老化2h。

8.1.4 为了模拟长期老化，依照AASHTO R 30第7.3.4节到第7.3.6节的规定，养生旋转压实试件及松散混合料对比试件。

8.1.5 从每个旋转压实试件的中央锯取厚为50mm的IDT试件。

8.1.6 依照AASHTO T 209的规定，测定并记录长期烘箱老化的松散混合料对比试件的最大相对密度。

8.1.7 对于密级配与间断级配的混合料，依照AASHTO T 16的规定确定并记录试件的毛体积相对密度。

注解2——当使用湿锯切法时，应先测量浸入的物质，接着测量干物质的表面，再接着测量干物质，这样能使干燥时间最短并能加快试样的制作程序。

8.1.8 对于松散混合料，依照AASHTO T 269第6.2节的规定，确定并记录试验试件的毛体积相对密度。

8.1.9 依照AASHTO T 269的规定，计算并记录试件的空隙率。

8.1.10 使用测径仪以90°角沿轴线测量每个试件的直径。记录平均直径，精确到1mm。

8.1.11 依照ASTM D 3549第6.1.2节的规定，测定每个试件的高度。记录平均高度，精确到1mm。

8.2 蠕变与强度试验

8.2.1 依照AASHTO T 322的规定，安装每个试件，并让每个试件在−20℃，−10℃与0℃下进行蠕变试验，共需进行9次蠕变试验。

8.2.2 记录荷载、每个表面的水平位移与竖向位移，在第一个10s内，每隔0.1s记录一次，在接下来的10～100s，每隔1s记录一次。

8.2.3 依照AASHTO T 322的规定，移动悬挂式测试设备，并在−10℃下进行强度试验，共需进行3次强度试验。

8.2.4 使用下面的关系来确定每个试件的校正抗拉强度。

$$S_{\text{corrected}} = 0.78 \times S_{\text{uncorrected}} + 38$$

式中：$S_{\text{corrected}}$——校正抗拉强度，为进行温缩裂缝分析而校正的抗拉强度，psi；

$S_{\text{uncorrected}}$——未校正的抗拉强度，$S_{\text{uncorrected}} = \dfrac{2P_{\max}}{\pi \times h \times d}$；

$P_{\max}$——强度试验中的高峰负荷，lb；

h——试件的厚度，in；

d——试件的直径，in。

注解3——校正强度能很好地估算AASHTO T 322中试件的初始破坏抗拉强度，同时不用损坏试件的悬挂式测试设备。

8.2.5 依照AASHTO T 322第13节的规定，减少每个温度下的蠕变试验数据，并计算平均蠕变柔量，该平均蠕变柔量作为加载时间的函数。

8.3 记录如下：

8.3.1 混合料的鉴别。

8.3.2 试验试件的目标空隙率及实际空隙率。

8.3.3 每个试验试件的VMA与VFA。

8.3.4 试验试件的平均 VMA 与 VFA。

8.3.5 把 -20℃、-10℃与0℃下的平均柔量与时间的关系制成表格。

8.3.6 -10℃下的校正抗拉强度。

9 关键词

9.1 温拌沥青混合料(WMA)、力学—经验路面设计法(MEPDG)、动态模量、蠕变柔量、抗拉强度。

未公布的资料
附录 C 与 E

承包者为 NCHRP 项目 09-43 所做的总结报告中的附录 C 与附录 E 未在这里公布，但是该部分内容在 TRB 网站 www.trb.org/Main/Blurbs/165013.aspx 中有介绍。

附录的标题为：

附录 C：AASHTO R 35 附录草案的培训材料

附录 E：NCHRP 项目 09-43 的试验计划、结果与分析

参 考 文 献

[1] NCHRP. Mechanistic-Empirical Pavement Design Guide (software). Available online at http://onlinepubs. trb. org/onlinepubs/archive/mepdg/home. htm. Accessed March 15, 2011.

[2] Prowell, B. D. , and Hurley, G. C. Warm-Mix Asphalt Best Practices. Quality Improvement Series 125. National Asphalt Pavement Association, Lanham, MD, 2007.

[3] Hanz, A. , Faheem, A. , Mahmoud, E. , and Bahia, H. Measuring Effects of Warm-Mix Additives Using a Newly Developed Asphalt Binder Lubricity Test for DSR. Transportation Research Board 89th Annual Meeting Compendium of Papers DVD, Transportation Research Board of the National Academies, Washington, DC, 2010.

[4] Csanyi, L. H. Foamed Asphalt in Bituminous Paving Mixes. Bulletin 160. Highway Research Board, National Research Council, Washington, DC, 1957, pp. 108-122.

[5] Brashears, D. Warm Mix Hot Again. Innovations, Vol. 1, No. 2, Gencor Industries, Inc. , High Velocity Communications, Inc. , Waukesha, WI, 2007, pp. 14-17.

[6] Advanced Asphalt Technologies, LLC. Draft Final Report on National Cooperative Highway Research Program Project 09-33: A Mix Design Manual for Hot Mix Asphalt. November 2009.

[7] Baumgardner, G. REVIX™- Waterless Technology for Production of Reduced Temperature Asphalt Mixtures. Presentation at the 2009 Petersen Asphalt Research Conference and P3 Symposium, Laramie, WY, July 18, 2008.

[8] Christensen, D. W. , and Bonaquist, R. F. NCHRP Report 567: Volumetric Requirements for Superpave Mixture Design. Transportation-Research Board of the National Academies, Washington, DC, 2006.

[9] Hurley, G. C. , and Prowell, B. D. Evaluation of Aspha-Min ® Zeolite for Use in Warm Mix Asphalt (NCAT Report 05-04). National Centerfor Asphalt Technology, Auburn, AL, June 2005.

[10] Hurley, G. C. , and Prowell, B. D. Evaluation of Evotherm ® for Use in Warm Mix Asphalt (NCAT Report 06-02). National Center for Asphalt Technology, Auburn, AL, June 2006.

[11] Hurley, G. C. , and Prowell, B. D. Evaluation of Sasobit ® for Use in Warm Mix Asphalt (NCAT Report 05-06). National Center for Asphalt Technology, Auburn, AL, June 2006.

[12] Witczak, M. W. , Kaloush, K. , Pellinen, T. , El-Basyouny, M. , and Von Quintus, H. NCHRP Report 465: Simple Performance Test for Superpave Mix Design. Transportation Research Board of the National Academies, Washington, DC, 2002.

[13] Federal Highway Administration, LTPPBind Version 3.1 (Software), Federal Highway Administration, U. S. DOT, September 15, 2005.

[14] Christensen, D. W. , and Bonaquist, R. F. Practical Application of Continuum Damage Theory to Fatigue Phenomena in Asphalt Concrete Mixtures. Journal of the Association of Asphalt. Paving Technologists, Vol. 74, 2005, pp. 963-1002.

[15] Christensen, D. Analysis of Creep Data from Indirect Tension Test on Asphalt Concrete.

Journal of the Association of Asphalt Paving Technologists, Vol. 67, 1998, pp. 458-492.

[16] Bell, C. A., AbWahab, Y., Cristi, M. E., and Sosnovske, D. Selection of Laboratory Aging Procedures for Asphalt-Aggregate Mixtures (SHRP-A-383). Strategic Highway Research Program, Transportation Research Board, National Research Council, Washington, DC, 1994.

[17] Advanced Asphalt Technologies, LLC. Evaluation of Hot-Mix Asphalt Mixture Containing Recycled or Waste Product Materials Using Performance Testing" (Final Report for Work Order 98-32-19). New Product Evaluation Program/Forensic Analysis Special Testing, Pennsylvania Department of Transportation, Harrisburg,PA, 2005.

[18] Christensen, D. W., Pellinen, T., and Bonaquist, R. F. Hirsch Model for Estimating the Modulus of Asphalt Concrete. Journal of the Association of Asphalt Paving Technologists, Vol. 72, 2003, pp. 97-121.

[19] Asphalt Pavement Environmental Council. Best Management Practices to Minimize Emissions During HMA Construction (EC 101),2007.

[20] McDaniel, R., and Anderson, R. M. NCHRP Report 452: Recommended Use of Reclaimed Asphalt Pavement in the Superpave Mix Design Method: Technician's Manual. Transportation Research Board, National Research Council, Washington, DC, 2001.

[21] Leiva, F., and West, R. C. Relationships Between Laboratory Measured Characteristics of HMA and Field Compactability. Journal of the Association of Asphalt Paving Technologists, Vol. 77, 2008, pp. 183-220.

[22] Arizona State University. E * Rutting. xls (Software). E * Implementation Program Version 2.0, December, 2004.

[23] Epps, J. A., Sebaaly, P. E., Penaranda, J., Maher, M. R., McCann, M. B., and Hand, A. J. NCHRP Report 444: Compatibility of a Test for Moisture-Induced Damage with Superpave Volumetric Mix Design. Transportation Research Board, National Research Council, Washington, DC, 2000.

[24] Daniel, J. S., and Kim, Y. R. Development of a Simplified Fatigue Test and Analysis Procedure Using a Viscoelastic, Continuum Damage Model, Journal of the Association of Asphalt Paving Technologists, Vol. 71, 2002, pp. 619-650.

[25] Kim, Y., Little, D. N., and Lytton, R. L. Use of Dynamic Mechanical Analysis (DMA) to Evaluate the Fatigue and Healing Potential of Asphalt Binders in Sand Asphalt Mixtures. Journal of the Association of Asphalt Paving Technologists, Vol. 71, 2002, pp. 176-206.

[26] Christensen, D. W., and Bonaquist, R. Analysis of HMA Fatigue Data Using the Concepts of Reduced Loading Cycles and Endurance Limit. Journal of the Association of Asphalt Paving Technologists, Vol. 78, 2009, pp. 377-416.

《温拌沥青混合料配合比设计规程》

英文版

FOREWORD

By Edward T. Harrigan
Staff Officer
Transportation Research Board

This report presents a mix design method tailored to the unique material properties of warm mix asphalt (WMA) technologies. The report will be of immediate interest to materials engineers in state highway agencies and industry.

Warm mix asphalt (WMA) refers to asphalt concrete mixtures that are produced at temperatures approximately 50°F (28°C) or more cooler than typically used in the production of hot mix asphalt (HMA). The goal of WMA is to produce mixtures with similar strength, durability, and performance characteristics as HMA using substantially reduced production temperatures. There are important environmental and health benefits associated with reduced production temperatures including lower greenhouse gas emissions, lower fuel consumption, and reduced exposure of workers to asphalt fumes. Lower production temperatures can also potentially improve pavement performance by reducing binder aging, providing added time for mixture compaction, and allowing improved compaction during cold weather paving.

For most WMA projects constructed in the United States to date, WMA has been substituted into a mixture designed as HMA with no change to the job mix formula. An issue important to extending the implementation of WMA in the future is the lack of a formal mix design method for mixtures prepared with the wide variety of WMA technologies available now and in the future.

The objective of this project was to develop a mix design method for WMA in the form of a draft AASHTO recommended practice for use by engineers and technicians in the public and private sectors. This method was (1) to be based on Superpave mix design methodology, (2) to include a suite of performance tests to assess whether a WMA mix design will provide satisfactory field service, and (3) to be applicable to any WMA technology used to lower mixing and compaction temperatures.

The report fully documents the research leading to the key finding that a stand-alone WMA mix design method distinct from that for HMA is not warranted. Instead, the final product of the research is a draft recommended appendix to AASHTO R 35, Standard Practice for Superpave Volumetric Design for Hot Mix Asphalt (HMA), titled Special Mixture Design Considerations and Methods for Warm Mix Asphalt (WMA). This recommended appendix was developed and validated with the results of an extensive program of laboratory and field testing on a wide range of WMA technologies. In addition to this appendix, the contractor produced (1) a draft practice for measuring WMA properties for use in performance analyses with the Mechanistic-Empirical Pavement Design Guide, (2) a chapter on WMA mix design for inclusion in the mix design manual produced in NCHRP Project 09-33, "A Mix Design Manual for Hot Mix Asphalt," and (3) materials and media for a 1-day training course on WMA mix design.

The contractor's final report for NCHRP Project 09-43 includes the following appendices:

- Appendix A: Draft Appendix to AASHTO R 35: Special Mixture Design Considerations and Methods for Warm Mix Asphalt (WMA)
- Appendix B: Commentary to the Draft Appendix to AASHTO R 35
- Appendix C: Training Materials for the Draft Appendix to AASHTO R 35
- Appendix D: Proposed Standard Practice for Measuring Properties of Warm Mix Asphalt (WMA) for Performance Analysis Using the Mechanistic-Empirical Pavement Design Guide Software
- Appendix E: NCHRP Project 09-43 Experimental Plans, Results, and Analyses

Appendices A, B, and D are published herein. Appendices C and E are available on the TRB website at www.trb.org/Main/Blurbs/165013.aspx.

CONTENTS

SUMMARY

Mix Design Practices for Warm Mix Asphalt

Warm mix asphalt (WMA) refers to asphalt concrete mixtures that are produced at lower temperatures than the temperatures typically used in the production of hot mix asphalt (HMA) (50°F [28°C] lower or more). The goal with WMA is to produce mixtures with similar strength, durability, and performance characteristics as HMA using substantially reduced production temperatures. There are important environmental and health benefits associated with reduced production temperatures including lower greenhouse gas emissions, lower fuel consumption, and reduced exposure of workers to asphalt fumes. Lower production temperatures can also potentially improve pavement performance by reducing binder aging, providing added time for mixture compaction, and allowing improved compaction during cold weather paving.

WMA technologies were first introduced in Europe in the late 1990s as a measure to reduce greenhouse gas emissions. Since then, a number of WMA processes have been developed in Europe and the United States. At the time that NCHRP Project 09-43 was completed, there were approximately 20 WMA processes being marketed in the United States. These processes include chemical, wax, and synthetic zeolite additives; plant foaming systems; and sequential mixing processes.

The objective of NCHRP Project 09-43 was to develop mixture design and analysis procedures that can be used with the wide range of WMA processes that are currently available or that are likely to become available in the future. The research conducted during NCHRP Project 9-43 included the following:

1. Development of a preliminary procedure based on a review of the literature and research in progress.
2. A first phase of testing and analysis to investigate critical aspects of the preliminary procedure including (1) effect of sample reheating, (2) binder grade selection, (3) mixture of recycled asphalt pavement (RAP) and new binders at WMA process temperatures, (4) appropriate short-term oven conditioning for WMA, and (5) evaluation of devices to measure workability.
3. Revisions to the preliminary procedure based on the findings of the first phase of testing and analysis.
4. A second phase of testing and analysis to evaluate the revised preliminary procedure. This phase included (1) a mix design study to test the engineering reasonableness, sensitivity, and practicality of the revised preliminary procedure; (2) a field validation study that used properties of laboratory- and field-produced WMA to validate the procedure; and (3) a fatigue study to investigate whether lower WMA temperatures improve mixture fatigue properties.
5. Final revision of the preliminary procedure based on the findings of the second phase of testing and analysis.

The primary products of NCHRP Project 09-43 are (1) a draft appendix to AASHTO R 35 titled Special Mixture Design Considerations and Methods for Warm Mix Asphalt (WMA) (presented as Appendix A of this report) and (2) a draft standard practice titled Standard Practice for Measuring Properties of Warm Mix Asphalt (WMA) for Performance Analysis Using the Mechanistic-Empirical Pavement Design Guide Software (presented as Appendix D of this report). Training materials and a commentary for the draft appendix to AASHTO R 35 were developed to aid in implementing the research conducted under NCHRP Project 09-43. The following are the major conclusions drawn from the research completed in NCHRP Project 09-43:

1. **Volumetric Properties.** For HMA mixtures with 1.0 percent binder absorption or less, the volumetric properties of WMA designed with the procedures developed under NCHRP Project 09-43 were essentially the same as those obtained from an HMA design. This conclusion supports the current practice of substituting a WMA process into an approved HMA mixture design. However, the compactability, moisture sensitivity, and rutting resistance of the WMA may be significantly different than those of the HMA. Each of these (compactability, moisture sensitivity, and rutting resistance) is evaluated directly in the methods included in the draft appendix to AASHTO R 35.
2. **Binder Grade Selection.** The same grade of binder should be used in WMA and HMA mixtures designed for the same project location. Recovered binder test data from projects sampled and tested under NCHRP Project 09-43 indicated that only extremely low production temperatures resulted in a significant decrease in the stiffness of the recovered binder from the mixture. Additionally, WMA production temperatures resulted in a minor improvement in the low-temperature grade of the binder. The draft appendix to AASHTO R 35 (included herein as Appendix A), therefore, recommends that the same grade of binder be used in both WMA and HMA mixtures. High-temperature grade bumping may be necessary for WMA processes with extremely low production temperatures to meet the flow number rutting resistance requirements included in the draft appendix to AASHTO R 35.
3. **RAP in WMA.** RAP and new binders do mix at WMA process temperatures provided the mixture is held at elevated temperatures for a sufficient length of time. Because the mixing is time dependent, it appears that the new binder added to the mixture coats the virgin aggregate and RAP; then, during storage at elevated temperature, the two binders continue to mix. In the laboratory mixing studies that were conducted, 2 h of conditioning at the compaction temperature resulted in substantial mixing of RAP and new binders when the compaction temperature exceeded the high-temperature grade of the "as recovered" RAP binder. To ensure good mixing of RAP and new binders, the draft appendix to AASHTO R 35 recommends that the planned field compaction temperature for WMA exceed the high-temperature grade of the "as recovered" RAP binder.
4. **Short-Term Oven Conditioning.** Short-term oven conditioning is included in mixture design to simulate the absorption and aging of the binder that occurs during construction. For WMA, it is appropriate to use 2 h of oven conditioning at the compaction temperature—the same short-term conditioning that is used for design of HMA mixtures. The degree of binder aging that occurs, however, is less than that obtained using the AASHTO R 30 conditioning for performance testing—4 h at 275°F (135°C).
5. **Coating, Workability, and Compactability.** For the wide range of WMA processes available, viscosity-based mixing and compaction temperatures cannot be used to control coating, workability, and compactability. The draft appendix to AASHTO R 35 uses direct measures of coating and compactability on laboratory-prepared mixtures. The degree of coating obtained in the laboratory depends on the type of mixer that is used. The mixing

times included in the draft appendix to AASHTO R 35 were developed using a planetary mixer with a wire whip. If bucket mixers are used, appropriate WMA mixing times should be established by evaluating the coating of HMA mixtures prepared for various mixing times at the appropriate viscosity-based mixing temperature specified in Section 8.2.1 of AASHTO T 312.

Several workability devices were evaluated under NCHRP Project 09-43. These devices, which measure the torque or force required to move an auger or blade through the mixture, were able to measure differences between HMA and WMA mixtures, but only when temperatures dropped to the compaction range of WMA. At these temperatures, differences in air voids also were evident in gyratory compacted specimens. The draft appendix to AASHTO R 35 uses the change in the number of gyrations to 92-percent relative density when the compaction temperature is decreased 54°F (30°C) to characterize the compaction temperature sensitivity of the WMA processes. Increases that exceed 25 percent indicate that the WMA is more temperature sensitive than HMA. This measure of compactability was sensitive to the compaction temperature, the WMA process, and the presence of RAP in the mixture. The combination of RAP and low WMA process and compaction temperatures, may lead to WMA mixtures that are more sensitive to changes in temperature than similar HMA mixtures.

6. **Moisture Sensitivity.** Moisture sensitivity as measured by AASHTO T 283 will likely be different for WMA and HMA mixtures designed using the same aggregates and binder. WMA processes that included anti-strip additives improved the tensile strength ratio of some of the mixtures included in the NCHRP Project 09-43 testing and analysis. Of the nine WMA mixtures that used a WMA process that included an anti-strip additive, the tensile strength ratio remained the same or improved in 67 percent of the mixtures. For WMA mixtures produced using processes that did not include anti-strip additives, the tensile strength ratio never improved and decreased in 79 percent of the mixtures. The draft appendix to AASHTO R 35 includes evaluation of moisture sensitivity using AASHTO T 283.
7. **Rutting Resistance.** The draft appendix to AASHTO R 35 includes an evaluation of the rutting resistance of WMA using the flow number test. The test is conducted on specimens that have been short-term conditioned for 2 h at the compaction temperature to simulate the binder absorption and stiffening that occurs during construction. Because lower short-term conditioning temperatures are used for WMA mixtures as compared to HMA mixtures, binder aging in WMA mixtures is less, resulting in lower flow numbers for WMA mixtures produced with the same aggregates and binder as compared to HMA mixtures. Current criteria for the flow number and other rutting tests for HMA are based on 4 h of short-term conditioning at 275°F (135°C). The short-term conditioning study completed under NCHRP Project 09-43 shows that this level of conditioning represents the stiffening that occurs during construction as well as some time in service. Since it is inappropriate to condition WMA mixtures at temperatures exceeding their production temperature, the criteria for evaluating the rutting resistance of WMA mixtures were reduced compared to those currently recommended for HMA mixtures conditioned for 4 h at 275°F (135°C).
8. **Performance Evaluation.** The research completed under NCHRP Project 09-43 showed that for the same aggregates and binders, WMA mixtures designed in accordance with the draft appendix to AASHTO R 35 will have similar properties as HMA mixtures. Volumetric properties will essentially be the same, but the stiffness of the WMA mixture will probably be lower for as-constructed conditions. Since the differences between HMA and WMA are relatively small, an analysis of the performance of pavements constructed with WMA can be made using the Mechanistic-Empirical Pavement Design Guide (MEPDG) and appropriate material properties (*1*). A draft standard practice for fabricating WMA test

specimens and performing dynamic modulus master curves and low-temperature compliance and strength testing was developed to aid in the performance analysis of WMA using the MEPDG.

The research conducted under NCHRP 09-43 has shown that only minor changes to current mixture design practice are needed to design WMA mixtures. Although volumetric properties for HMA and WMA will be similar when binder absorption is 1.0 percent or less, the compactability, moisture sensitivity, and rutting resistance of WMA mixture will likely be different than the compactability, moisture sensitivity, and rutting resistance of an HMA mixture designed with the same aggregates and binders. Therefore, it is recommended that the procedures for WMA mixture design developed under NCHRP 09-43 be used when designing WMA mixtures.

The draft appendix to AASHTO R 35 should be used on a trial basis by agencies and producers to provide additional data to further refine the WMA mixture design methods and criteria before being considered for adoption. Elements that would benefit from additional evaluation and possible refinement include the process-specific specimen-fabrication procedures, and the criteria for coating, compactability, and rutting resistance.

At the time that NCHRP Project 09-43 was completed, two additional projects on WMA were initiated by NCHRP: NCHRP Project 09-47A, "Properties and Performance of Warm Mix Asphalt Technologies" and NCHRP 09-49, "Performance of WMA Technologies: Stage I—Moisture Susceptibility." NCHRP Project 09-47A will include an evaluation of the field performance of WMA mixtures, and NCHRP Project 09-49 will address the moisture susceptibility of WMA in detail. The findings of NCHRP Project 09-43 support the need for these studies addressing field performance and moisture sensitivity.

There are, however, two elements of the WMA mixture design process that require additional research that is not currently planned. First, the WMA specimen-fabrication procedures included in the draft appendix to AASHTO R 35 should be expanded to include bucket mixers, which are more readily available in most production mix design laboratories. Second, additional research is needed to develop a short-term conditioning procedure for specimens used for the evaluation of moisture sensitivity and rutting resistance that is equally applicable to both WMA and HMA. A two-step conditioning process should be considered. In the first step, the mixture would be conditioned for 2 h at the compaction temperature to simulate the binder absorption and stiffening that occurs during construction. In the second step, the mixture would be further conditioned for an extended time at a representative high in-service pavement temperature to simulate a short period of time in service. Based on an analysis of data collected under NCHRP Project 09-13, it appears that the second step will require less than 16 h of additional conditioning.

CHAPTER 1

Introduction

1.1 Background

Warm mix asphalt (WMA) refers to asphalt concrete mixtures that are produced at temperatures approximately 50°F (28°C) lower (or more) than temperatures typically used in the production of hot mix asphalt (HMA). The goal with WMA is to produce mixtures with similar strength, durability, and performance characteristics as HMA using substantially reduced production temperatures. There are important environmental and health benefits associated with reduced production temperatures including lower greenhouse gas emissions, lower fuel consumption, and reduced exposure of workers to asphalt fumes. Lower production temperatures can also potentially improve pavement performance by reducing binder aging, providing added time for mixture compaction, and allowing improved compaction during cold weather paving.

WMA technologies were first introduced in Europe in the late 1990s as a measure to reduce greenhouse gas emissions. Since then, a number of WMA processes have been developed in Europe and the United States. Brief descriptions of several of these processes are presented here. The National Asphalt Pavement Association (NAPA) publication, Warm-Mix Asphalt: Best Practices (*2*) presents more detailed information on many of these processes including the types of plant modifications that are needed with each. Table 1 summarizes the various WMA processes identified under NCHRP Project 09-43.

The earliest WMA processes developed in Europe were based on using either waxes or foamed asphalt. Waxes are added to the binder to reduce its viscosity and improve lubrication. These materials typically have melting points below normal HMA production temperatures. At temperatures above the melting point, these materials reduce the viscosity of the asphalt binder. Below the melting point, these materials tend to increase the stiffness of the binder. Recent research suggests that wax additives also improve the binder's lubrication capability resulting in improvement in mix workability at lower temperatures (*3*). Lubrication rather than viscosity reduction may be the primary mechanism by which many WMA processes improve workability and compactability at lower temperatures.

Sasobit is the wax that has been used most extensively for WMA projects in the United States. Sasobit is a Fischer-Tropsch wax that is produced from coal gasification. It is supplied in pellet form and is typically added at the rate of 1.5 percent by weight of binder. The pellet can be added to the binder at the asphalt terminal or in the plant supply tank, or it can be added to the mixture by blowing it into the drum in a manner similar to the addition of fibers to stone matrix asphalt (SMA).

Several WMA processes use foaming to permit coating and provide workability at lower production temperatures. When small amounts of water are added to hot asphalt, the water vaporizes and the vapor is encapsulated in the binder. This produces a foaming action in the binder, temporarily increasing the volume of the binder and lowering its viscosity, which improves coating and workability. Foamed asphalt has been used for over 50 years to produce cold mixes (*4*). Early drum mix plants also took advantage of foaming that resulted from incomplete drying of aggregates to produce mixtures at lower temperatures (*5*).

A variety of methods are used to produce foamed asphalt. Aspha-min and Advera are synthetic zeolites. Zeolites are minerals that have approximately 20 weight percent water trapped in their porous structure. Upon heating to approximately 185°F (85°C), the water is released, and when this is done in the presence of asphalt binder, foamed asphalt is produced. Synthetic zeolite additives are typically added at the rate of 0.25 percent by weight of the asphalt mixture. A variety of methods can be used to add synthetic zeolites at the plant. To be effective, it is critical that the additive is quickly encapsulated in the asphalt binder and not lost in the exhaust air stream of the plant. Zeolites have been used on several projects in the United States.

Table 1. Summary of WMA processes identified during NCHRP Project 09-43.

Name	Process/Additive	Company	Website
Accu-Shear Dual Warm Mix Additive System	Foaming system	Stansteel	http://www.stansteel.com/sip.html
Adesco/Madsen Static Inline Vortex Mixer	Foaming system	Adesco/Madsen	http://www.asphaltequipment.com/documents/Static%20Inline%20Vortex%20Mixer%20Brochure.pdf
Advera	Zeolite	PQ Corporation	http://www.pqcorp.com/products/AdveraWMA.asp
AQUABLACK	Foaming system	Maxam Equipment Company, Inc.	http://maxamequipment.com/AQUABlackWMA.htm
AquaFoam	Foaming system	Reliable Asphalt Products	http://www.reliableasphalt.com/Default.asp
Asphaltan –B	Montan wax	Romonta	http://www.romonta.de/ie4/english/romonta/i_wachse.htm
Aspha-min	Zeolite	Eurovia	http://www.eurovia.fr/en/produit/135.aspx?print=y
Cecabase RT	Unspecified additive	Ceca	http://www.cecachemicals.com/sites/ceca/en/business/bitumen_additives/warm_coated_material/warm_coated_material.page
Double Barrel Green	Foaming system	Astec, Inc.	http://www.astecinc.com/index.php?option=com_content&view=article&id=117&Itemid=188
Evotherm ET	Emulsion with unspecified additives	MeadWestvaco	http://www.meadwestvaco.com/Products/MWV002106
Evotherm DAT	Unspecified additive		
Evotherm 3G	Unspecified additive		
Licomont BS-100	Fatty acid derivative	Clariant	http://clariant.com/C12576850036A6E9/A0F44E23B922E21CC12576BF00484894/$FILE/20100203_Clariant_LowEmissionModifierBoosts.pdf
Low Emission Asphalt	Sequential coating using wet fine aggregate and unspecified additive	McConnaughay Technologies	http://www.mcconnaughay.com/lowemissionasphalt_intro.php
Meeker Warm Mix Asphalt System	Foaming system	Meeker Equipment	http://www.meekerequipment.com/new_warmmixad1.html
Rediset WMX	Unspecified additive	Akzo Nobel	http://www.surfactants.akzonobel.com/asphalt/pdf/Rediset%20Brochure_0907.PDF
Sasobit	Fischer Tropsch wax	Sasobit	http://www.sasolwax.us.com/sasobit.html
Terex Warm Mix Asphalt	Foaming system	Terex Roadbuilding	http://www.terexrb.com/default.aspx?pgID=308
Thipoave	Sulfur plus compaction aid	Shell	http://www.shell.com/home/content/sulphur/your_needs/products/in_roads/
TLA-X	Trinidad Lake Asphalt plus modifiers	Lake Asphalt of Trinidad and Tobago	http://www.trinidadlakeasphalt.com/home/products/tla-x-warm-mix-technology.html
Ultrafoam GX	Foaming system	Gencor Industries, Inc.	http://gencorgreenmachine.com
WAM Foam	Soft binder followed by hard foamed binder	Kolo Veidekke, Shell Bitumen	http://www.shell.com/home/content/bitumen/products/shell_wam_foam/

Asphalt foaming is also used in the low emission asphalt (LEA) process. In the LEA process, the coarse aggregate and a portion of the fine aggregate are heated to normal HMA temperatures and mixed with the binder. A coating and adhesion additive (approximately 0.5 percent by weight of binder) is added to the binder in the asphalt supply line to the plant. After the heated portion of the aggregate is coated, cold, wet, fine aggregate or a blend of fine aggregate and recycled asphalt pavement (RAP) are added. The wet portion of the mixture has a moisture content of 3 to 4 percent. When heated, this moisture is liberated as steam, which causes the asphalt coating to foam and encapsulate the uncoated fine aggregate. LEA is a complex thermodynamic process where the temperature of the mixture drops rapidly as the moisture in the wet portion of the aggregate turns to steam. The final discharge temperature is slightly less than 212°F (100°C), which allows some of the steam to condense into water that aids in the workability and compaction of the mixture. The LEA process has been used on several projects in New York and Pennsylvania.

Recently, major asphalt plant and equipment suppliers in the United States have introduced various foaming systems. These systems produce foamed asphalt by directly injecting water into the hot asphalt binder at the mixing drum. Water is added at the rate of approximately 1 to 2 percent by weight of binder. The systems are designed to provide the appropriate ratio of water to asphalt binder, which governs the properties of the resulting foam. The primary reported benefits of these systems are the following: (1) there is no change in the mixing process, and (2) special additives are not required. Foaming systems have been used on numerous projects in the United States.

Foamed asphalt is also used in the two-stage WAM Foam process. This process adds a soft binder and a hard, foamed binder at different times during the mixing process. In the first stage, a soft binder is used to fully coat the coarse aggregate. The soft binder is typically 20 to 30 percent of the total binder content of the mixture. In the second stage, a hard binder is foamed onto the pre-coated aggregate. The grades of the two binders are selected to produce a blended binder that satisfies the performance grade requirement for the project location. The WAM Foam process has not been used to date in the United States.

A few processes that rely on chemical additives have been developed in the United States and Europe. The manufacturers do not disclose specific information on the chemicals used in these processes. The first chemical additive process used in the United States was the Evotherm process developed by MeadWestvaco and introduced in 2005. The active ingredients in Evotherm are chemical additives that reportedly improve coating, workability, and adhesion at lower temperatures. Initially, Evotherm was supplied as a high residue emulsion, currently referred to as Evotherm ET (Emulsion Technology). The emulsion contained approximately 70-percent asphalt binder by weight. The water in the emulsion vaporizes when mixed with hot aggregates leaving the residual asphalt and chemical additives. A number of projects were constructed in the United States using the Evotherm ET process. MeadWestvaco then introduced a process where the chemical additives are injected as a solution directly into the asphalt line at the plant. This process is referred to as Evotherm DAT (Dispersed Additive Technology). It has the advantage that much less water is added to the mixture compared to the emulsion process. MeadWestvaco has recently introduced a third-generation process referred as Evotherm 3G, which is a water-free warm mix technology developed jointly by Ergon Asphalt and Emulsions, Inc., and Mathy Construction Company. This process allows the additive to be mixed with the binder at a terminal and distributed to asphalt plants using the normal binder distribution process. Because of their improved convenience, Evotherm DAT and Evotherm 3G have largely replaced Evotherm ET.

Rediset WMX is a chemical process that was introduced in the United States in 2007. Rediset WMX is produced by Akzo Nobel and is marketed as a warm mix additive with adhesion-promoting properties. It is supplied as a pellet and added at the rate of 1.5 to 2.5 percent by weight of the asphalt binder. The pellets can be added to the binder at the asphalt terminal or in the plant supply tank, or they can be added to the mixture by blowing them into the drum in a manner similar to the addition of fibers to SMA.

1.2 Problem Statement and Objective

NAPA has been instrumental in bringing WMA technologies into practice in the United States. Numerous demonstration projects have been constructed since 2004. These projects have demonstrated the feasibility of using warm mix processes in the United States. Pavements have been successfully constructed using various warm mix processes with only minimal changes to equipment and quality control practices. These projects have served the important functions of introducing WMA to agency and contractor personnel; demonstrating the constructability of WMA; and providing initial data on energy usage, emissions, and pavement performance. The success of these demonstration projects has led some state highway agencies to allow WMA to be used routinely on paving projects.

One of the critical issues facing WMA is the lack of a formal mixture design procedure. For most WMA projects constructed in the United States, WMA has been substituted into a mixture designed as HMA with no change to the job mix formula. If warm mix is to replace hot mix in the future, a laboratory mixture design procedure for WMA must be established. The objective of NCHRP Project 09-43 was to develop mixture design and analysis procedures that can be used with the wide range of warm mix processes that are currently available or may likely become available in the future.

CHAPTER 2

Research Approach

2.1 Overview

The general approach taken in NCHRP 09-43 to develop mix design and analysis procedures for WMA was to adapt as many of the current methods used with HMA as possible and to concentrate development efforts on areas where WMA and HMA differ substantially. Figure 1 presents a flow chart for the project. The project was divided into two phases. In Phase I, a preliminary mixture design and analysis procedure was developed based on a review of the literature and research in progress. The preliminary procedure was then revised based on the results of several laboratory studies directed at elements of the mixture design process that were expected to be different for WMA as compared to HMA. In Phase II, the revised preliminary procedure was evaluated through a laboratory sensitivity study designed to test the engineering reasonableness, sensitivity, and practicality of the mixture design procedure and a field validation study using mixtures from paving projects. Phase II also included a study to evaluate fatigue characteristics of WMA, the development of draft standards for WMA, and the development of workshop materials for the proposed WMA mixture design methods.

2.2 Differences Between the Design of WMA and HMA

HMA mixture design and analysis generally consists of five major steps: (1) materials selection, (2) design aggregate structure, (3) design binder content selection, (4) evaluate moisture sensitivity, and (5) performance analysis. Criteria for Steps 1 through 4 for HMA are contained in AASHTO M 323, Standard Specification for Superpave Volumetric Mix Design. AASHTO R 35, Standard Practice for Superpave Volumetric Design for Hot Mix Asphalt (HMA), provides procedures for Steps 1 through 4. Although there is not a standard practice addressing performance testing of HMA, several performance tests have been developed and have received some level of acceptance by industry. Performance tests are available for measuring mixture modulus, rutting resistance, and resistance to fatigue cracking and thermal cracking. The new mix design manual being developed under NCHRP Project 09-33 includes performance testing to ensure that mixtures subjected to traffic levels greater than 3 million equivalent single axle loads have adequate rutting resistance (*6*).

Several modifications to current HMA mix design procedures are needed to address the wide range of WMA processes currently available and likely to become available in the future. The first step in NCHRP Project 09-43 was to identify potential areas of the HMA mixture design process requiring modification for WMA. These are summarized in Table 2 and discussed below for the major steps in the mixture design and analysis process.

2.2.1 Materials Selection

Some elements of materials selection may require modification for WMA. Aggregate requirements for warm mix will not be different than requirements for hot mix, but it may be necessary to select different binder grades for WMA. The lower temperatures used in WMA as compared to HMA probably result in less aging during plant mixing and construction; therefore, a stiffer high-temperature binder grade may be needed for satisfactory rutting performance. This effect, however, may be offset by the addition of warm mix additives and the effect that these additives and water have on binder aging. The lower production temperatures may also limit the types and quantity of recycled asphalt materials that can be used in WMA. Design of HMA assumes substantial mixing of new and recycled binders, which may not be possible at the lower production temperatures used in warm mix. Lower production temperatures may also limit the effectiveness of some anti-strip additives. Finally, WMA design will require the selection of an appropriate warm mix additive and dosage rate. Although dosage rates may be provided by warm mix additive

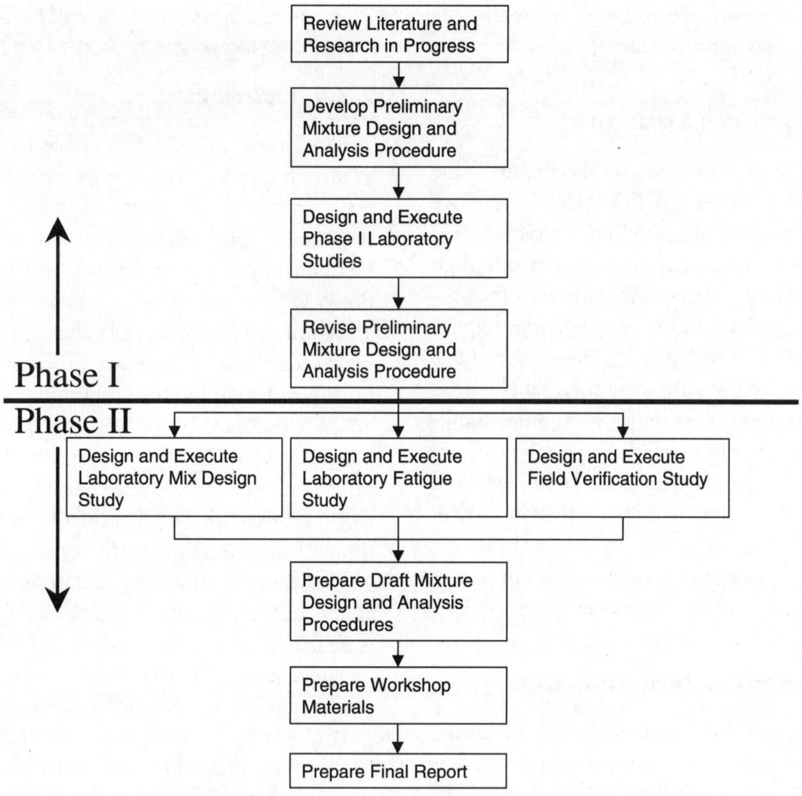

Figure 1. Flow chart for NCHRP Project 09-43.

Table 2. Areas of HMA mixture design and analysis potentially requiring modification for WMA.

Step	Item	Special Warm Mix Considerations
Materials Selection	Binder Selection	• Potentially less aging during mixing and construction due to lower production temperatures. • Effect of any warm mix additives and warm mix processing on binder properties.
	Aggregate Properties	• None
	Recycled Asphalt Pavement	• Effect of production temperature on the degree of commingling of recycled and new binders. • Effect of warm mix additives and warm mix processing on the degree of commingling of recycled and new binders.
	Additives	• Warm-mix additive selection. • Effect of lower production temperatures and warm mix additives on anti-strip additives.
Design Aggregate Structure	Nominal Maximum Aggregate Size	• None
	Trial Gradations	• None
	Batching	• WMA process specific
	Mixing	• WMA process specific • Method to determine appropriate mixing temperatures for warm mix processes. • Method to assess workability of WMA.
	Conditioning	• Verify that short-term conditioning per AASHTO R 30 applies to WMA processes.
	Compaction	• Method to determine appropriate compaction temperatures for warm mix processes. • Verification of compaction levels.
	Volumetric Analysis and Criteria	• None
Design Binder Content Selection	Specimen Preparation	• See considerations above for laboratory batching, mixing, conditioning, and compaction.
	Volumetric Analysis and Criteria	• None
Evaluate Moisture Sensitivity	Specimen Preparation	• See considerations above for laboratory batching, mixing, conditioning, and compaction.
	Testing and Analysis	• None
Performance Analysis	Specimen Preparation	• See considerations above for laboratory batching, mixing, conditioning, and compaction.
	Testing and Analysis	• None

suppliers, agencies should have a procedure to ensure that the recommended dosage rate is appropriate.

2.2.2 Design Aggregate Structure

The design of the aggregate structure may also require some modifications for WMA. Since the goal of WMA is to produce mixtures with strength and performance characteristics similar to those of HMA, the volumetric criteria used in design should not differ from those used for HMA. However, the procedures used to fabricate and condition specimens may require some modification. Most WMA process developers have prepared laboratory procedures for specimen fabrication. Additionally, mixture coating, workability, and compactability must be evaluated directly instead of using viscosity-based mixing and compaction temperatures. In many WMA processes, it is impossible to directly measure the viscosity of the binder. Additionally, there is increasing evidence that the temperature reductions associated with many WMA processes are not related to the change in viscosity of the binder (*3, 7*).

2.2.3 Design Binder Content Selection

The selection of the design binder content should not require substantial modification other than specimen-fabrication as discussed above. In NCHRP Project 09-25, "Requirements for Voids in Mineral Aggregate for Superpave Mixtures" and NCHRP Project 09-31, "Air Void Requirements for Superpave Mix Design," relationships between mixture volumetric properties and pavement performance were developed (*8*). These relationships confirm the importance of many of the volumetric criteria included in the Superpave mixture design method. An important step in achieving WMA with performance characteristics comparable to HMA is to use the same volumetric criteria in the design of both mixtures.

2.2.4 Evaluate Moisture Sensitivity and Performance Analysis

Evaluation of the mixture for moisture sensitivity and performance also will not require substantial modification other than specimen fabrication. Although there is concern that some WMA may exhibit greater moisture sensitivity than HMA (*9, 10, 11*), AASHTO T 283, Resistance of Compacted Hot Mix Asphalt (HMA) to Moisture-Induced Damage, is a fairly reliable indicator of moisture-induced adhesive failure, which is the mechanism of greatest concern for WMA. The major consideration in the preparation of moisture sensitivity and performance specimens will be replicating the mechanical properties of field-mixed material in laboratory-prepared specimens. The same tests and criteria that are used for performance evaluation of HMA should be used with WMA.

2.3 Preliminary WMA Mixture Design and Analysis Procedure

2.3.1 Overview

Based on a review of available literature for the various WMA processes and discussions with WMA process developers, a preliminary mixture design and analysis procedure was developed. The preliminary procedure served two purposes. First, the preliminary procedure provided a starting point for the WMA mixture design and analysis procedure for review and comment by the project panel and WMA process developers. Second, the preliminary procedure focused the Phase I testing and analysis effort on the areas of mixture design and analysis that required additional development to properly address WMA. The preliminary procedure was revised based on the findings of the Phase I testing and analysis and the comments received on the preliminary procedure. The revised preliminary procedure was further modified based on the findings of the Phase II laboratory mix design study, field validation study, and fatigue study to produce the draft standards that were the primary products of NCHRP Project 09-43.

The preliminary WMA mixture design and analysis procedure was based on AASHTO R 35, Standard Practice for Superpave Volumetric Design for Hot Mix Asphalt (HMA). The preliminary procedure referred to AASHTO M 323, Standard Specification for Superpave Volumetric Mix Design, and AASHTO M 320, Standard Specification for Performance-Graded Asphalt Binder, for criteria for materials selection, volumetric design, and moisture sensitivity evaluation. Table 3 summarizes the areas where the preliminary procedure differed from AASHTO R 35. The differences are discussed below.

2.3.2 WMA Process Selection

A section in the preliminary mixture design and analysis procedure for WMA addressed WMA process selection. It advised that WMA process selection should be done in consultation with the specifying agency and technical assistance personnel from WMA process suppliers. This section alerts users that when selecting a WMA process, consideration should be given to a number of factors including (1) available performance data, (2) the cost of any warm mix additives, (3) planned plant mixing and field compaction temperatures, (4) planned production rates, (5) plant capabilities, and (6) modifications required to successfully use the WMA process with available field and laboratory equipment.

2.3.3 Binder Grade Selection and RAP

For the preliminary procedure, it was hypothesized that the WMA production temperature would be a consideration in the selection of the high-temperature binder grade and the allow-

Table 3. Major new elements included in the preliminary WMA mixture design and analysis procedure.

Key Element	Included in Preliminary Procedure
WMA Process Selection	Key considerations for WMA process selection.
Binder Grade Selection	Concept of high-temperature grade bumping based on WMA production temperature.
Recycled Asphalt Pavement Materials	Concept of limiting RAP content based on production temperature and compatibility of new and recycled binders.
Specimen-Fabrication Procedures	Process-specific fabrication procedures provided for major WMA processes.
Process Temperature	Direct evaluation of coating, workability, and compactability.
Required Performance Testing	Flow number in addition to moisture sensitivity testing in mixture design.
Optional Performance Testing	Recommended methods for measuring dynamic modulus, resistance to fatigue cracking, and resistance to thermal cracking included in mixture analysis.

able RAP content of the mixture. Because the lower production temperatures in WMA result in reduced binder aging, the preliminary procedure provided a conceptual table for bumping the high-temperature binder grade based on the planned production temperature. Similarly, since the degree of mixing of RAP and new binders in mixtures containing RAP is likely to be temperature dependent, the preliminary procedure provided a second conceptual table for limiting the RAP content of mixtures based on the production temperature and the compatibility of the RAP and new binder. An appendix was added to provide procedures for measuring the compatibility of two binders with ASTM D6703, Standard Test Method for Automated Heithaus Titrimetry. Experiments to flesh out the conceptual tables for binder grade bumping and RAP mixing were included in the Phase I testing and analysis.

In addition to the above, the preliminary procedure provided more detailed information on how to characterize RAP materials for mixture design. This information was provided in an appendix and was consistent with the recommendations for RAP analysis that were included in the mix design manual for HMA being developed under NCHRP Project 09-33 (*6*).

2.3.4 Specimen-Fabrication Procedures

The preliminary design procedure documented specimen-fabrication procedures for several WMA processes. These procedures identify the equipment and methods that are needed to prepare WMA specimens in the laboratory. These specimen-fabrication procedures were included in an appendix to the preliminary mixture design and analysis procedure for WMA. Short-term aging of WMA was tentatively set at 2 h at the planned field compaction temperature based on limited research performed by some WMA process developers.

2.3.5 Process Temperature

Since binder viscosity-temperature relationships cannot be developed for many WMA processes, mixing and compaction temperatures cannot be used to control coating, workability, and compactability of WMA. The preliminary procedure proposed evaluating coating, workability, and compactability directly during the evaluation of trial blends. This is accomplished by preparing trial blends using the planned production temperature and compacting the trial blends using the planned field compaction temperature. Coating is evaluated using AASHTO T 195, Determining Degree of Particle Coating of Bituminous-Aggregate Mixtures. A standard procedure for evaluating workability is not available; therefore, as part of the Phase I testing and analysis several possible workability tests were evaluated. In the preliminary procedure for WMA, it was envisioned that the density at $N_{initial}$ in the gyratory compactor would serve as a measure of compactability. The use of the density at $N_{initial}$ as a measure of compactability was evaluated during the Phase I testing and analysis.

2.3.6 Required Performance Testing

Evaluation of the moisture sensitivity of the design mixture in the preliminary mixture design and analysis procedure for WMA is the same as that for HMA in AASHTO R 35. AASHTO T 283, Resistance of Compacted Hot Mix Asphalt (HMA) to Moisture-Induced Damage, is used except that the mixture conditioning procedure is the same as that used in the volumetric design, tentatively 2 h at the compaction temperature. The minimum tensile strength ratio is 0.80 as specified in AASHTO M 323 for HMA.

The preliminary procedure for WMA mixture design and analysis also included a mandatory evaluation of the design

Table 4. Minimum flow number requirements.

Traffic Level, Million ESALs	Minimum Flow Number
< 3	---
3 to < 10	53
10 to < 30	190
≥ 30	740

mixture for rutting resistance using the flow number test developed in NCHRP Project 09-19 (*12*). This test is conducted using the Asphalt Mixture Performance Tester (AMPT) on specimens that have been conditioned according to the volumetric design procedure, tentatively 2 h at the compaction temperature. The AMPT was formerly called the Simple Performance Test (SPT) system. The flow number test is conducted in accordance with AASHTO TP 79, Determining the Dynamic Modulus and Flow Number for Hot Mix Asphalt (HMA) Using the Asphalt Mixture Performance Tester (AMPT). The test is conducted unconfined with a repeated deviatoric stress of 87 psi (600 kPa) and a contact deviatoric stress of 4.4 psi (30 kPa). The test temperature is the design high pavement temperature at 50-percent reliability as determined using *LTPPBind Version 3.1* (*13*). The temperature is computed at a depth of 0.79 in. (20 mm) for surface courses, and the top of the pavement layer for intermediate and base courses. Flow number criteria for various traffic levels are given in Table 4. These are the same criteria being recommended for HMA in the mix design manual being developed under NCHRP Project 09-33 (*6*).

2.3.7 Optional Mixture Analysis Tests

The preliminary mixture design and analysis procedure for WMA included optional performance tests to evaluate the dynamic modulus, resistance to fatigue cracking, and resistance to thermal cracking. Performance tests are not included in AASHTO R 35 for HMA. The optional performance tests can be used with the Mechanistic-Empirical Pavement Design Guide (MEPDG) to predict the performance of pavements incorporating WMA (*1*). The following performance tests and equipment were selected for the preliminary procedure:

- **Dynamic Modulus.** Dynamic modulus master curves for use in pavement structural design and performance analysis using the MEPDG (*1*) can be developed using the AMPT in accordance with AASHTO PP 61, Developing Dynamic Modulus Master Curves for Hot-Mix Asphalt (HMA) Using the Asphalt Mixture Performance Tester.
- **Fatigue Cracking.** Fatigue characteristics of WMA are evaluated using simplified continuum damage analysis of cyclic direct tension-compression tests. This procedure was developed in NCHRP Projects 09-25 and 09-31 to quickly characterize the fatigue resistance of a mixture using a limited amount of testing (*14*). The same geometry specimen as used for the dynamic modulus and flow number can be used in the direct tension-compression fatigue testing. With appropriate tension grips, the test can be performed with the AMPT.
- **Thermal Cracking.** The recommended method for analysis of thermal cracking in flexible pavements requires measurement of compliance and strength properties of the mixture at low temperatures. These properties are then used in a thermo-viscoelastic stress analysis to estimate the thermal stresses induced in the pavement during cooling cycles. Mixture compliance and strength properties are obtained by testing specimens in the indirect tensile (IDT) mode in accordance with AASHTO T 322, Determining the Creep Compliance and Strength of Hot Mix Asphalt (HMA) Using the Indirect Tensile Device. Two software programs are available to perform the thermo-viscoelastic stress analysis. The first is the MEPDG, which includes a model to predict the extent of thermal cracking in a flexible pavement considering environmental conditions at the project site and the thickness and properties of the asphalt concrete used in the pavement. This model has been calibrated using data from several in-service pavements (*1*). The second is an Excel Workbook called "LTSTRESS.xls," which was developed at the Northeast Center for Excellence in Pavement Technology to reduce data from AASHTO T 322 and perform a simplified thermal cracking analysis (*15*). The output of this analysis is a critical cracking temperature, the temperature where the computed thermal stresses for a specified cooling rate exceed the tensile strength of the mixture. LTSTRESS.xls has not been calibrated to observed cracking and should be used for comparative evaluation of mixtures.

2.4 Phase I Laboratory Studies

In developing the preliminary mixture design and analysis procedure for WMA, several areas were identified where laboratory testing and analysis was needed to develop criteria for the procedure. This section describes the laboratory studies that were conducted and analyzed during Phase I of the project. Detailed results and analyses for each study are presented in Appendix E and summarized in Chapter 3. The preliminary procedure was then revised based on the results of these studies, and the revised preliminary procedure was used in the mix design, field validation, and fatigue studies. The resulting draft standards for WMA mixture design and analysis are discussed in Chapter 3.

2.4.1 Phase I Data Sources

Data for the Phase I studies were collected from four sources: the FHWA Mobile Asphalt Laboratory, FHWA Turner-

Table 5. Phase I project mix design data.

Property	Sieve Size	I-70 Colorado Control HMA
Gradation (% passing)	1/2 in	100.0
	3/8 in	95.0
	#4	73.0
	#8	54.0
	#16	40.0
	#30	29.0
	#50	18.0
	#100	11.0
	#200	6.7
Asphalt Content, %		6.2
N_{design}		75.0
Design Air Voids, %		3.9
Design VMA, %		16.9
Design VFA, %		77.0
Fines to Effective Asphalt Ratio		1.0
Fractured Faces (one face/two faces), %		100/99
Fine Aggregate Angularity (FAA)		48.6
Aggregate Water Absorption, %		0.8
Dry Tensile Strength, psi		64.0
Conditioned Tensile Strength, psi		58.0
Tensile Strength Ratio, %		91.0
Binder Grade		PG 58-28

Table 6. Summary of the sample reheating study.

Mixture	Immediate	Delayed	Reheated
HMA Control	X	X	X
Aspha-min	X	X	X
Evotherm ET	X	X	X
LEA		X	X
Sasobit	X	X	X

Fairbank Highway Research Center, McConnaughay Technologies, and a WMA project on I-70 in Colorado that was sampled by the research team. The FHWA Mobile Asphalt Laboratory and McConnaughay Technologies provided mixture modulus data that were used to evaluate the effect of sample reheating on the mechanical properties of WMA. The FHWA Turner-Fairbank Highway Research Center provided data from an experiment that used the Rolling Thin Film Oven Test (RTFOT) to evaluate the effect of temperature on the short-term aging of asphalt binders. These data were used to develop preliminary recommendations for binder grade selection for WMA as a function of production temperature. Samples of loose mix and component materials from the Colorado I-70 WMA project were used to evaluate short-term oven conditioning and the mixing of RAP at WMA temperatures. The Colorado I-70 project included an HMA control mix and three WMA processes: Advera, Evotherm, and Sasobit. Table 5 presents the approved mixture design for the Colorado I-70 HMA. The three WMA processes used this same mix design without modification.

2.4.2 Sample Reheating Study

Since some of the planned experiments involved mechanical property tests on specimens prepared from loose mix, a study was conducted to determine if sample reheating significantly affected the mechanical properties of WMA. The response variable used in this study was the mixture dynamic modulus because it is very sensitive to changes in binder stiffness, and it was expected that sample reheating might result in additional stiffening of the binder in the mixture. The effect of sample reheating was evaluated for a control HMA and four WMA processes: Aspha-min, Evotherm ET, LEA, and Sasobit. The data for the control HMA, Aspha-min, Evotherm ET, and Sasobit mixtures were provided by the FHWA Mobile Asphalt Laboratory. The FHWA provided data for a WMA project constructed in St. Louis, Missouri, where modulus tests were performed for three conditions: (1) samples prepared at the time of construction and immediately tested, (2) samples prepared at the time of construction, but tested weeks later, and (3) reheated samples. McConnaughay Technologies prepared dynamic modulus specimens for the LEA process during construction and the research team prepared an additional set of dynamic modulus specimens after reheating. Both sets of LEA specimens were tested by the research team. All of the dynamic modulus tests were conducted in accordance with AASHTO PP 61. Table 6 summarizes the sample reheating study. The data analysis consisted of comparing dynamic modulus master curves for the various sample preparation and testing conditions.

2.4.3 Binder Grade Study

The lower production temperatures used with WMA produce less aging of the binder during construction. This reduced aging may result in increased rutting of pavements produced using WMA processes and it may also result in improved resistance to fatigue and low-temperature cracking. NCHRP Project 09-43 included analysis of an experiment conducted by the FHWA where the effects of WMA production temperatures were simulated using the RTFOT (AASHTO T 240). In this experiment, binders were short-term aged in the RTFOT, at temperatures of 325°F, 266°F, and 230°F (163°C, 130°C, and 110°C). The high-temperature properties of the binders were then measured in accordance with AASHTO T 315 at multiple temperatures to determine the continuous RTFOT high-temperature grade of the binder. Low-temperature properties for several of the binders were measured during NCHRP Project 09-43 for RTFOT temperatures of 325°F and 230°F (163°C and 110°C). Low-temperature properties were measured in accordance with AASHTO T 313 at two temperatures to determine the continuous low-temperature grade of the binder. The RTFOT aged binders were further aged in the pressure aging vessel (PAV) in accordance with AASHTO R 28 at a temperature of 100°C prior to bending beam rheometer testing.

Table 7. Binders used in FHWA RTFOT temperature experiment.

Binder	Source	High Temperature	Low Temperature
B-6354	Missouri WMA PG 70-22	X	X
B-6348	Hawaii PG 70-16	X	X
B-6328	Venezuelan PG 64-22	X	X
AAM-1	SHRP MRL	X	X
AAM-2	SHRP MRL	X	X
AAG-1	SHRP MRL	X	Not Tested
AAD-1	SHRP MRL	X	X
B6272	ALF PG 70-22 Control	X	X
B6272+1.5% Sasobit	ALF PG 70-22 Control + Sasobit	X	Not Tested
B6272+3.0% Sasobit	ALF PG 70-22 Control + Sasobit	X	Not Tested

Table 7 summarizes the RTFOT temperature experiment. The continuous high-temperature grade data for these binders were used to develop preliminary production temperature limits below which consideration should be given to increasing the high-temperature grade of the binder. The continuous low-temperature grade data were used to develop preliminary recommendations for low-temperature binder grade selection based on production temperature.

2.4.4 Short-Term Oven Conditioning Study

An important step in mixture design and analysis is short-term oven conditioning of laboratory-prepared loose mix prior to compaction. Short-term oven conditioning simulates the binder absorption and aging that occurs during construction. The short-term oven conditioning recommended for HMA at the end of the Strategic Highway Research Program (SHRP) was 4 h at 275°F (135°C) for both volumetric design and performance testing (*16*). This was included in AASHTO PP 2, Practice of Short and Long Term Aging of Hot Mix Asphalt (HMA), which later became AASHTO R 30, Mixture Conditioning of Hot-Mix Asphalt (HMA). To expedite the mixture design process and reduce the number of ovens required for mixture design, the FHWA Mixtures and Aggregates Expert Task Group (ETG) reviewed data concerning the effect of conditioning time and temperature on the volumetric properties of asphalt mixtures. The ETG ultimately recommended that the short-term oven conditioning time for mixture design be changed to 2 h at the compaction temperature for aggregates with water absorption less than 4.0 percent. For aggregates with greater water absorption and for performance testing, the short-term oven conditioning time remained 4 h at 275°F (135°C). AASHTO R 30 was eventually modified to reflect the ETG's recommendation.

Short-term conditioning of 2 h at the compaction temperature has been recommended by some WMA process developers for mixture design. No recommendations have been made for short-term conditioning of WMA for performance testing. In Phase I of NCHRP Project 09-43, an experiment was undertaken to establish short-term oven conditioning times for both volumetric design and performance testing. The approach that was used was to compare the maximum specific gravity, dynamic modulus, and tensile strength of laboratory-prepared mixtures with those from field mixtures. For convenience and to properly assess the effect of WMA process temperature, the short-term conditioning temperature was selected to be equal to the compaction temperature. Conditioning times of 2 h and 4 h were included in the experiment. The short-term oven conditioning experiment was completed for the Colorado I-70 mixtures, and a tentative short-term conditioning time was selected. This tentative conditioning time was then verified in the Phase II field validation study.

2.4.5 RAP Study

The primary concern when using RAP in WMA is whether the RAP and new binders mix at the lower temperatures used in WMA. In the preliminary mixture design procedure, it was hypothesized that the allowable RAP content of WMA mixtures would decrease as the production temperature decreased. Two experiments were conducted in Phase I of NCHRP Project 09-43 in an attempt to determine production temperatures below which it may be necessary to limit the RAP content of WMA to some amount less than the amount allowed in HMA.

The first experiment included measurements of interfacial mixing to determine whether thin films of new binder on RAP binder actually mix and measurements of binder compatibility to determine the effect of mixing on the properties of the combined binder. The interfacial mixing measurements used atomic force microscope imaging of "film-on-film" interface contact lines. Asphalt binders including Advera and Sasobit WMA additives were used in the interfacial mixing measurements. Thin films of these WMA binders were cast onto a film of binder that was previously aged in the PAV to simulate an aged RAP binder. The specific procedures for the "film-on-film" imaging were developed by the Western Research Institute during Phase I of the project. The compatibility measurements were performed in accordance with ASTM D6703, Standard Test Method for Automated Heithaus Titrimetry. As the compatibility of an asphalt binder changes, the physical properties change. Less compatible binders tend to have more structure and more elastic properties. Compati-

Table 8. Summary of compatibility testing.

RAP Content (%)	AAB-1			AAG-1			Yellowstone National Park		
	Neat	1.5 % Sasobit	5 % Advera	Neat	1.5 % Sasobit	5 % Advera	Neat	1.5 % Sasobit	5 % Advera
0	X	X	X	X	X	X		X	X
5		X			X				
15		X			X				
25		X	X		X	X			X
50		X	X		X	X			X

Blank cells were not tested.

bility measurements were made for three neat asphalt binders, two WMA additives (Advera and Sasobit), one RAP binder, and four RAP percentages. Table 8 summarizes the compatibility testing.

The second experiment in the RAP study was a laboratory mixing experiment designed to assess the degree of mixing between RAP and new binders at WMA process temperatures. This experiment used an approach that was developed by Advanced Asphalt Technologies, LLC, for the Maryland State Highway Administration and the Pennsylvania Department of Transportation to evaluate the acceptability of plant mixing of mixtures containing RAP and recycled asphalt shingles (RAS) (*17*). The approach involves comparing dynamic moduli measured on mixture samples with dynamic moduli estimated using the properties of the binder recovered from the mixture samples. The dynamic modulus test is very sensitive to the stiffness of the binder in the mixture, and adding RAP will increase the dynamic modulus significantly when the RAP is properly mixed with the new materials. The dynamic modulus for the as-mixed condition was measured in accordance with AASHTO PP 61. The dynamic modulus for the fully blended condition was estimated using the Hirsch model (*18*) from the shear modulus of binder recovered from the dynamic modulus specimens.

Table 9 summarizes the experimental design for the laboratory mixing experiment. The experimental design included testing a control HMA and three WMA processes: Advera, Evotherm, and Sasobit. Each of the four mixtures was tested at two temperatures and three aging times. Each mixture was mixed at the mixing temperatures listed in Table 9, then short-term oven aged at the compaction temperature listed in Table 9 prior to compaction. Duplicate dynamic modulus specimens were prepared and tested for each mixture in accordance with AASHTO PP 61. The binder from one of the specimens was recovered in accordance with ASTM D5404. Dynamic shear rheometer (DSR) frequency sweep tests were performed on the recovered binders in accordance with AASHTO T 315 to determine binder modulus input values for the Hirsch model.

Table 9. Experimental design for the laboratory RAP mixing experiment.

Process	Mixing/Compaction Temperatures (°F)	Conditioning Time (h)		
		0.5	1.0	2.0
Control	280/255	X	X	X
	248/230	X	X	X
Advera	248/230	X	X	X
	230/212	X	X	X
Evotherm	248/230	X	X	X
	230/212	X	X	X
Sasobit	248/230	X	X	X
	230/212	X	X	X

2.4.6 Workability Study

Phase I also included a screening study to select an appropriate workability device for use in WMA mixture design. To accommodate the wide range of WMA processes currently available and expected in the future, the preliminary procedure proposed evaluating coating, workability, and compactability directly during the evaluation of trial blends and during the optimum binder content selection. Six potential workability tests were identified by the research team. Table 10 presents a summary of key elements of these devices. After careful review of the workability devices in Table 10, the following devices were selected for the Phase I screening test:

- UMass Workability Device
- Nynäs Workability Device
- University of New Hampshire Workability Device
- Gyratory Compactor with Shear Stress Measurement

The UMass, Nynäs, and University of New Hampshire workability devices are shown in Figures 2, 3, and 4, respectively. These devices measure either the torque (UMass and University of New Hampshire) or force (Nynäs) required to move a blade through the mixture. The University of New Hampshire device is very simple, consisting of a handheld drill with variable torque chuck clutch. The UMass and Nynäs devices are much more complex.

Some gyratory compactors are equipped with devices that measure the force required to apply the gyratory compaction angle. This measurement may be provided as a force or converted to stress based on the geometry of the equipment. The specific compactor used in the workability screening study was an Intensive Compaction Tester Model ICT –150R/RB manufactured by Invelop Oy of Finland and shown in Figure 5.

Table 10. Key elements of potential workability devices for WMA.

Device	Measurement	Modification of Procedure Needed for WMA	Advantages	Disadvantages
NCAT Prototype Workability Device	Torque to rotate paddle at constant speed.	None	• Measure workability during mixing. • Previous research.	Requires new mixer.
UMass Prototype Workability Device	Torque to rotate an auger at constant speed.	None	• Measure workability during mixing. • Augur may better represent field movement.	Requires new mixer.
Modified Nynäs Workability Device	Force to push a blade into a loose mix sample.	Temperature control at WMA placement and compaction temperatures.	• Simulates screed action. • Relatively inexpensive.	Requires new device.
ASTM D6704	Force to push a blade into a loose mix sample.	Temperature control at WMA placement and compaction temperatures.	• Simple and inexpensive. • Uses existing equipment.	May not represent field conditions.
Gyratory Shear Stress	Shear stress during gyratory compaction.	None for gyratory compactors with this capability.	• Measure workability during compaction.	Requires gyratory compactor with shear stress measurement.
University of New Hampshire	Torque using blade attached to hand drill with adjustable torque settings.	None	• Simple and inexpensive. • Can easily be performed after mixing or prior to compaction.	Blade and drill torque settings need to be standardized.

The primary concern in the initial screening study was the effect of temperature and WMA additive on the workability of the mixture. The Phase I screening experiment is summarized in Table 11. It consisted of performing workability tests on a single mixture produced with three binders: PG 64-28 control, PG 64-28 with Sasobit, and PG 64-28 with Advera. Table 12 presents pertinent properties of the mixture used in the experiment. Sasobit and Advera were selected as the warm mix additives because these additives are easy to use in the laboratory. Duplicate workability tests were made with each device at three temperatures. Analysis of variance was used to evaluate the sensitivity of the test to changes in temperature and WMA additive. The sensitivity of the test along with ease of integration into the WMA design procedure were the factors considered in the final selection.

Figure 2. UMass workability device.

Figure 3. Nynäs workability device.

Figure 4. University of New Hampshire workability device.

Figure 5. Gyratory compactor with shear stress measurement.

2.5 Revised Preliminary Mixture Design Procedure

The preliminary mixture design procedure was modified based on the findings of the Phase I studies. These modifications generally involved substituting tentative criteria developed from the Phase I studies into the appropriate sections of the preliminary mixture design procedure. The criteria that were developed are discussed in Chapter 3. No modifications were made to the mixture analysis portion of the procedure.

Table 11. Screening study for workability tests.

Factor	Levels	Details
Mixtures	1	12.5 mm
Binders	3	PG 64-28 control PG 64-28 with Sasobit PG 64-28 with Advera
Workability Tests	5	UMass Prototype (auger) Modified Nynäs Gyratory Shear Stress University of New Hampshire
Temperatures	3	300°F 245°F 190°F
Replicates	2	—

Note. — = No qualifying details for replicates.

2.6 Phase II Studies

In Phase II of NCHRP Project 09-43, three studies were conducted to evaluate the revised preliminary procedure. The Phase II studies included (1) a laboratory mixture design study, (2) a field validation study, and (3) a WMA fatigue study. The sections that follow describe these studies.

Table 12. Mixture used in the workability study.

Property		Value
	Sieve Size	
Gradation (% Passing)	3/4 in	100.00
	1/2 in	99.00
	3/8 in	86.00
	#4	57.00
	#8	40.00
	#16	28.00
	#30	20.00
	#50	12.00
	#100	6.00
	#200	3.20
Asphalt Content, %		5.40
N_{design}		75.00
Design Air Voids, %		3.70
Design VMA, %		14.60
Design VFA, %		74.50
Fines to Effective Asphalt Ratio		0.69

2.6.1 Laboratory Mixture Design Study

The objective of the laboratory mixture design study was to test the engineering reasonableness, sensitivity, and practicality of the revised preliminary mixture design and analysis procedure for WMA. The study was designed to compare properties of WMA mixtures designed according to the revised preliminary procedure with those of corresponding HMA mixtures designed according to AASHTO R 35. As previously mentioned, the underlying principle for the mixture design procedure for WMA is to produce mixtures with strength and performance properties similar to those of HMA. The experimental design for the mix design study was a paired difference experiment. This design is commonly used to compare population means—in this case, the properties of properly designed WMA and HMA mixtures for the same traffic level, using the same aggregates with the same gradation. In this design, differences between the properties for WMA and HMA are computed for each mixture included in the experiment. If the two design procedures produce mixtures with the same properties, then the average of the differences will not be significantly different from zero. The difference for an individual mixture may be positive or negative, but the average difference over several mixtures should be zero. A t-test is used to assess the statistical significance of the average difference as summarized below.

Null hypothesis: $\mu_{WMA} - \mu_{HMA} = 0$

Alternative hypothesis: $\mu_{WMA} - \mu_{HMA} > 0$ or $\mu_{WMA} - \mu_{HMA} < 0$ (as appropriate)

Test statistic: $t = \dfrac{\bar{d}}{\left(\dfrac{s_d}{\sqrt{n}}\right)}$

Rejection region: Reject the null hypothesis and accept the alternative hypothesis if $t > t_\alpha$ for $n-1$ degrees of freedom.

where

μ_{WMA} = population mean for WMA mixtures,
μ_{HMA} = population mean for HMA mixtures,
$\bar{d}$ = average of the differences between WMA and HMA mixtures,
s_d = standard deviation of the differences, and
n = number of mixtures compared.

Table 13 presents the experimental design for the laboratory mix design study. In this study, various properties for WMA and corresponding HMA mixtures were evaluated using paired difference comparisons. Comparisons were made for Advera, Evotherm, and Sasobit. For the WMA processes, two mixing and compaction temperatures were used: one above the preliminary grade bumping temperature from the Phase I binder grade study and one below. The HMA mixtures and the WMA mixtures above the grade bumping temperature were made with PG 64-22 binder. Also, the WMA mixtures with RAP and Sasobit below the grade bumping temperature were made with PG 64-22 because both RAP and Sasobit increase the high-temperature grade of the binder. The Advera and Evotherm WMA mixtures below the grade bumping temperature were made with PG 70-22 binder. All mixtures were short-term conditioned for 2 h at the compaction temperature. The six mixtures were selected to provide a range of gyratory compaction levels and aggregate absorptions. One half of the mixtures included RAP at 25 percent. A total of 24 mixture designs were prepared using either AASHTO R 35 for HMA mixtures or the revised preliminary WMA mixture design procedure.

For the experimental design in Table 13, separate comparisons were made between the properties of HMA and each of the WMA processes. Comparisons were made for the following properties:

- Design air voids, vol %
- Design VMA, vol %
- Effective binder content (VBE), vol %

Table 13. Mix design experiment.[1]

No.	Mixture Identification			Process			
	N_{design}	Aggregate Absorption	RAP[2]	HMA	Advera WMA	Evotherm G3 WMA	Sasobit WMA
1	50	High[3]	Yes	320/310[4]	225/215	225/215	270/260
2	50	Low[5]	No	320/310	270/260	270/260	225/215
3	75	Low	Yes	320/310	270/260	225/215	270/260
4	75	High	No	320/310	225/215	270/260	225/215
5	100	High	Yes	320/310	270/260	270/260	225/215
6	100	Low	No	320/310	225/215	225/215	270/260

[1] Low-temperature Advera and Evotherm WMA use PG 70-22; all other mixtures use PG 64-22. All mixtures short-term conditioned 2 h at the compaction temperature.
[2] RAP content 25 percent in all mixtures containing RAP.
[3] High absorption > 2.0 percent.
[4] XXX/XXX, e.g., 320/310, denotes mixing/compaction temperatures, °F.
[5] Low absorption < 1.0 percent.

- Binder absorption, wt %
- Design binder content, wt %
- Effective binder content, wt %
- Coating
- Gyrations to 8% air voids at the compaction temperature
- Gyrations to 8% air voids at the compaction temperature minus 54°F (30°C)
- Density at N_{max}
- Dry tensile strength
- Conditioned tensile strength
- Tensile strength ratio
- Flow number
- Rutting resistance

These properties are all obtained as part of the WMA mixture design process. The HMA mixtures required design in accordance with AASHTO R 35, flow number testing, and assessment of compactability at the lower temperature as proposed in the WMA mixture design procedure.

Table 14 presents the six mixtures that were included in the mix design study. The volumetric properties presented for these mixtures are those obtained from conducting an HMA mixture design in accordance with AASHTO R 35 and AASHTO M 323. The low-absorption mixtures were composed of limestone or diabase aggregate from Virginia. The high-absorption mixtures were composed of gravel and limestone from Pennsylvania. The gravel material in these mixtures was selected for its historically high absorption, but the material supplied had lower absorption than expected, which resulted in lower water absorptions for the planned high-absorption mixtures. For the 50 and 75 gyration designs, the high-absorption mixtures have approximately twice the water absorption of the low-absorption mixtures. For the 100 gyration design, the planned low- and high-absorption mixtures have approximately the same water absorption. This difference was taken into account when performing statistical analysis of the experiment results. The same RAP was used in the three mixtures that incorporated RAP. Table 15 presents the gradation and binder content of the RAP material that was used. The RAP binder had a continuous performance grading of PG 95.9 (33.9) -13.1. The RAP was obtained from Loudoun County Asphalt in Leesburg, VA. All of the RAP mixtures used 25 percent RAP, which resulted in an RAP binder contribution of approximately 1.1 percent by weight. NuStar Asphalt Refining, LLC, provided the binders for this study from their Paulsboro, NJ, refinery. The dosage rate of the Sasobit was 1.5 percent by weight of the total binder (virgin plus RAP) in the mixture. The dosage rate of the Advera was 0.25 percent by total mix weight. Binders containing the Evotherm G3 were provided premixed by NuStar Asphalt Refining, LLC, and the Evotherm dosage rate was not adjusted

Table 14. Mixtures used in the mix design experiment.

Mix Number		1	2	3	4	5	6
Design Gyrations		50	50	75	75	100	100
Aggregate Water Absorption, %		1.5	0.8	1.0	1.6	1.2	1.3
RAP		Yes	No	Yes	No	Yes	No
NMAS[1]		9.5 mm	9.5 mm	9.5 mm	9.5 mm	9.5 mm	9.5 mm
Aggregate Sources	Coarse	PA Gravel RAP	VA Limestone	VA Diabase RAP	PA Gravel	PA Gravel RAP	VA Diabase
	Fine	PA Limestone PA Gravel RAP	VA Limestone	VA Diabase Natural Sand RAP	PA Limestone PA Gravel	PA Limestone RAP	VA Diabase Natural Sand
	RAP	LCA, Leesburg, VA	None	LCA, Leesburg, VA	None	LCA, Leesburg, VA	None
Gradation	Sieve Size, mm						
	12.5	100	100	100	100	100	100
	9.5	97	94	94	98	97	98
	4.75	61	50	54	63	63	53
	2.36	43	32	38	44	41	40
	1.18	32	22	28	32	26	31
	0.6	25	14	21	22	17	22
	0.3	13	10	12	12	11	12
	0.15	6	7	8	5	7	7
	0.075	3.8	5.4	5.2	3.0	4.6	4.8
Aggregate Properties	FAA	44.1	45.8	46.1	43.5	45.4	48.3
	CAA[2]	98/95	100/100	100/99	98/95	98/95	100/100
	Flat & Elongated	4.5	1.6	2.7	7.4	4.4	7.6
	Sand Equivalent	93.2	75.0	59.4	80.2	91.9	76.7
Binder Content, wt %		6.4	6.8	5.5	6.3	6.0	5.7
Effective Binder Content, wt %		5.6	6.1	4.8	5.3	5.4	4.7
Air Voids, vol %		3.6	4.0	3.9	4.3	4.0	3.7
Voids in Mineral Aggregate, vol %		16.4	18.0	15.9	16.3	16.4	15.1
Effective Binder Content, vol %		12.8	14.0	12.0	12.0	12.4	11.4
Voids Filled With Asphalt, %		78.0	77.8	75.5	73.6	75.6	75.5
Dust to Effective Asphalt Ratio		0.7	0.9	1.1	0.6	0.9	1.0

[1] NMAS = Nominal maximum aggregate size.
[2] CAA = Coarse aggregate angularity.

Table 15. Properties of RAP used in the mixture design experiment.

Property	Sieve Size (mm)	Value
Gradation (% Passing)	12.5	100
	9.5	92
	4.75	63
	2.36	44
	1.18	32
	0.6	24
	0.3	17
	0.15	11
	0.075	7.8
Asphalt Content, wt %		4.4
Continuous Performance Grade		PG 95.9 (33.9) -13.1
Aggregate Bulk Specific Gravity		2.877
Aggregate Water Absorption, %		1.01
Fine Aggregate Angularity, %		44.4
Crushed Aggregate Fractured Faces (1 Face), %		99.3
Crushed Aggregate Fractured Faces (2 Faces), %		94.3
Flat and Elongated Particles, %		0.5

for the RAP binder in the Evotherm RAP mixtures. The mixtures incorporating gravel required an anti-strip additive. AkzoNobel WETFIX 312 was used in the HMA, Sasobit, and Advera mixtures. The dosage rate for the anti-strip additive was 0.25 percent by weight of the total binder in the mixture. Representatives of Evotherm recommended that the anti-strip not be added when using the Evotherm G3 additive.

2.6.2 Field Validation Study

The objective of the field validation study was to use properties of laboratory- and field-produced WMA to validate selected parts of the revised preliminary WMA mixture design and analysis procedure. The parts of the revised preliminary procedure addressed by the validation included the following:

- Binder grade selection
- RAP
- Short-term oven conditioning
- Specimen fabrication and compactability
- Moisture sensitivity
- Rutting resistance

Table 16 summarizes the mixtures that were included in the validation study. Materials from a total of 16 mixtures from six projects were sampled. The validation mixtures included a wide range of processes. Four mixtures were HMA control; three mixtures used the Advera WMA process; two mixtures used the Evotherm WMA process; two mixtures used the LEA process; two mixtures used plant foaming processes; and three mixtures used Sasobit. The WMA production temperatures ranged from 210°F to 275°F (99°C to 135°C), and the WMA compaction temperatures ranged from 195°F to 250°F (90°C to 121°C). Most of the WMA mixtures were produced around 250°F (121°C) and compacted around 230°F (121°C). The mixes included PG 58 and PG 64 binders. Only one mixture included RAP.

Table 17 summarizes the analyses that were completed in the validation study. Initial validation of the findings from the Phase I binder grade study was completed using recovered binder grading and estimates of rutting from the MEPDG rutting model using measured dynamic moduli from plant mixtures (*1*). Recovered binder grading data were collected on all of the 16 validation mixtures. Rutting estimates were made only for the mixtures included in the Colorado I-70, Yellowstone National Park, and New York Route 11 projects.

Table 16. Field validation mixtures.

Project	Process	Temperature (°F) Production	Temperature (°F) Compaction	Mix Type
Colorado I-70	HMA Control	280	260	9.5 mm, PG 58-28, 75 gyrations
	Advera	250	230	
	Evotherm DAT	250	230	
	Sasobit	250	230	
Yellowstone National Park	HMA Control	325	315	19 mm, PG 58-34, Hveem
	Advera	275	250	
	Sasobit	275	245	
NY Route 11	LEA	210	205	9.5 mm, PG 64-22, 65 gyrations
PA SR2007	HMA Control	320	300	9.5 mm, PG 64-22, 50 gyrations
	Evotherm DAT	250	230	
PA SR2006 and PA SR2012	HMA	310	275	9.5 mm, PG 64-22, 75 gyrations
	Advera	250	230	
	Gencor Ultrafoam GX	250	230	
	LEA	210	195	
	Sasobit	250	230	
Monroe, North Carolina	Astec Double Barrel Green	275	260	9.5 mm, PG 64-22 with 30% RAP, 75 gyrations

Table 17. Summary of validation study analyses.

Component	Phase I Study	Validation Analyses
Binder Grade Selection	Binder Grade Selection	Recovered binder grading. Estimated rutting using MEPDG rutting model.
Mixing of RAP and New Binders	RAP Study	Mixing analysis of plant-produced WMA with RAP.
Short-Term Conditioning	Short-Term Conditioning Study	Compare maximum specific gravity and tensile strength of plant mixtures with laboratory mixtures.
Process-Specific Specimen-Fabrication Procedures	Literature Review and Research in Progress	Volumetric properties of WMA mixtures. WMA mixture design for plant foaming processes.
Compactability	Workability Study	Compare compactability of field mixtures to reported workability.
Moisture Sensitivity	Literature Review and Research in Progress	Compare moisture sensitivity results for HMA control and WMA mixtures.
Rutting Resistance	Literature Review and Research in Progress	Compare flow numbers for HMA control and WMA mixtures.

A binder mixing analysis using dynamic modulus and recovered binder testing on plant mix from the North Carolina project was used to validate that RAP and new binders mix at WMA process temperatures. The North Carolina project was the only project in the field validation study that included RAP.

The short-term oven conditioning process recommended in the Phase I short-term oven conditioning study was validated by comparing the maximum specific gravity of plant mixtures with laboratory-prepared mixtures and comparing the tensile strength of plant-mixed, laboratory-compacted samples with the tensile strength of laboratory-mixed, laboratory-compacted samples. Fifteen of the 16 validation mixtures were included in the analysis. The New York Route 11 LEA mixture was not included because the LEA additive used on the project was not available.

The process-specific specimen-fabrication procedures for WMA contained in the preliminary WMA mixture design procedure and the compactability criteria developed in the Phase I workability study were validated by preparing laboratory WMA mixtures replicating the field mixtures. Volumetric properties of the laboratory-prepared specimens were used to validate the process-specific specimen-fabrication procedures. Additionally, for the two projects that used plant foaming processes, a WMA mixture design was completed using a Wirtgen WLB-10 laboratory foaming plant to assess the practicality of using this type of equipment for mixture design work. The compactability of the HMA and WMA mixtures from the field validation study was used to validate the tentative compactability criteria developed in the Phase I workability study.

Finally, specimens of WMA and HMA prepared from laboratory mixtures were subjected to moisture sensitivity and flow number testing as required by the preliminary WMA mixture design procedure. A comparison was made between the results of the HMA control and the results of the WMA mixture for each project.

2.6.3 Fatigue Study

One of the potential benefits of WMA mixtures is improved fatigue characteristics compared to HMA mixtures due to the reduced aging that occurs during plant mixing at the lower WMA process temperatures. Phase II included a brief study to evaluate the fatigue resistance of WMA compared to HMA. The experimental design for this study is presented in Table 18. Two of the mixtures from the mix design experiment were used in this study. Continuum damage fatigue tests were

Table 18. Experimental design for the WMA fatigue study.[1]

No.	Mixture Identification			Process			
	N_{design}	Aggregate Absorption	RAP	HMA	WMA Organic	WMA Foam	WMA Chemical
4	75	High	No	320/310[2]	250/240	250/240	250/240
6	100	Low	No	320/310	250/240	250/240	250/240

[1] Mixtures from Table 14. All mixtures use PG 64-22 binder.
All mixtures short-term conditioned 2 h at the compaction temperature. All mixtures long-term conditioned 120 h at 185°F.
[2] XXX/XXX, e.g., 320/310, denotes mixing/compaction temperatures, °F.

performed on the HMA control and WMA mixtures produced using Advera, Evotherm, and Sasobit. All mixtures used PG 64-22 binder. The HMA mixture was prepared at the recommended viscosity-based mixing and compaction temperatures. The WMA mixtures were prepared at the midpoint of the temperatures used in the mix design experiment. After compaction, all specimens were long-term oven aged in accordance with AASHTO R 30 to simulate the effects of long-term aging. The data from the study were evaluated to determine whether the fatigue characteristics of WMA mixtures are significantly improved over HMA mixtures.

2.7 Draft Standards for WMA

The mixture design portion of the revised preliminary procedure was further modified based on the findings of the Phase II studies. The final modifications are discussed in detail in Chapter 3. The mixture design portion of the revised preliminary procedure was reformatted to be in the form of an appendix to AASHTO R 35 highlighting special mixture design considerations and procedures for addressing WMA during mixture design. This document is included in Appendix A of this report. Appendix B is a commentary that provides supporting information for use in adoption and future revision of the mix design considerations and methods for WMA. Training materials for introducing the recommended WMA methods are included in Appendix C. The mixture analysis portion of the procedure was reformatted to be a standard practice for measuring properties of WMA for performance analysis using the MEPDG (*1*). This proposed standard practice is included in Appendix D.

CHAPTER 3

Findings and Applications

This chapter presents the major findings from the various studies conducted in NCHRP Project 09-43 and discusses how these findings shaped the draft appendix to AASHTO R 35, Special Mixture Design Considerations and Methods for Warm Mix Asphalt (WMA), which is contained in Appendix A herein. Detailed results and supporting analyses for these findings are included in Appendix E. Conclusions and recommendations drawn from these findings are presented in Chapter 4.

3.1 Phase I Findings

3.1.1 Sample Reheating Study

The sample reheating study was conducted to determine whether sample reheating significantly affects the mechanical properties of WMA mixtures. HMA samples are often reheated for a variety of acceptance and performance tests. When the WMA process includes an irreversible component, such as foamed asphalt or some of the chemical additives, it may not be possible to use reheated samples for volumetric acceptance. However, reheated samples can be used to evaluate the mechanical properties of WMA mixtures for pavement analysis provided the effect of reheating on WMA samples is similar to the effect of reheating on HMA.

The sample reheating study found that reheating has a similar effect on the mechanical properties of WMA and HMA. Details of this analysis are presented in Section E2 of Appendix E. Figures 6 through 10 show the effect of sample reheating on the dynamic modulus master curve for a control HMA and four WMA processes: Aspha-min, Evotherm ET, Sasobit, and LEA. The error bars in these figures represent 95 percent confidence intervals for the mean based on a typical coefficient of variation for the dynamic modulus test of 14 percent and the number of samples that were tested. When the confidence intervals do not overlap, there is a significant difference in the dynamic modulus for the various conditions. Reheating has an effect on the stiffness of WMA that is similar to the effect it has on the stiffness of HMA. There is a stiffening of the middle portion of the dynamic modulus master curve, which is most sensitive to changes in binder stiffness.

Table 19 quantifies the stiffening caused by reheating. This table presents the ratio of the reheated modulus to the immediate modulus and the delayed modulus for tests at 68°F (20°C), 0.1 Hz loading, which corresponds to a reduced frequency of 0.1 Hz in Figures 6 through 10, and is near the maximum difference between the master curves. The modulus after reheating is 60 to 150 percent higher than the immediate modulus and 30 to 80 percent higher than the delayed modulus. When the immediate modulus is used as the basis, the Aspha-min mixture was more sensitive to reheating effects than the HMA control and the Evotherm and Sasobit mixtures. When the delayed modulus is used as the basis, the WMA mixtures and the HMA control have similar sensitivity to reheating. The reheating effect is probably the result of the additional aging that occurs when field samples are reheated to temperatures high enough to allow proper compaction. As with HMA, reheating times and temperatures for WMA should be limited to minimize this effect.

3.1.2 Binder Grade Study

The lower production temperatures used with WMA produce less aging of the binder during construction. This reduced aging may result in increased rutting of pavements produced using WMA processes, and it may also result in improved resistance to fatigue and low-temperature cracking. NCHRP Project 09-43 included analysis of an experiment conducted by the FHWA where the effects of WMA production temperatures were simulated using the RTFOT—AASHTO T 240. This section presents key findings from this analysis. The detailed analysis is presented in Section E3 of Appendix E.

Analysis of the data from the RTFOT study showed that the high-temperature grade of the binder is affected more by changes in the RTFOT temperature than the low-temperature

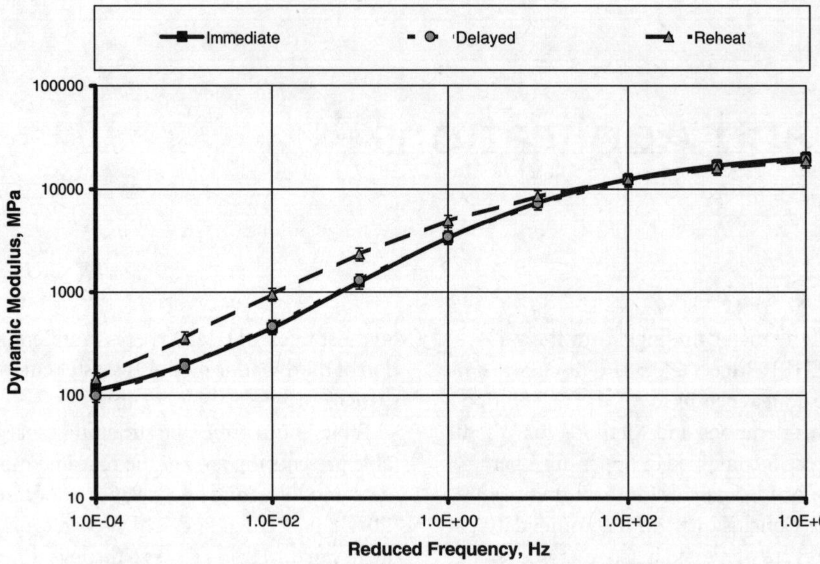

Figure 6. Effect of sample reheating on the dynamic modulus of the St. Louis HMA control mixture.

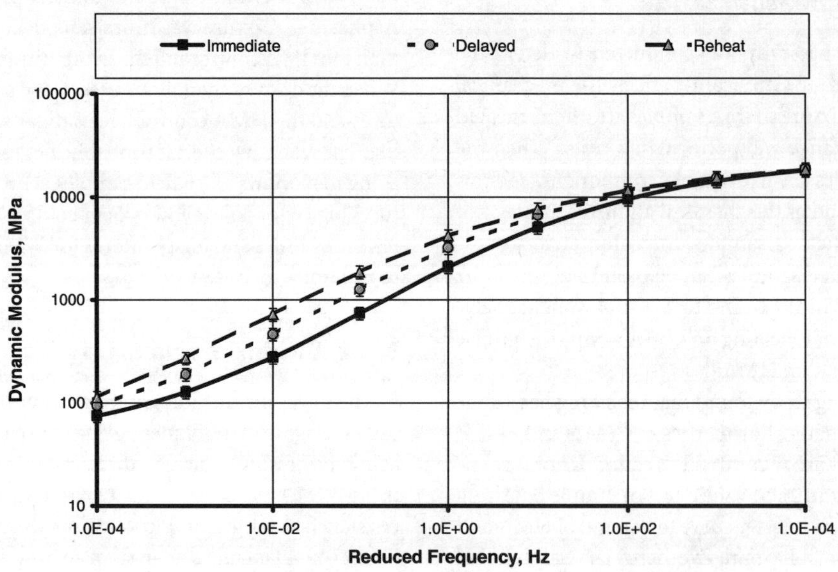

Figure 7. Effect of sample reheating on the dynamic modulus of the St. Louis Aspha-min mixture.

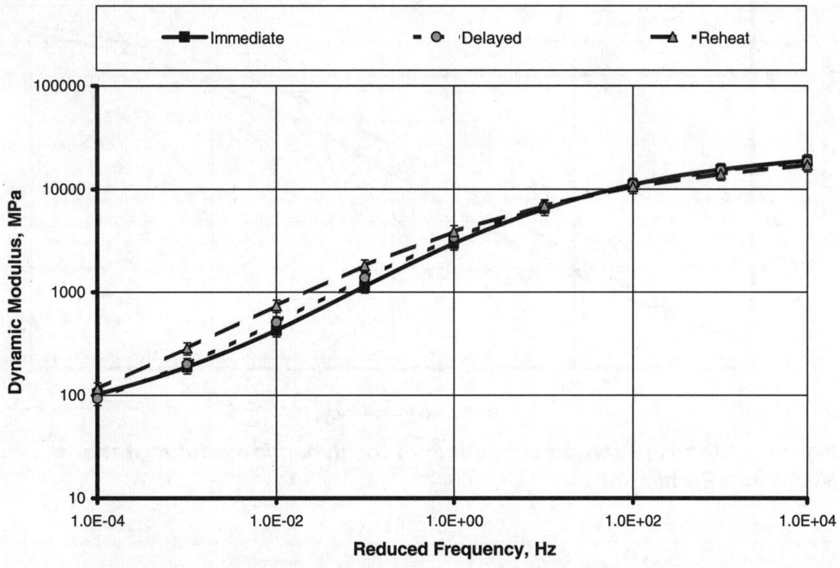

Figure 8. Effect of sample reheating on the dynamic modulus of the St. Louis Evotherm mixture.

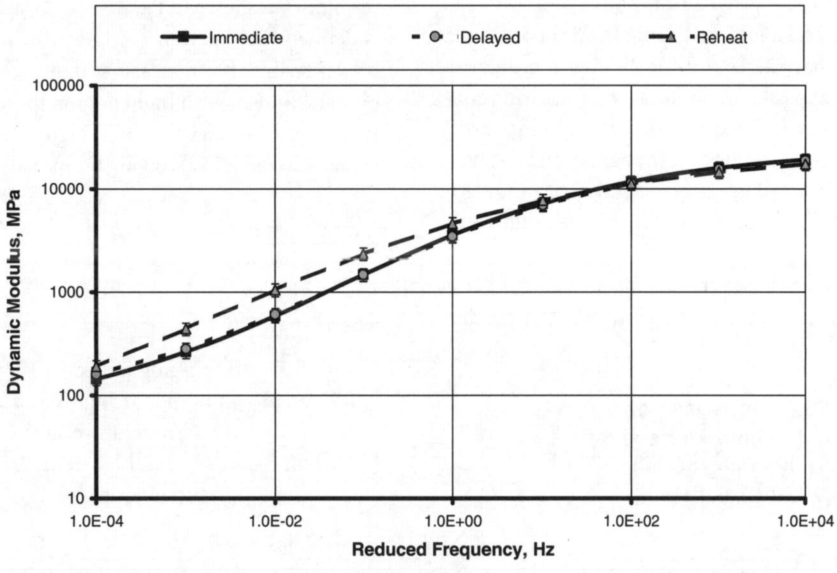

Figure 9. Effect of sample reheating on the dynamic modulus of the St. Louis Sasobit mixture.

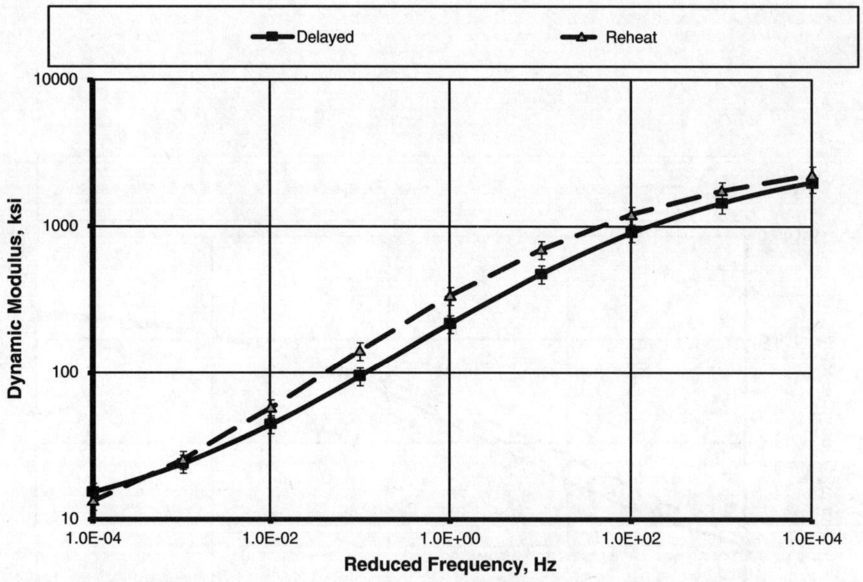

Figure 10. Effect of sample reheating on the dynamic modulus of the New York LEA mixture.

grade. The high-temperature continuous grade of the binder decreased approximately one grade (6°C) when the RTFOT aging temperature was reduced from 325°F to 230°F (163°C to 110°C). For the same change in aging temperature, the low-temperature grade improved only about one third of a grade level (2.0°C). The additional aging from the PAV that is included in the characterization of the low-temperature properties of binders is the likely cause of this difference. Apparently, improvements in low-temperature binder properties resulting from lower short-term aging temperatures are offset by the simulated long-term aging from the PAV, resulting in little change in the low-temperature grade of the binder.

The high-temperature grade change was sufficient to consider high-temperature grade bumping when WMA production temperatures are low enough to result in a half grade (3°C) change in the high-temperature grade. The high-temperature grade bumping limits were developed by relating the change in the high-temperature grade of the binder to the aging index of the binder as shown in Figure 11. The aging index of the binder is defined by Equation 1 and can be obtained from normal binder testing. It is a measure of the aging susceptibility of the binder. Binders with higher aging indices stiffen more in the RTFOT test, and, as shown in Figure 11, are affected more by changes in the RTFOT aging temperature.

$$AI = \frac{(G^*/\sin\delta)_{RTFOT}}{(G^*/\sin\delta)_{TANK}} \quad (1)$$

where

AI = aging index,
$(G^*/\sin\delta)_{RTFOT}$ = RTFOT high-temperature stiffness at grade temperature, and
$(G^*/\sin\delta)_{TANK}$ = Tank high-temperature stiffness at grade temperature.

The relationship shown in Figure 11 was used to estimate the effect of WMA production temperature on the high-temperature properties of the binder. To limit the change in high-temperature grade to one-half of one grade level, divide 3°C by the slope obtained from the binder aging index and the relationship shown in Figure 11. Equation 2 presents the allowable temperature changes to limit the high-temperature grade change to less than one-half of one grade level. For a typical

Table 19. Comparison of reheated to immediate and delayed dynamic moduli for 68°F (20°C), 0.1 Hz Loading.

Mixture	Dynamic Modulus Ratio 68°F (20°C) 0.1 Hz	
	Reheat to Immediate	Reheat to Delayed
Control	1.89	1.80
Aspha-min	2.52	1.48
Evotherm	1.59	1.32
LEA	NT	1.49
Sasobit	1.59	1.60

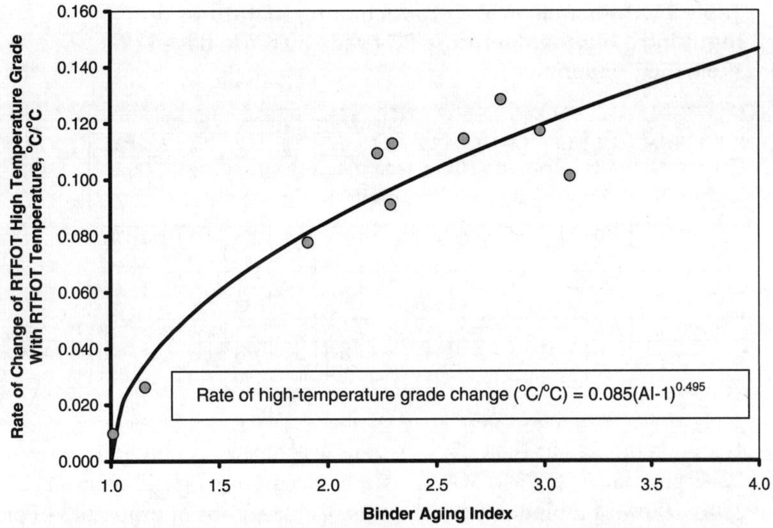

Figure 11. Effect of short-term aging susceptibility on the rate of change of RTFOT high-temperature grade with RTFOT temperature.

binder with an aging index of 2.4, the maximum allowable temperature change is −54°F (−30°C).

$$\Delta T_{1/2\text{grade}} = \frac{-35.3}{(AI-1)^{0.495}} \tag{2}$$

where

$\Delta T_{1/2\text{ grade}}$ = maximum temperature change for a ½ grade change, °C; and

AI = binder aging index at the performance grade temperature.

Plant mixing temperatures below which consideration should be given to increasing the binder grade were obtained using Equation 2 and typical HMA production temperatures. Table 20 summarizes typical plant mixing temperatures recommended by the Asphalt Paving Environmental Council (*19*) based on the high-temperature performance grade of the binder. WMA production temperatures below which consideration should be given to increasing the performance grade were obtained by combining the temperature change from Equation 2 with the typical mixing temperatures from Table 20. The results rounded to the nearest 5.0°F (2.8°C) are presented in Table 21 for various binder grades and levels of the aging index of the binder. If the planned plant mixing temperatures are lower than those listed in Table 21, consideration should be given to increasing the high-temperature performance grade of the binder one grade level above that normally used for HMA.

The relatively small effect of RTFOT temperature on the low-temperature binder grade did not warrant recommended changes in low-temperature binder grade selection for WMA. The low-temperature grade improvement, however, can be significant when considering mixtures incorporating RAP. When RAP blending charts are used, the low-temperature continuous grade of the binder changes approximately 0.6°C for every 10 percent of the total binder in the mixture replaced with RAP binder (*20*). Thus, improving the low temperature properties of the virgin binder in the mixture 0.6°C by lowering the production temperature will allow 10 percent additional RAP binder to be added to the mixture. The data collected in the RTFOT study indicated that the low-temperature grade improvement was approximately 0.035°C per °C reduction in RTFOT temperature for PG XX-28 binders; 0.025°C per °C reduction in RTFOT temperature for PG XX-22 binders; and 0.022°C per °C reduction in RTFOT temperature for PG XX-16 binders. Using these values and typical HMA production temperatures for various binder grades given in Table 20, low-temperature grade improvements for RAP blending chart analyses were developed for some common grades

Table 20. Typical HMA mixing temperatures (*19*).

PG High-Temperature Grade	Recommended Mid-Point HMA Mixing Temperature (°F)
52	270
58	285
64	292
67	300
70	302
76	308
82	315

Table 21. Minimum WMA production temperatures not requiring a high-temperature PG grade increase based on the RTFOT experiment.

PG High-Temperature Grade	Aging Index											
	1.4	1.6	1.8	2.0	2.2	2.4	2.6	2.8	3.0	3.2	3.4	3.6
	Minimum WMA Mixing Temperature Not Requiring PG Grade Increase (°F)											
52	170	190	200	205	210	215	220	220	225	225	230	230
58	185	205	215	220	225	230	235	235	240	240	245	245
64	190	210	220	230	235	235	240	245	245	250	250	250
67	200	220	230	235	240	245	250	255	255	255	260	260
70	200	220	230	240	245	245	250	255	255	260	260	260
76	210	225	235	245	250	255	260	260	265	265	265	270
82	215	235	245	250	255	260	265	265	270	270	275	275

of binder. These improvements are summarized in Table 22. For a mixture using PG 64-22 virgin binder and a WMA production temperature of 250°F, the virgin binder low-temperature continuous grade would be improved 0.6°C to account for the lower WMA production temperature.

3.1.3 Short-Term Oven Conditioning Study

An important step in mixture design and analysis is short-term oven conditioning of laboratory-prepared loose mix prior to compaction. Short-term oven conditioning simulates the binder absorption and aging that occurs during construction. Comparisons of properties of plant- and laboratory-prepared mixtures for the Colorado I-70 WMA project were used to select an appropriate short-term conditioning. For convenience, the short-term conditioning temperature was selected to be the compaction temperature. Conditioning times of 2 h and 4 h were investigated. This section presents the findings from the short-term oven conditioning study. The detailed analysis is presented in Section E4 of Appendix E.

Table 22. Anticipated improvement in virgin binder low-temperature continuous grade for RAP blending chart analysis for WMA production temperatures.

Virgin Binder PG Grade	58–28	58–22	64–22	64–16	67–22
Average HMA Production Temperature, °F	285	285	292	292	300
Rate of Improvement of Virgin Binder Low-Temperature Grade per °C Reduction in Plant Temperature	0.035	0.025	0.025	0.012	0.025
WMA Production Temperature, °F	Improvement in Virgin Binder Low-Temperature Continuous Grade for RAP Blending Chart Analysis, °C				
300	NA	NA	NA	NA	0.0
295	NA	NA	NA	NA	0.1
290	NA	NA	0.0	0.0	0.1
285	0.0	0.0	0.1	0.0	0.2
280	0.1	0.1	0.2	0.1	0.3
275	0.2	0.1	0.2	0.1	0.3
270	0.3	0.2	0.3	0.1	0.4
265	0.4	0.3	0.4	0.2	0.5
260	0.5	0.3	0.4	0.2	0.6
255	0.6	0.4	0.5	0.2	0.6
250	0.7	0.5	0.6	0.3	0.7
245	0.8	0.6	0.7	0.3	0.8
240	0.9	0.6	0.7	0.3	0.8
235	1.0	0.7	0.8	0.4	0.9
230	1.1	0.8	0.9	0.4	1.0
225	1.2	0.8	0.9	0.4	1.0
220	1.3	0.9	1.0	0.5	1.1
215	1.4	1.0	1.1	0.5	1.2
210	1.5	1.0	1.1	0.5	1.3
205	1.6	1.1	1.2	0.6	1.3
200	1.7	1.2	1.3	0.6	1.4

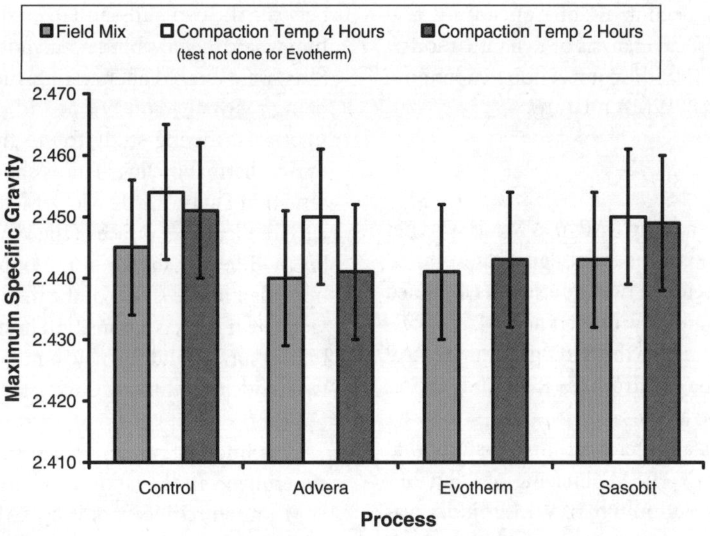

Figure 12. Maximum specific gravity for Colorado I-70 mixtures.

The short-term oven conditioning study confirmed the practice suggested by some WMA process developers of using 2 h of oven aging at the WMA compaction temperature. Figure 12 compares maximum specific gravity measurements for the mixtures used in the Colorado I-70 WMA project. The error bars shown in Figure 12 are the acceptable range of maximum specific gravity measurements based on the single operator precision statement given in AASHTO T 209. Figure 12 shows that for the aggregate used in the Colorado I-70 mixtures, the maximum specific gravity is essentially the same for all processes and all short-term aging conditions. The reported water absorption for the Colorado I-70 job mix formula was 0.8 percent.

Figure 13 compares the indirect tensile data for plant-mixed, laboratory-compacted specimens and laboratory-mixed, laboratory-compacted specimens. The error bars in Figure 13 are 95-percent confidence intervals for the average indirect tensile strength. The graphical analysis shown in Figure 13 suggests that 2 h of conditioning at the compaction temperature provides tensile strengths for laboratory-prepared specimens that are approximately equal to those for field mixtures. Supporting statistical analyses for this finding are presented in

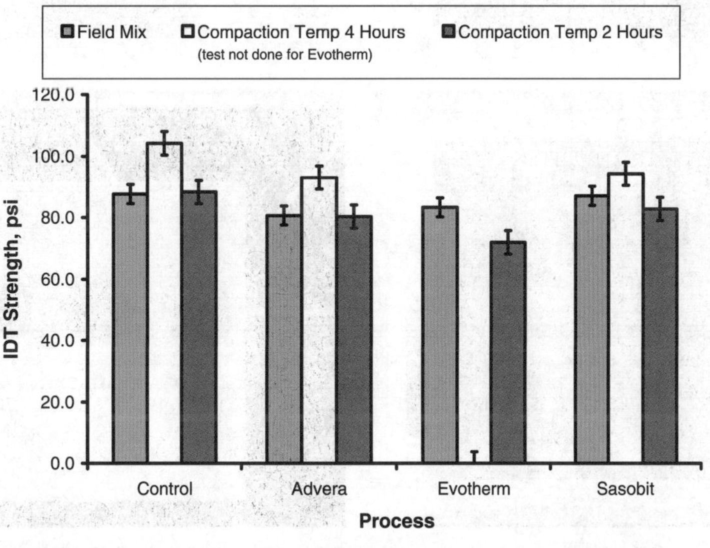

Figure 13. Comparison of tensile strengths for Colorado I-70 mixtures.

Section E4 of Appendix E. Section E4 of Appendix E also includes graphical and statistical analysis of dynamic moduli that also supports the use of 2 h at the compaction temperature for short-term conditioning of WMA mixtures.

3.1.4 RAP Study

The primary concern when using RAP in WMA is whether the RAP and new binders mix at the lower temperatures used in WMA. The RAP study included two experiments designed to assess the mixing of RAP and new binders at WMA process temperatures. This section presents the findings from the RAP study. Detailed analysis of the data from the RAP study is presented in Section E5 of Appendix E.

The first experiment was an interfacial mixing study that used atomic force microscope (AFM) imaging of "film-on-film" interface contact lines. A thin film of WMA binder was cast onto a film of binder that was previously aged in the PAV to simulate an aged RAP binder. These samples were imaged via AFM in the center of the new binder film, at the contact line between the two films, and toward the edge of the RAP binder film where the new binder had not coated this film. All sample films were imaged after casting, then periodically imaged after being thermally conditioned in a 266°F (130°C) oven. The interfacial mixing study found that the binder films mixed under thermal cycling. This is shown in the AFM images presented in Figure 14. The lower left image is the surface of the RAP binder. The surface of the WMA binder, in this case Sasobit modified, is shown in the upper right image. Finally, the upper left image is that of the thermally mixed interfacial contact line. It depicts a transition in structuring between the RAP binder surface and the new binder surface, indicating that the two binders are mixing during thermal conditioning at 266°F (130°C).

This finding was confirmed through a laboratory mixing experiment. In the laboratory mixing experiment, HMA and WMA mixtures incorporating RAP were prepared at different temperatures and short-term conditioned for periods ranging from 0.5 h to 2.0 h. The mixing of the new and recycled binders was quantified by comparing dynamic moduli measured on

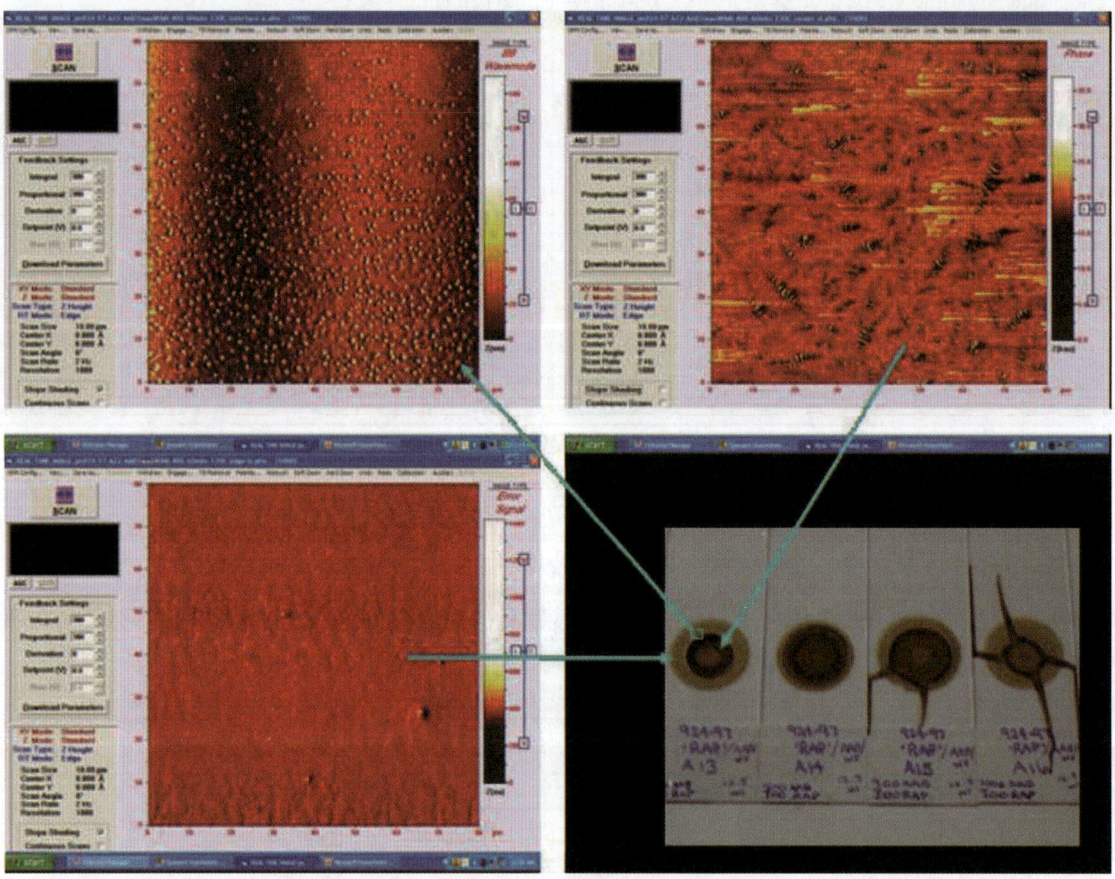

Figure 14. AFM Scans at the interfacial contact line (upper left), at the new binder surface (upper right), and at the RAP binder surface (lower left) after annealing.

samples of the mixtures with dynamic moduli estimated using binder recovered from the mixtures. The measured dynamic moduli represented the "as mixed" condition; the estimated moduli represented the "fully blended" condition. A measured-to-estimated dynamic modulus ratio approaching one indicated a high degree of mixing of the RAP and new binders.

The findings of the laboratory mixing experiment are shown in Figure 15. At conditioning times of 0.5 h and 1.0 h, there is little blending of the new and recycled binders. For all processes and temperatures, the ratio of the measured-to-estimated fully blended moduli range from about 0.35 to 0.55. At the 2 h conditioning time, the ratio of the measured-to-estimated fully blended moduli reach values approaching 1.0 for the Control, Advera, and Sasobit. The effect of temperature is also evident for these processes, with the higher conditioning temperature resulting in somewhat higher ratios. The ratio of the measured-to-estimated fully blended moduli for the Evotherm WMA remained low even at the 2 h conditioning time. This suggests that either the particular form of Evotherm used in this study retards the mixing of the new and recycled binders or that the extraction and recovery process stiffens the Evotherm modified binder. Other findings from the mixture design study show that RAP and new binders do mix well for the Evotherm G3 process for 2 h of conditioning time. Mixtures with 25-percent RAP designed using Evotherm G3 had the same optimum binder content as 25-percent RAP mixtures designed as HMA.

The findings from the two experiments in the RAP study show that RAP and new binders mix at WMA process temperatures in a manner that is similar to the way that they mix in HMA at higher temperatures. Clearly the mixing is time dependent, indicating that the new binder coats the virgin aggregate and RAP, and then, during storage at elevated temperature, the two binders continue to mix. The RAP used in this study was very stiff, having a continuous performance grade of PG 105.8 –2.3, and likely represents a worst-case scenario. Since the binders continued to mix during oven conditioning at the compaction temperature, the compaction temperature was probably the critical temperature in the mixing study. It is likely that the minimum temperature that can be used is related to the viscosity of the RAP binder at that temperature. The RAP binder used in this study had a viscosity of approximately 22,000 P (220 Pa•s) at the average compaction temperature of 221°F (105°C) used in this study, suggesting that a reasonable tentative requirement for RAP in WMA is that the RAP have a viscosity less than 22,000 P (220 Pa•s) at the planned field compaction temperature. This is approximately equivalent to requiring the planned field compaction temperature to be greater than the temperature where the as-recovered RAP binder meets the AASHTO M 320 requirement of $G^*/\sin\delta = 2.20$ kPa.

3.1.5 Workability Study

The workability study was conducted to identify a workability test to be used in place of viscosity-based mixing and compaction temperatures to directly evaluate workability and compactability of WMA mixtures. Three devices that measure either the torque or the force required to move a blade through the loose mixture were evaluated as potential workability devices: (1) UMass Workability Device, (2) Nynäs Workability Device, and (3) University of New Hampshire Workability

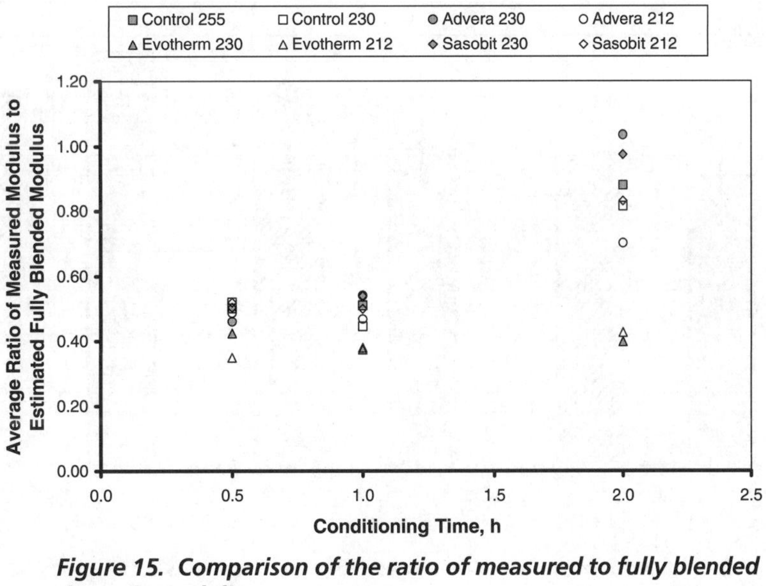

Figure 15. Comparison of the ratio of measured to fully blended dynamic moduli.

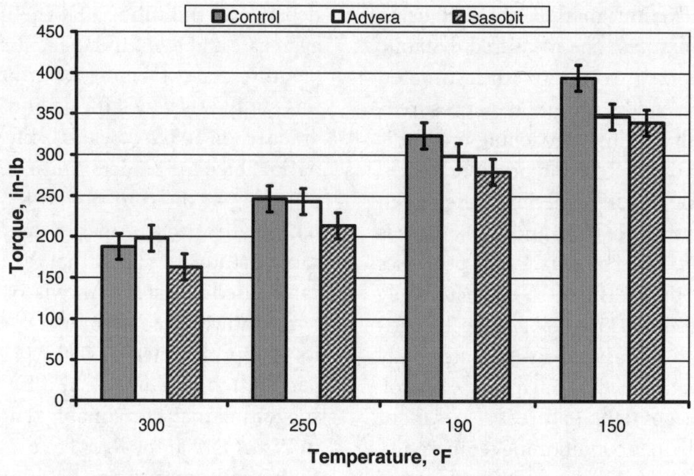

Figure 16. Effect of temperature and WMA additive on torque measured in the UMass workability device.

Device. Additionally, various parameters that could be obtained during gyratory compaction, including the gyratory shear stress, were evaluated as measures of compactability. This section, presents the findings from the workability study. Detailed analysis of the data from the workability study is presented in Section E6 of Appendix E.

The primary finding from the workability study for the three workability devices was that these devices could only discriminate between HMA and WMA at temperatures that are much lower than the temperatures normally associated with the production of WMA. This is illustrated in Figure 16, which presents torque measurements at different temperatures for the UMass Workability Device. The workability study further found that the number of gyrations to reach 92-percent relative density in the gyratory compactor, shown in Figure 17, had similar sensitivity to temperature and WMA additives.

The workability study demonstrated that it is possible to measure differences in the workability and compactability of WMA as compared to HMA. The differences, however, are only significant at temperatures that are below typical WMA

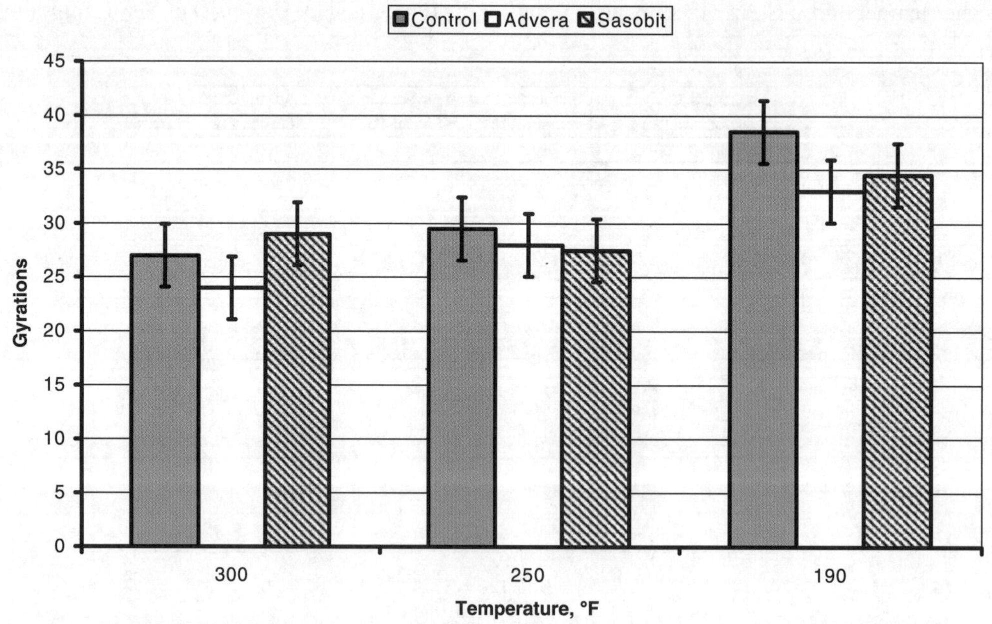

Figure 17. Effect of temperature and WMA additive on gyrations to 92-percent relative density.

discharge temperatures. This suggests that it is not necessary to evaluate workability at the planned production temperature. The evaluation of coating at the planned production temperature should suffice. It appears that workability and compactability can be evaluated by using the gyratory compactor to determine the gyrations to 8-percent air voids at the planned field compaction temperature and a second temperature that is approximately 55°F (30°C) lower than the planned field compaction temperature. This will permit an assessment of the temperature sensitivity of the workability and compactability of the mixture.

3.2 Preliminary Mixture Design Procedure Revisions

The preliminary mixture design procedure was modified based on the findings of the Phase I studies. Table 23 summarizes how the findings from each of the Phase I studies were used to revise the preliminary mixture design procedure.

The key finding from the sample reheating study was that reheating has a similar stiffening effect on WMA and HMA. This finding was not directly incorporated into the revised preliminary mixture design procedure. It was used in analysis of data from the other Phase I studies, particularly the selection of a short-term conditioning time for WMA.

The binder grade study yielded three key findings. First, the high-temperature grade of the binder was significantly affected by changes in the RTFOT aging temperature. A relationship among the short-term aging temperature, the aging index of the binder, and the change in high-temperature grade of the binder was developed and used to provide preliminary guidance on production temperatures below which the high-temperature binder grade should be increased one grade level. This guidance was included in the revised preliminary procedure. The second key finding from the binder grade study was that the changes in the low-temperature grade of the binder that resulted from changes in the RTFOT aging temperature were small and did not warrant recommended changes in low-temperature binder grade selection for WMA. The third key finding was that small improvements in the low-temperature properties could result in increased RAP usage when a blending chart analysis is conducted.

The key finding from the short-term conditioning study was that 2 h of conditioning at the compaction temperature reasonably reproduced the absorption and binder aging that occurred during construction. The revised preliminary procedure specified 2 h of conditioning at the compaction temperature for volumetric design and performance testing.

The RAP study found that RAP and new binders do mix at WMA production and compaction temperatures in a manner

Table 23. Summary of preliminary design procedure revisions.

Phase I Study	Key Findings	Preliminary Design Procedure Revisions
Sample Reheating	1. Reheating has similar stiffening effect for WMA and HMA	1. Not directly incorporated. Used in selection of tentative short-term conditioning time.
Binder Grade	1. The high-temperature binder grade is significantly affected by the RTFOT temperature. The temperature effect was greater for binders with greater short-term aging susceptibility. 2. The effect of RTFOT temperature on the low-temperature binder grade was small. 3. The effect of RTFOT temperature on the low-temperature grade could affect RAP contents when blending charts are used.	1. Preliminary recommendations were included in the binder grade selection to increase the high-temperature performance grade based on the planned production temperature and Table 21. 2. No change required. 3. Preliminary recommendations for improving the low-temperature grade of the virgin binder for blending chart analyses were added based on Table 22.
Short-Term Conditioning	1. 2 h of oven conditioning at the compaction temperature reasonably reproduced the binder absorption and binder stiffening that occurs during construction.	1. 2 h at the compaction temperature was specified for volumetric design and performance testing.
RAP	1. RAP and new binders mix at WMA production and compaction temperatures in a manner similar to HMA. The mixing depends on the time at elevated temperature and probably the stiffness of the RAP binder.	1. Note added that the "as recovered" high-temperature grade of the RAP binder should be less than the planned field compaction temperature. Also, if the mix time at elevated temperature was expected to be less than 2 h, plant mixing studies should be conducted to verify the degree of mixing of the RAP and new binders.
Workability	1. Differences in workability and compactability of WMA could only be measured at temperatures that are below WMA production temperatures.	1. A workability test was not included in the revised preliminary procedure. Coating is evaluated at the planned production temperature. Limits on the gyrations to 92-percent relative density at the planned field compaction temperature and 54°F below the planned field compaction temperature were added to control compactability.

that is similar to the way RAP and binders mix in HMA production and compaction at higher temperatures. The mixing depends on the time at elevated temperature and probably the stiffness of the RAP binder. In the preliminary mixture design and analysis procedure for WMA, it was envisioned that the amount of RAP that could be added to WMA would be limited by the planned WMA production temperature and the compatibility of the new and RAP binders. Since the Phase I RAP study showed that substantial mixing of the RAP and new binders does occur at WMA process temperatures, the limitations on RAP usage included in the preliminary procedure were removed. The appendix describing compatibility testing for blended binders was also removed because the compatibility tests completed during Phase I showed blends of RAP and new binders had compatibility values within the range of typical unmodified binders. A requirement that the planned field compaction temperature for WMA incorporating RAP should exceed the temperature where the recovered RAP binder has a $G^*/\sin\delta$ value of 2.2 kPa was added. A note indicating that the effectiveness of the RAP in a mixture will depend on the total time that the mixture is exposed to elevated temperatures was added. This note also recommends that dynamic modulus tests should be conducted on samples of plant mix if the mix will be exposed to temperatures above the compaction temperature used in design for less than 2 h.

The workability study found that it was possible to measure differences in the workability and compactability of WMA as compared to HMA. The differences, however, were only significant at temperatures that are below typical WMA production temperatures. This indicated that it is not necessary to evaluate workability at the planned production temperature. The evaluation of coating at the planned production temperature is sufficient. Workability and compactability can be evaluated by using the gyratory compactor to determine the gyrations to 92-percent relative density at the planned field compaction temperature and a second temperature that is approximately 54°F (30°C) lower than the planned field compaction temperature. This will permit an assessment of the effect of temperature on the workability and compactability of the mixture. The preliminary mixture design and analysis procedure for WMA was modified accordingly. Evaluation of workability and compactability at the planned production temperature was eliminated from the "design aggregate structure" and "design binder content" sections of the procedure. The measure of gyrations to 92-percent relative density was used to assess the compactability of the mixture. This is evaluated in the "design binder content" section of the procedure. A tentative limit of 35 percent of the design gyrations was included based on research reported by NCAT (*21*). To evaluate workability and compactability, two additional specimens at the optimum binder content are compacted at 54°F (30°C) below the planned field compaction temperature and the number of gyrations to 92-percent relative density is determined. A tentative limit of 125 percent of the value at the planned field compaction temperature was included based on the limited testing performed during the Phase I workability study.

3.3 Phase II Findings

Phase II of NCHRP Project 09-43 was directed at evaluating and validating the revised preliminary WMA mixture design procedure. Phase II included three studies: (1) a laboratory mixture design study, (2) a field validation study, and (3) a fatigue study. Findings from each of these studies are presented in the following sections. Detailed analysis of the Phase II studies is included in Appendix E.

3.3.1 Laboratory Mixture Design Study

In the laboratory mixture design study, the revised preliminary WMA mixture design procedure was successfully applied to several WMA mixtures. For the mixtures tested, the volumetric properties were not sensitive to the WMA process type or the WMA process temperature. Mixture compactability, moisture sensitivity, and rutting resistance were sensitive to the WMA process type and the WMA process temperature. Specific findings are presented and discussed below. Details of the analysis leading to these findings are presented in Section E7 of Appendix E.

3.3.1.1 Volumetric Properties

For a specific combination of aggregates and binder, the paired difference statistical analysis presented in Section E7 of Appendix E found little difference in the volumetric properties of properly designed WMA and HMA when the binder absorption for the HMA was 1.0 percent or less. These findings are shown graphically in Figures 18 through 21.

Figure 18 shows the difference in binder absorption for WMA compared to HMA for the mixtures included in the mixture design study. The absorption in the WMA mixtures was on average 0.1 percent less than the absorption in the HMA mixtures. This difference in binder absorption was statistically significant. It resulted in an average increase in the design VMA for the WMA of approximately 0.2 percent as shown in Figure 19, which was also statistically significant. However, it had little effect on the design binder content and the effective volume of binder (VBE) for the mixtures as shown in Figures 20 and 21. The average design binder content for the WMA was less than 0.1 percent lower than the average design binder content for the HMA while the average design VBE was 0.1 percent higher for WMA as compared to HMA. Neither of these was statistically significant. The design VBE for the Advera mixtures was significantly higher than the design VBE for the HMA.

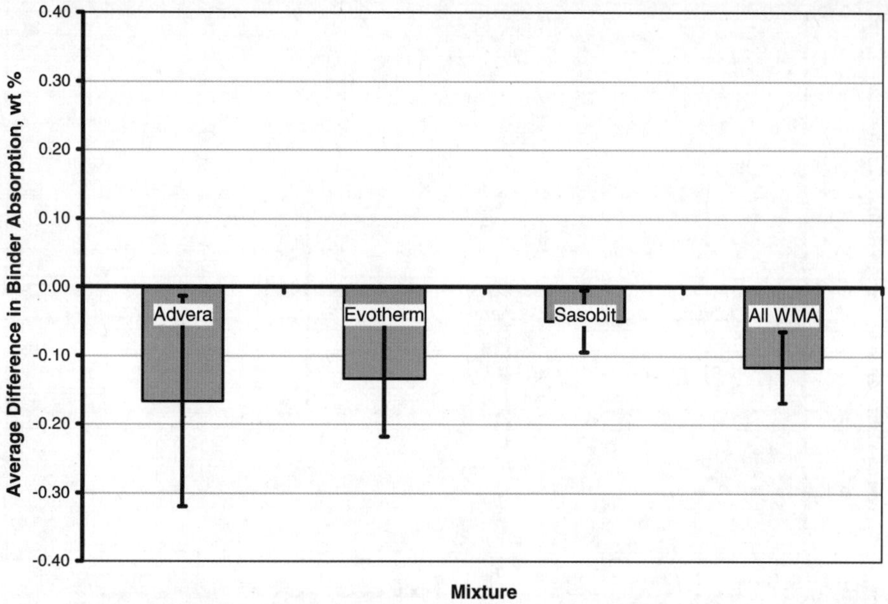

Figure 18. Average difference in binder absorption (WMA-HMA) from the mix design study (error bars are ± 95-percent one-sided confidence intervals).

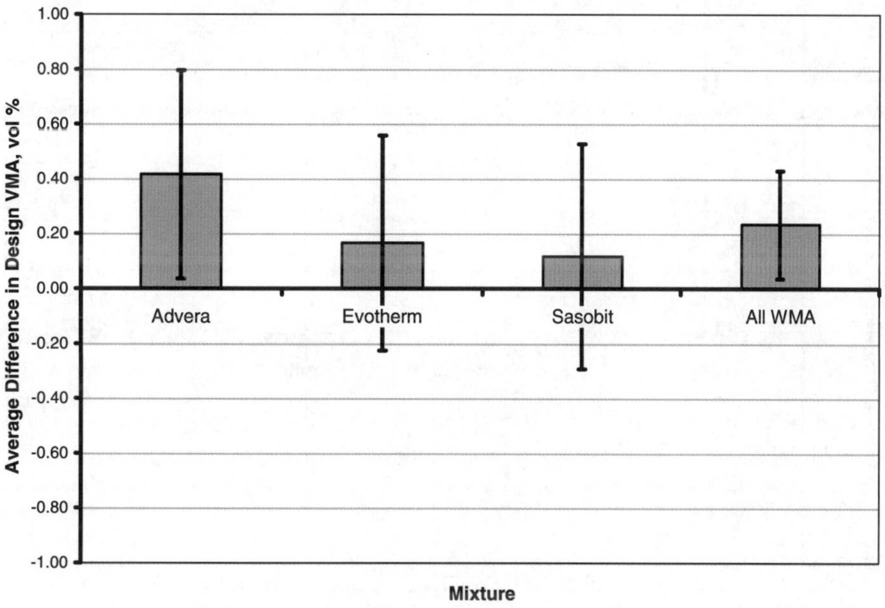

Figure 19. Average difference in design VMA (WMA-HMA) from the mix design study (error bars are ± 95-percent one-sided confidence intervals).

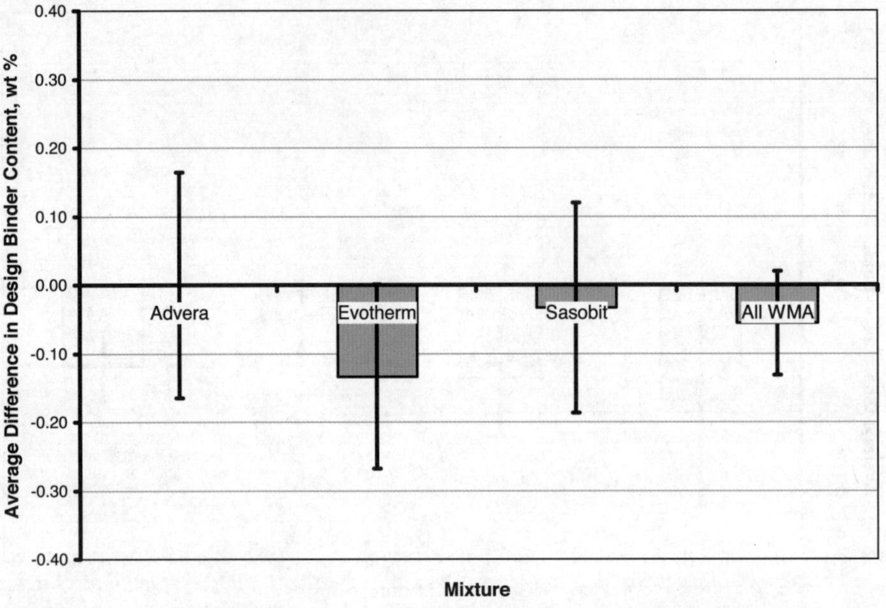

Figure 20. Average difference in design binder content (WMA-HMA) from the mix design study (error bars are ± 95-percent one-sided confidence intervals).

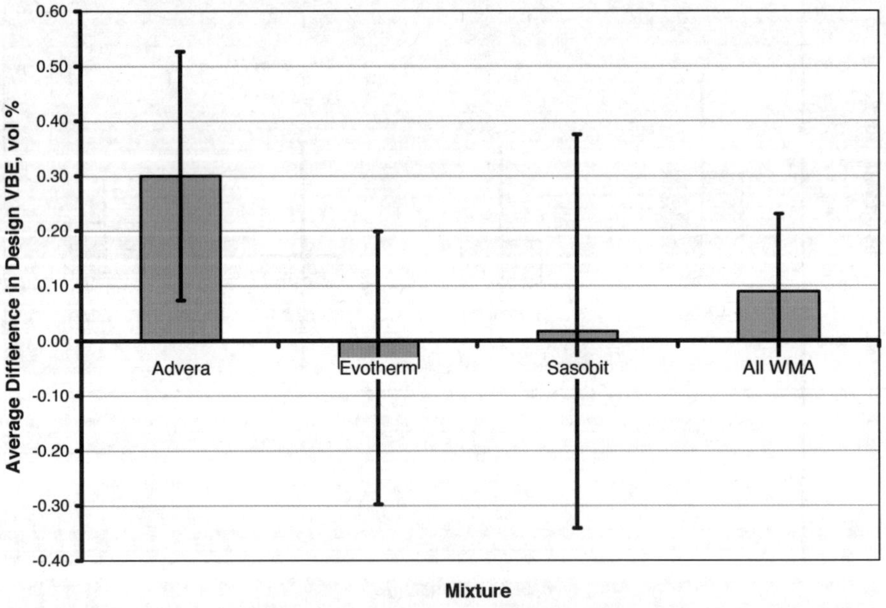

Figure 21. Average difference in design VBE (WMA-HMA) for the mix design study (error bars are ± 95-percent one-sided confidence intervals).

3.3.1.2 Compactability

The revised preliminary procedure uses the gyratory compactor to evaluate the compactability of the mixture by measuring the number of gyrations required to reach 92-percent relative density at the planned field compaction temperature and again at 54°F (30°C) below the planned field compaction temperature. The paired difference statistical analysis presented in Section E7 of Appendix E found that the compactability of WMA mixtures (as measured by the increase in the gyrations to 92-percent relative density when the compaction temperature is decreased 54°F [30°C]) was sensitive to the process temperature, presence of RAP in the mixture, and the WMA process. Figure 22 shows the effects of temperature and RAP on the number of gyrations to reach 92-percent relative density at the planned field compaction temperature. Figure 22 shows that the compactability of the WMA at 260°F and 215°F (126°C and 102°C) was no different than that for HMA at 310°F (154°C) indicating that the WMA processes are effective even with 25-percent RAP added.

Figures 23 and 24 show the effects of temperature, WMA process, and RAP on the increase in the gyrations to reach 92-percent relative density when the compaction temperature is decreased 54°F (30°C). Figure 23 shows that the combination of low process temperature and RAP significantly decreases the compactability of WMA. The proposed limit in the revised preliminary mixture design procedure was 25 percent, and this was exceeded by the RAP mixtures at the lower compaction temperature of 215°F (102°C). Figure 24 shows that different WMA processes have different effects on compactability when the compaction temperature decreases. The Evotherm WMA with RAP was more sensitive to reductions in the compaction temperature compared to the other processes. It should be noted that because the Evotherm was blended in the binder at the terminal, the Evotherm concentration as a percentage of the total binder in the mixture was reduced for the RAP mixtures, and this may have affected the compactability of the Evotherm WMA with RAP mixtures.

3.3.1.3 Moisture Sensitivity

Moisture sensitivity is evaluated in both the revised preliminary WMA mixture design procedure and AASHTO R 35, Standard Practice for Superpave Volumetric Design for Hot Mix Asphalt (HMA), using AASHTO T 283, Resistance of Compacted Hot Mix Asphalt (HMA) to Moisture-Induced Damage. The test is performed on samples that have been short-term conditioned for 2 h at the compaction temperature. The paired difference statistical analysis presented in Section E7 of Appendix E found the dry tensile strength, conditioned tensile strength, and tensile strength ratio to be significantly lower for WMA as compared to HMA. The analysis also found that the WMA process affected the tensile strength ratio. Figure 25 shows the effect of the WMA process on dry tensile strength. The dry tensile strengths of the WMA mixtures averaged 25 psi (172 kPa) less than the strength of the HMA

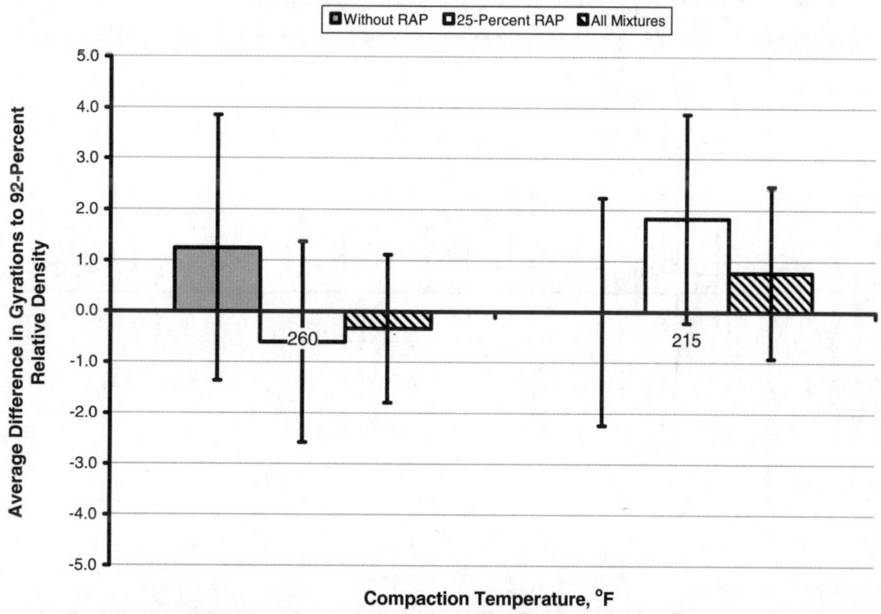

Figure 22. Average difference in gyrations to 92-percent relative density at the compaction temperature (WMA-HMA) for the mix design study (error bars are ± 95-percent one-sided confidence intervals).

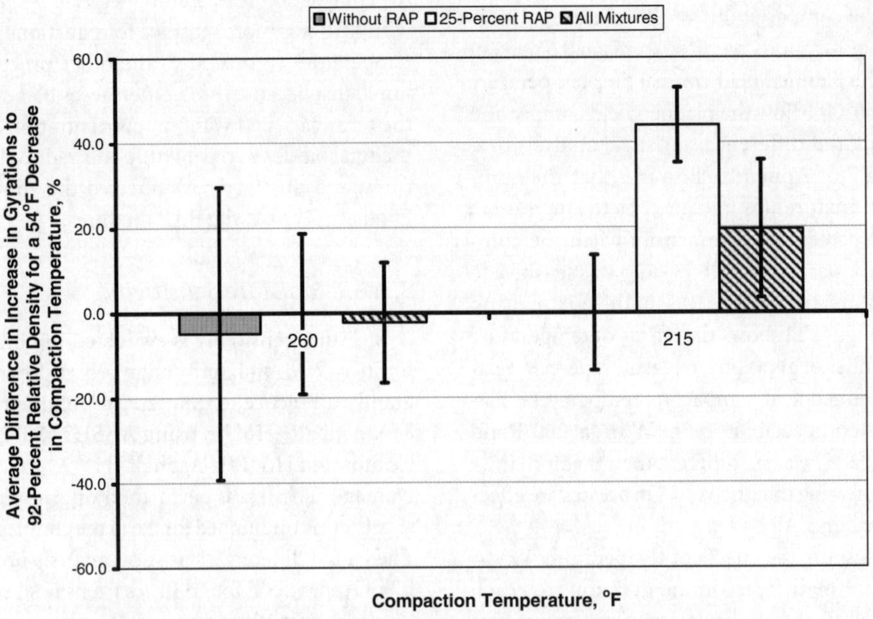

Figure 23. Effect of temperature on the average difference in increase in gyrations to 92-percent relative density for a 54°F decrease in compaction temperature (WMA-HMA) for the mix design study (error bars are ± 95-percent one-sided confidence intervals).

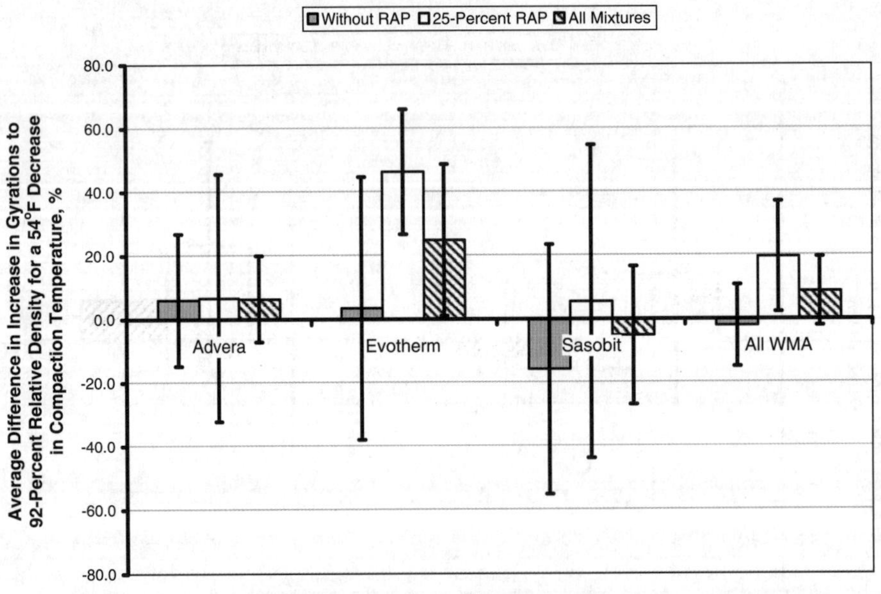

Figure 24. Effect of WMA process on the average difference in increase in gyrations to 92-percent relative density for a 54°F decrease in compaction temperature (WMA-HMA) for the mix design study (error bars are ± 95-percent one-sided confidence intervals).

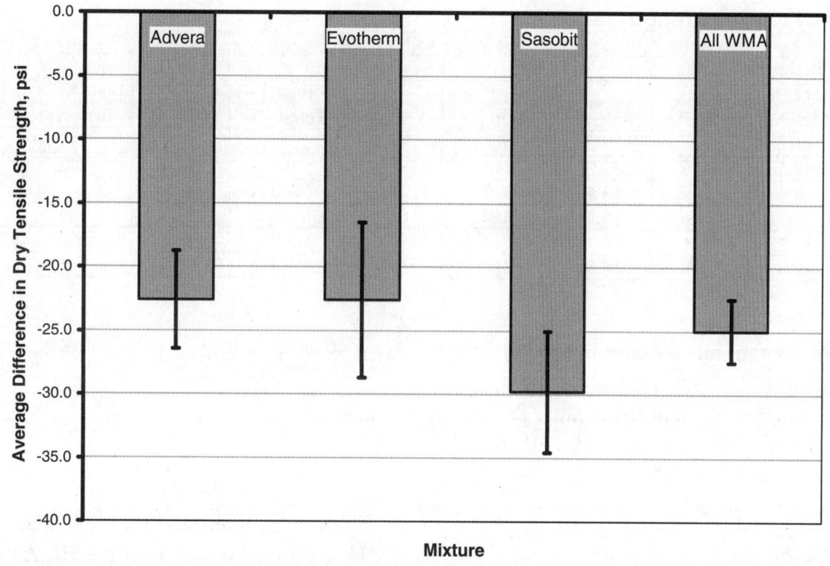

Figure 25. Effect of WMA process on the average difference in dry tensile strength at 25°C (WMA-HMA) for the mix design study (error bars are ± 95-percent one-sided confidence intervals).

mixtures. This reduction was consistent for all WMA processes and similar for the 260°F and 215°F (127°C and 102°C) compaction temperatures.

Figure 26 shows the effect of the WMA process on the tensile strength ratio. There was no reduction in the tensile strength ratio for the Evotherm process, which uses an anti-strip additive, even though the tensile strength was reduced significantly due to the reduced aging of the WMA mixture.

Table 24 summarizes the tensile strength ratios for all of the mixtures included in the study. Most of the WMA mixtures had tensile strength ratios below the AASHTO M 323 minimum of 80 percent. Only mixtures produced with Evotherm

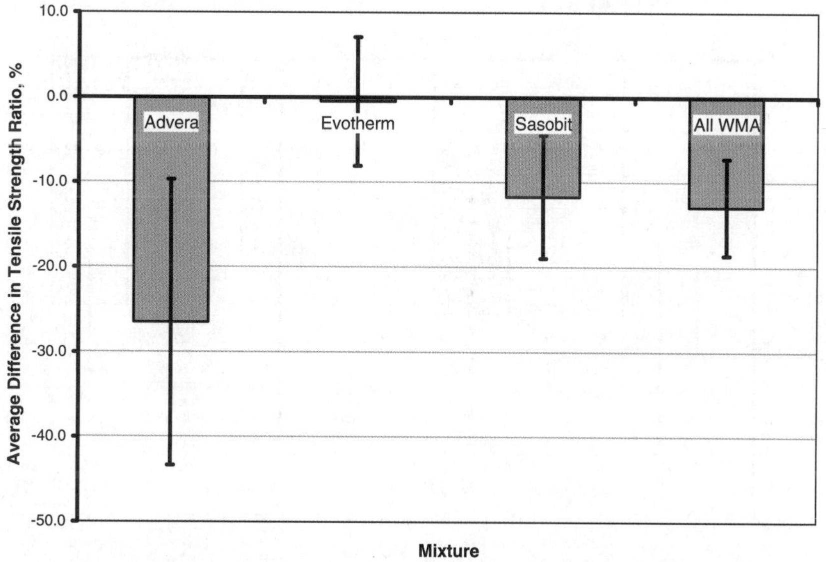

Figure 26. Effect of WMA process on the average difference in tensile strength ratio (WMA-HMA) for the mix design study (error bars are ± 95-percent one-sided confidence intervals).

Table 24. Summary of tensile strength ratios.

Mixture	Gyration Level	Design Traffic MESAL	RAP	HMA		Advera		Evotherm		Sasobit	
				TSR, %	Compaction Temp., °F	TSR, %	Compaction Temp., °F	TSR, %	Compaction Temp., °F	TSR, %	Compaction Temp., °F
1	50	< 0.3	Yes	88.3	310	74.5	215	83.0	215	81.7	260
2	50	<0.3	No	92.3	310	95.2	260	93.9	260	94.9	215
3	75	<3	Yes	81.4	310	34.5	260	89.8	260	68.4	260
4	75	<3	No	91.8	310	66.7	215	83.6	260	71.5	215
5	100	<10	Yes	94.7	310	70.6	260	83.7	260	74.0	215
6	100	<10	No	69.8	310	17.9	215	81.5	215	57.8	260

consistently had tensile strength ratios exceeding 80 percent. Mixture 2, made with Virginia limestone and having a very high binder content, was highly resistant to moisture damage with tensile strength ratios exceeding 92 percent for HMA and all WMA processes.

3.3.1.4 *Rutting Resistance*

Rutting resistance in the revised preliminary mixture design procedure is evaluated using the flow number, AASHTO TP 79, Determining the Dynamic Modulus and Flow Number for Hot Mix Asphalt (HMA) Using the Asphalt Mixture Performance Tester (AMPT). The flow number has also been proposed for evaluating the rutting resistance of HMA in NCHRP Project 09-33 (*6*). Because the flow number is significantly different for different gyration levels, the paired difference statistical analysis used normalized differences defined by Equation 3. Normalized differences were used so that the mixtures with the higher flow numbers would not dominate the analysis.

$$ND = \left(\frac{Nf_{\text{WMA}} - Nf_{\text{HMA}}}{Nf_{\text{HMA}}} \right) * 100 \qquad (3)$$

where

ND = normalized difference,
Nf_{WMA} = flow number for the WMA mixture, and
Nf_{HMA} = flow number for the HMA mixture.

The paired difference statistical analysis presented in Section E7 of Appendix E for the flow number showed the flow numbers to be significantly lower for the WMA in comparison to the HMA. Figure 27 shows the effect of WMA process on the flow number. The average difference was approximately 40 percent and it was similar for all WMA processes. It was also similar at both compaction temperatures, as shown in Figure 28. The rutting resistance was similar for all WMA processes and both temperatures because the high-temperature binder grade for the non-RAP Advera and Evotherm mixtures was increased one grade level for the 215°F (102°C) compaction temperature based on the findings from the Phase I

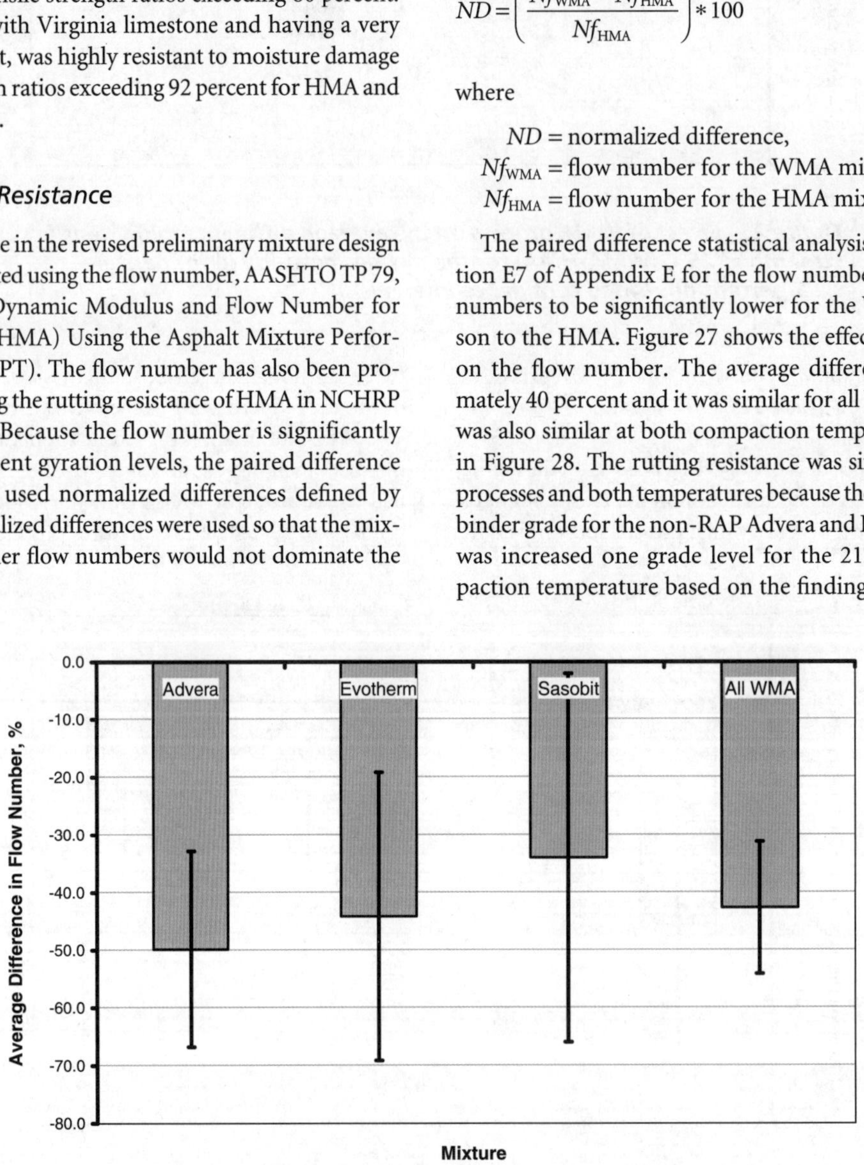

Figure 27. Average normalized difference in flow number (WMA-HMA)/HMA for the mix design study (error bars are ± 95-percent one-sided confidence intervals).

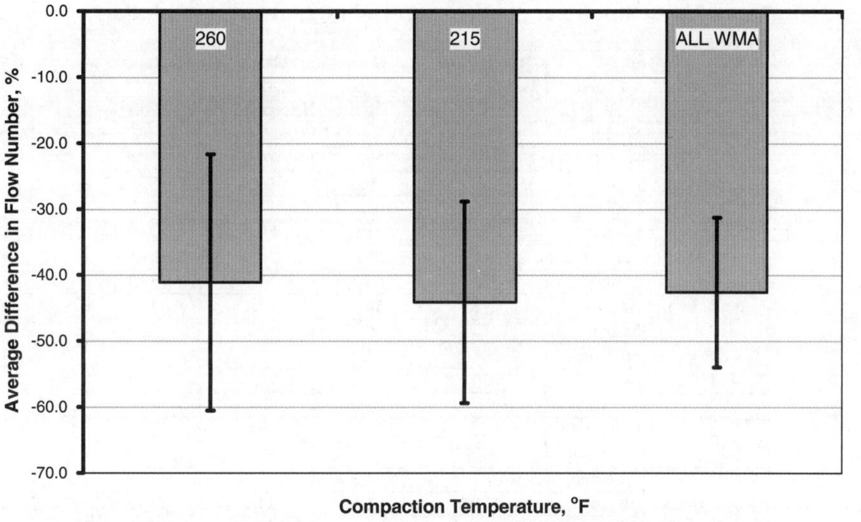

Figure 28. Effect of compaction temperature on the average normalized difference in flow number (WMA-HMA)/HMA for the mix design study (error bars are ± 95-percent one-sided confidence intervals).

binder grade study. Increasing the binder stiffness for these conditions increased the measured flow numbers, making the measured flow number difference smaller.

In NCHRP Project 09-33, the following relationship between the flow number and the allowable traffic to a rut depth of 0.5 in. (12.5 mm) was developed (6):

$$MESAL = \frac{F_n^{0.873}}{6.222} \tag{4}$$

where

$MESAL$ = estimated traffic to 12 mm rutting, million equivalent single axle loads (MESAL); and

F_n = flow number per NCHRP 09-33 test conditions, cycles.

Table 25 summarizes the allowable traffic from Equation 4 for all of the mixtures included in the study. Based on the HMA data, the rutting resistance of the two 50 gyration mixtures is significantly higher than required because both of these mixtures used aggregates that far exceeded the angularity requirements in AASHTO M 323 for this traffic level. The rutting resistance of the HMA design for Mixture 4 is slightly less than the design traffic level, while the rutting resistance for Mixture 6 is only one-half of the design traffic level. The rutting resistance of the mixtures with RAP is significantly higher than the rutting resistance of the mixtures without RAP. Analysis of the data in Table 25 suggests that it will be difficult for WMA mixtures designed for 10 MESAL or greater to meet the flow number rutting resistance criteria developed in NCHRP Project 09-33.

3.3.2 Field Validation Study

The field validation study addressed several parts of the revised preliminary mixture design procedure including (1) binder grade selection, (2) RAP, (3) short-term oven conditioning, (4) specimen fabrication, (5) coating and compactability, (6) moisture sensitivity, and (7) rutting resistance. Specific findings for each of these parts are presented and

Table 25. Summary of NCHRP 09-33 rutting resistance from flow number testing.

Mixture	Gyration Level	Design Traffic MESAL	RAP	HMA		Advera		Evotherm		Sasobit	
				MESAL	Compaction Temp., °F	MESAL	Compaction Temp., °F	MESAL	Compaction Temp., °F	MESAL	Compaction Temp., °F
1	50	< 0.3	Yes	6.1	310	2.4	215	2.0	215	3.5	260
2	50	<0.3	No	2.2	310	1.0	260	1.8	260	1.6	215
3	75	<3	Yes	13.5	310	4.7	260	5.9	260	9.5	260
4	75	<3	No	2.8	310	2.6	215	2.2	260	1.6	215
5	100	<10	Yes	12.3	310	3.5	260	5.0	260	4.1	215
6	100	<10	No	4.9	310	3.9	215	3.9	215	5.9	260

Table 26. Summary of continuous grading of recovered binders.

Project	Process	Production Temperature (°F)	Continuous Grade Temperature (°C)		
			High	Intermediate	Low
Colorado I-70	Specified	NA	58.0	19.0	−28.0
	Control	280	59.3	14.2	−30.6
	Advera	250	60.0	13.7	−31.6
	Evotherm	250	61.3	14.1	−31.1
	Sasobit	250	63.9	15.1	−29.9
Yellowstone National Park	Specified	NA	58.0	16.0	−34.0
	Control	325	60.0	11.1	−34.1
	Advera	275	56.3	8.9	−36.2
	Sasobit	275	60.7	10.1	−35.6
New York Route 11	Specified	NA	64.0	22.0	−28.0
	LEA	210	60.5	14.0	−31.1
Pennsylvania SR2007	Specified	NA	64.0	25.0	−22.0
	Control	320	67.7	22.0	−24.6
	Evotherm	250	67.2	22.0	−24.9
Pennsylvania SR2006	Specified	NA	64.0	25.0	−22.0
	Control	310	66.6	24.1	−22.5
	Advera	250	67.0	22.9	−24.1
	Gencor	250	67.5	21.7	−25.7
	LEA	210	63.2	21.6	−25.4
	Sasobit	250	72.9	23.3	−22.5
Monroe, North Carolina	Specified	NA	70.0	28.0	−22.0
	Astec	275	71.5	23.7	−23.9

discussed below. Details of the analysis leading to these findings are presented in Section E8 of Appendix E.

3.3.2.1 Binder Grade Selection

Recovered binder grading and estimates of rutting using dynamic modulus test data from plant mixtures and the MEPDG rutting model were used to validate the high-temperature grade bumping table developed from the RTFOT experiment (*1*). Table 26 summarizes the continuous grades for the recovered binders from each of the validation mixtures. Table 26 includes the specified binder grade as well as the recovered grade. In all cases, the low and intermediate temperature properties for the WMA processes comply with the binder grade specified for the project. There are three cases where the high-temperature grade was lower than specified: Advera for the Yellowstone National Park project was 1.7°C lower, LEA for the NY Route 11 project was 3.5°C lower, and LEA for the Pennsylvania SR2006 project was 0.8°C lower.

Table 27 summarizes the average difference in continuous grade temperatures for WMA as compared to HMA. The high-temperature grade changes are significantly less than estimated from the RTFOT experiment. From the RTFOT experiment, the estimated reduction in high-temperature grade for 50°F and 100°F (28°C and 56°C) reductions in production temperature for a typical asphalt binder having an aging index of 2.4 are 2.8°C and 5.6°C, respectively. For the field data—excluding Sasobit, which increases the high-temperature grade of the binder—an approximately 50°F (28°C) reduction in production temperature resulted in less than a 1°C decrease in high-temperature grade, while an approximately 100°F (56°C) reduction in production temperature resulted in approximately

Table 27. Summary of average difference in continuous grade temperatures for WMA compared to HMA.

Process	Number	Average Difference in Production Temperature (°F)	Average Difference in Continuous Grade Temperature (°C)		
			High	Intermediate	Low
Advera	3	−46.7	−0.9	−1.3	−1.6
Evotherm	2	−50.0	0.8	0.0	−0.4
LEA	1	−100.0	−3.4	−2.5	−2.9
Plant Foaming	1	−60.0	0.9	−2.4	−3.2
Sasobit	3	−46.7	3.9	−0.3	−0.3

a one-half grade decrease in the high-temperature grade for one LEA project. The low-temperature grade changes, on the other hand, are greater than estimated from the RTFOT experiment. From the RTFOT experiment, the estimated improvement in the low-temperature grade for 50°F and 100°F (28°C and 56°C) reductions in production temperature are 0.5°C and 1.0°C, respectively. For the field data—excluding Sasobit, which increases the low-temperature grade of the binder—an approximately 50°F (28°C) reduction in production temperature resulted in an average improvement in the low-temperature grade of the binder of 1.5°C, while an approximately 100°F (56°C) reduction in production temperature resulted in a 2.9°C improvement in the low-temperature grade for one LEA project. Based on the recovered binder testing, it does not appear that the binder grade should be changed when using WMA as long as the production temperature is not decreased by more than 100°F (56°C).

Rutting for the Colorado I-70, Yellowstone National Park, and New York Route 11 projects was predicted using the Excel spreadsheet, *E*Rutting.xls,* developed by Arizona State University for the dynamic modulus simple performance test (*22*). This spreadsheet rapidly performs asphalt layer rutting predictions using the calibrated rutting model contained in the MEPDG (*1*). The mixture dynamic modulus master curve is the required material property for this analysis. Master curves were developed for plant mixtures in accordance with AASHTO PP 61. The rutting estimates for these three projects are shown in Figures 29, 30, and 31. These figures show the following:

1. The predicted rut depths for the control mixtures are reasonable for the design traffic levels. The design traffic level of the Colorado project was 10 million equivalent single axle loads (MESAL), and the estimated rut depth is 0.11 in. (2.8 mm). The design traffic level of the Yellowstone National Park and New York projects was 3 MESAL, and the estimated rut depth was 0.09 in. (2.3 mm) in both cases.
2. For the Colorado I-70 project, the predicted rutting for the Advera and Evotherm mixtures was slightly greater than the control while the predicted rutting for the Sasobit mixture was slightly less than the control. The predicted rutting for the Advera and Evotherm mixtures was only 0.13 in. (3.3 mm).
3. For the Yellowstone National Park project, the predicted rutting of the Sasobit and Advera mixtures was essentially the same as the control at the design traffic level.
4. For the New York project, the predicted rutting for the PG 64-28 LEA mixture was 0.11 in (2.8 mm), while the predicted rutting for the PG 70-22 LEA mixture is 0.05 in. (1.3 mm).

The differences in estimated rutting resistance from field-mixed WMA do not support the binder grade bumping recommendations developed from the RTFOT experiment. For production temperature decreases as large as 100°F (56°C), the estimated rutting for a mixture produced as WMA is only approximately 25 percent greater than that for the same mixture produced as HMA.

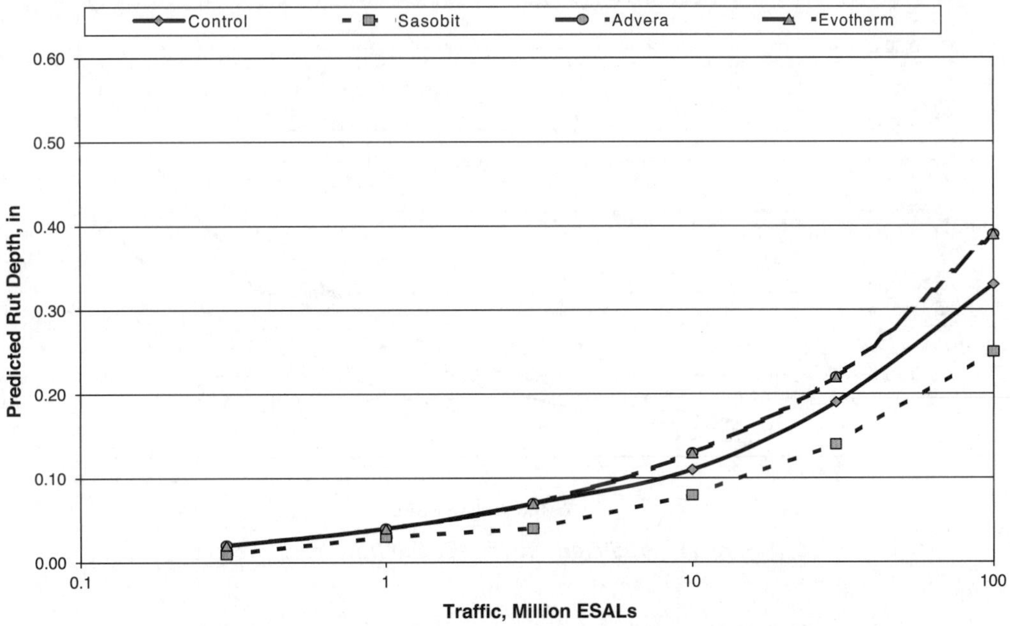

Figure 29. Predicted rutting for the Colorado I-70 project.

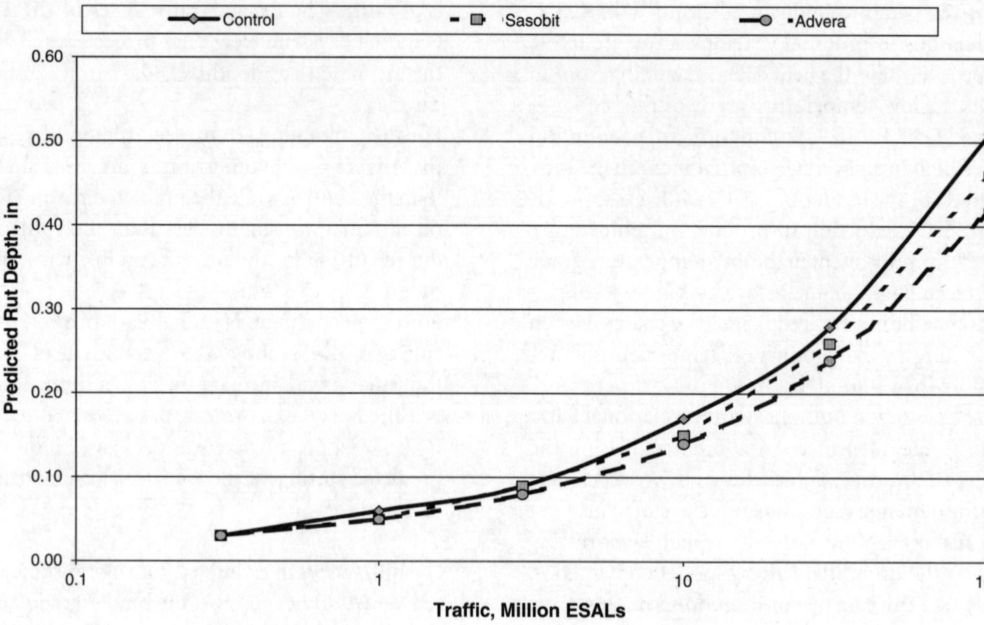

Figure 30. Predicted rutting for the Yellowstone National Park project.

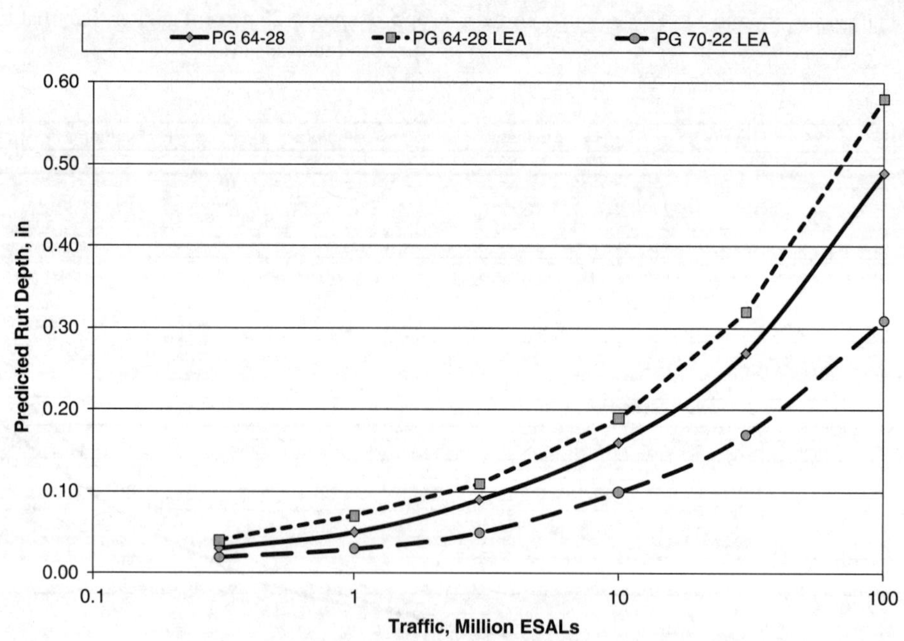

Figure 31. Predicted rutting for the New York project.

Table 28. Measured and estimated fully blended dynamic modulus for the Monroe, North Carolina, mixture produced with the Astec Double Barrel Green process and 30-percent RAP.

Temperature (°F)	Frequency (Hz)	Recovered Binder G* (psi)	Hirsch Estimated E* (ksi)	Measured E* (ksi)	Ratio of Measured to Estimated
39.2	10.0	15,681	2,145	2,344	1.09
39.2	1.0	7,339	1,755	1,785	1.02
39.2	0.1	2,839	1,281	1,216	0.95
68.0	10.0	2,014	1,123	1,083	0.96
68.0	1.0	596	663	626	0.94
68.0	0.1	145	328	316	0.96
104.0	10.0	100	270	201	0.74
104.0	1.0	19	114	80	0.70
104.0	0.1	3	51	38	0.74

3.3.2.2 RAP

Only one of the validation mixtures—the Monroe, North Carolina, mixture—included RAP. This mixture used PG 64-22 binder with 30-percent RAP to produce a mixture meeting the requirements for PG 70-22 binder. The mixture was produced at 275°F using the Astec Double Barrel Green process. For this mixture, the mixing analysis—based on dynamic modulus testing of the plant mixture described earlier in the laboratory RAP study (see Section 3.1.4)—was conducted to validate that RAP and new binder mix in field-produced WMA. The results of this analysis are summarized in Table 28 and shown in Figure 32. The error bars in Figure 32 are 95-percent confidence intervals for the measured data and 95-percent prediction intervals for the Hirsch model predictions. Since the averages of the measured data fall within the prediction intervals for the Hirsch model, the plant-mixed modulus is not significantly different from the fully blended modulus, indicating that the mixing of the RAP and new binders is acceptable.

3.3.2.3 Short-Term Oven Conditioning

For WMA and HMA, short-term oven conditioning of 2 h at the compaction temperature was determined by comparing properties of field-mixed, laboratory-compacted specimens with properties of laboratory-mixed, laboratory-compacted specimens for the mixtures from the Colorado I-70 project. The properties that were compared were maximum specific

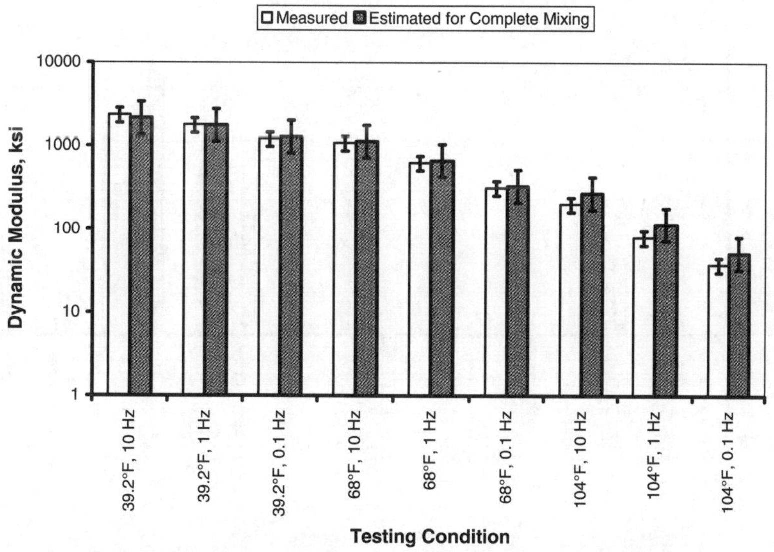

Figure 32. Comparison of measured and estimated fully blended dynamic modulus for the Monroe, North Carolina, mixture produced with the Astec Double Barrel Green process and 30-percent RAP.

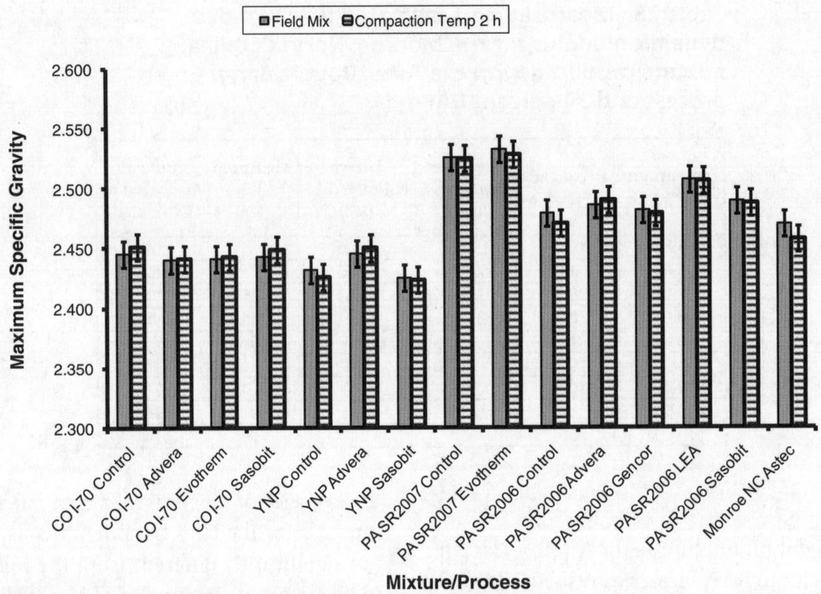

Figure 33. Comparison of maximum specific gravity for all validation mixtures.

gravity, indirect tensile strength, and dynamic modulus. To validate this short-term conditioning, maximum specific gravity and indirect tensile strength measurements were made on all of the validation sections.

Figures 33 and 34 compare the maximum specific gravity and tensile strength data for all of the validation mixtures. The error bars shown in Figure 33 are the single operator d2s precision from AASHTO T 209. These data show that the maximum specific gravity of the laboratory and field mixtures is the same, indicating that the binder absorption is the same for the laboratory and field mixtures. The aggregate water absorption ranged from 0.5 percent for the Pennsylvania SR2007 mixtures to 2.5 percent for the Yellowstone National Park mixtures.

Figure 34 shows differences in indirect tensile strength for the field mixtures minus the laboratory mixtures. The error bars for the average difference in this figure are 95-percent con-

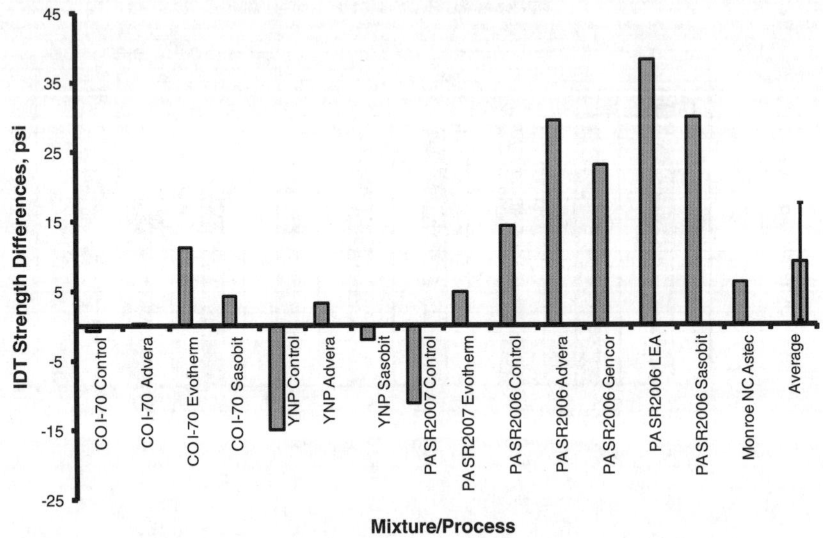

Figure 34. Differences in indirect tensile strength between field mixes and laboratory mixes short-term conditioned for 2 h at the compaction temperature.

fidence intervals for a paired *t*-test comparison. Since the error bars for the average difference do not capture zero, the tensile strength of the field-mixed specimens is statistically higher than the tensile strength of the laboratory-mixed specimens. This indicates that short-term conditioning of 2 h at the compaction temperature provides less aging on average than the field mixtures. The findings from this analysis appear to have been biased by the data from the Pennsylvania SR2006 project. This project provided one-third of the data for the analysis, and the field mixtures for this project had consistently higher tensile strength than the laboratory-prepared mixtures. The average difference for all projects was 9 psi (48 kPa); not considering the Pennsylvania SR2006 project, the average difference was only 1.4 psi (9.8 kPa). Considering the bias from this project, the recommended short-term oven conditioning in the final WMA mixture design procedure was kept at 2 h at the compaction temperature.

3.3.2.4 Specimen Fabrication

In the validation study, the WMA specimen-fabrication procedures were used to fabricate specimens for several WMA processes including Advera, Astec Double Barrel Green, Evotherm DAT, Gencor Ultrafoam, LEA, and Sasobit. Figure 35 shows the difference in air voids at N_{design} between the WMA mixture and either the HMA job mix formula or the corresponding HMA control mixture. The average difference over all projects is less than 0.03 percent. The error bars shown for the average are 95-percent confidence levels. Since the error bars capture zero, this indicates that the WMA mixtures are very similar to the HMA that they were based on. These findings confirm the findings of the mixture design study that the volumetric properties of properly designed WMA and HMA mixtures are very similar.

The WMA mixture design procedure uses process-specific, specimen-fabrication procedures to simulate the WMA process. For plant foaming systems this requires the production of foamed asphalt in the laboratory. At the time NCHRP Project 09-43 was completed, the Wirtgen WLB-10 laboratory foaming machine was the only commercially available laboratory foaming equipment. An evaluation of the feasibility and practicality of designing foamed asphalt WMA mixtures in the laboratory using the Wirtgen WLB-10 was conducted at the University of Wisconsin-Madison. The evaluation was conducted for the Gencor WMA process from the Pennsylvania SR2006 project and for the Astec WMA process from the Monroe, North Carolina, project. The following describes the process used to fabricate foamed asphalt using this equipment.

Operation of the Wirtgen WLB-10 foaming machine requires asphalt binder temperatures above 320°F (160°C), thus the mixing temperature of the foamed asphalt mixture is controlled by the temperature of the aggregates. It is assumed that the asphalt binder will quickly revert to the mixing temperature when it comes in contact with the aggregate. The mass of foamed asphalt that is required is calculated based on the weight of the aggregates. The aggregate and mixing bucket are placed under the foaming head, and the foamed asphalt is shot into the bucket as shown in Figure 36. The flow of foamed

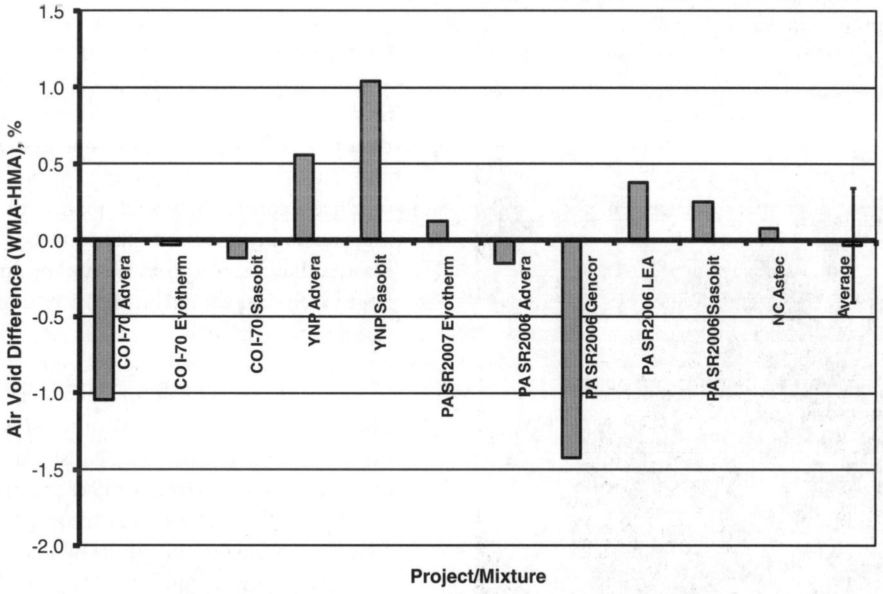

Figure 35. Differences in air voids at N_{design} between WMA and corresponding HMA mixtures.

Figure 36. Introducing foamed asphalt to mixing bucket.

Figure 38. Foamed asphalt mixture after 90 s mixing time.

asphalt into the mixing bucket is metered using a flow controller. Based on a known flow rate, the user prescribes the time required to obtain the appropriate quantity of asphalt binder.

The mixing bucket, with the foamed asphalt sitting on top of the aggregate, is immediately transferred to the laboratory mixer, mixed for 90 s, and transferred to a shallow pan. Illustrations of the foamed asphalt mixture before and after the 90 s mixing time are provided in Figures 37 and 38, respectively. After mixing, the foamed mix is short-term aged at the compaction temperature for 2 h and compacted.

The operation of the foaming machine presents some practical concerns for WMA laboratory mixture design.

- The machine is intended for preparation of samples of foam-stabilized asphalt base course and cold in-place recycling. These applications require foamed asphalt with water contents above 10 percent by weight of the asphalt binder. In contrast, the water content for WMA applications ranges from 1.0 to 3.0 percent. To accommodate this difference, the existing flow controller was replaced with one that was smaller and more precise. Operation of the machine for WMA applications was possible; however, due to the low percentage of water required for WMA, the operation of the flow controller was approaching its minimum control tolerance. The more precise flow controller was selected with the intent of delivering a more consistent foam at the water content used in the WMA field production.
- The machine is designed to produce large quantities of material. This was an issue especially in trying to prepare samples for evaluation of the maximum specific gravity. The sample size to conduct the maximum specific gravity test for 9.5-mm mixtures is 1,000 g. A timer is used to control the amount of foamed asphalt shot into the bucket. Because of the flow rate of the foaming head, the machine provides the required 50 to 60 g of foamed asphalt in a fraction of a second. This amount of time is insufficient for the machine to produce a consistent asphalt foam, introducing potential reproducibility issues into the results. Use of this machine for small batches of aggregate is not recommended; instead, large batch sizes should be produced and then split for the various tests required.
- At times the air line in the machine becomes clogged, so instead of foamed asphalt, an asphalt/water mix is produced. This problem has been encountered with both the neat PG 64-22 binders from the Pennsylvania and North Carolina projects and Styrene-Butadiene-Styrene (SBS) modified PG 76-22 binder used in another project. The valve that controls the flow of the air at the foaming head becomes clogged regularly, requiring disassembly and cleaning of the head. This issue occurred on three separate occasions while preparing samples for this project, each time resulting in a

Figure 37. Foamed asphalt before mixing.

delay of 2 to 3 h. The regularity with which this problem occurs suggests that redesign of the foaming head of the machine may be needed for continuous use as a mix design tool. The problem was more severe with the SBS modified binder. After production of approximately 20 samples, the machine clogged and had to be taken apart and fully cleaned before further use.

- Finally, the preparation of the foamed mixes requires a significant amount of technician time and expertise. Each mix design evaluated for this project required three separate days for foamed mix production.

3.3.2.5 Coating and Compactability

As required by the revised preliminary WMA mixture design procedure, coating and compactability were measured on all of the WMA mixtures in the field validation study. Coating was evaluated using AASHTO T 194, which counts the number of fully coated coarse aggregate particles in the mixture. Compactability was evaluated on the basis of the number of gyrations necessary to achieve 92-percent relative density at the planned field compaction temperature and again at 54°F (30°C) below the planned field compaction temperature. Table 29 summarizes the results of the evaluation of coating and compactability.

Coating was 100 percent for all of the mixtures that were mixed using a planetary mixer with a wire whip. The percentage of coating was lower for the two mixtures mixed with a bucket mixer and particularly low for the North Carolina mixture, which had about 16 percent of its total binder content contributed by the RAP. All of the mixtures were prepared using 90 s of mixing. Apparently, the bucket mixer is less efficient and requires longer mixing times for equivalent coating. There were no reported coating issues for any of the field mixtures.

The compactability data in Table 29 indicate that the Colorado I-70, Pennsylvania SR2007, and Monroe, North Carolina, mixtures were easy to compact. National Center for Asphalt Technology (NCAT) reported average gyrations to 92-percent relative density of 35 and 20 percent of N_{design} for dense graded HMA mixtures with coarse and fine gradations (*21*). At the compaction temperature, the gyrations to 92-percent relative density for these three projects ranged from 20 to 40 percent of N_{design}. For the other two projects, Yellowstone National Park and Pennsylvania SR2006, the mixtures were less compactable. The Yellowstone National Park mixtures were designed using the Hveem method and therefore had much lower binder content than they would have if they had been designed using AASHTO R 35 or the revised preliminary WMA mixture design procedure. The air void content at 75 gyrations for the HMA control mixture for this project was 6.8 percent. The Pennsylvania SR2006 control HMA mixture could not be verified by the research team. At the optimum binder content from the approved mix design, the air void content at 75 gyrations was 6.2 percent, well above the design value of 4.0 percent.

The effect of temperature on the compactability of the mixtures is quantified by the percent increase in the number of gyrations to 92-percent relative density. The revised preliminary WMA mixture design procedure limits this increase to 25 percent. All of the WMA mixtures included in the field validation study met this criterion. There were no reported workability issues for any of the field mixtures.

3.3.2.6 Moisture Sensitivity

Moisture sensitivity was evaluated for all of the validation mixtures using AASHTO T 283. Specimens were compacted to a target air void content of 7.0 percent ± 0.5 percent using

Table 29. Coating and compactability of field validation mixtures.

Project	Process	Temperature, °F		Coating	Gyrations to 92% of G_{mm}		
		Mix	Compact		At Compact Temp	At Compact Temp –54°F	Gyration Increase, %
Colorado I-70	Advera	250	230	100[1]	15	18	20
	Evotherm DAT	250	230	100[1]	20	23	15
	Sasobit	250	230	100[1]	19	22	16
Yellowstone National Park	Advera	275	250	100[1]	69	—	—
	Sasobit	275	245	100[1]	> 75	—	—
PA SR2007	Evotherm DAT	250	230	100[1]	20	24	20
PA SR2006 and PA SR2012	Advera	250	230	100[1]	47	48	2
	Gencor Ultrafoam GX	250	230	81[2]	35	38	9
	LEA	210	195	100[1]	50	52	4
	Sasobit	250	230	100[1]	51	59	16
Monroe, North Carolina	Astec Double Barrel Green	275	260	65[2]	16	16	0

[1] Mixed with Blakeslee planetary mixer with wire whip.
[2] Mixed with bucket mixer.

Table 30. Summary of AASHTO T 283 results.

Project	Process	Production Temperature (°F)	Compaction Temperature (°F)	Dry Tensile Strength (psi)	Conditioned Tensile Strength (psi)	Tensile Strength Ratio (%)
Colorado I-70	Control	280	260	88.3	80.4	91
	Advera	250	230	80.3	0.0	0
	Evotherm	250	230	71.9	32.4	45
	Sasobit	250	230	82.8	58.8	71
Yellowstone National Park	Control	325	315	110.2	87.1	79
	Advera	275	250	86.4	65.7	76
	Sasobit	275	245	95.4	72.5	76
Pennsylvania SR2007	Control	320	300	102.3	92.1	90
	Evotherm	250	230	86.0	79.1	92
Pennsylvania SR2006	Control	310	275	104.6	65.6	63
	Advera	250	230	98.3	34.8	35
	Gencor	250	230	97.3	42.1	43
	LEA	210	195	103.7	86.1	83
	Sasobit	250	230	97.1	51.8	53
Monroe, North Carolina	Astec	275	260	164.0	127.7	78

the binder content from the job mix formula or the binder content determined from the mix design verification. Per the preliminary WMA mixture design procedure the mixture was conditioned 2 h at the compaction temperature. Table 30 summarizes the results.

Nine of the 11 WMA mixtures and 2 of the 4 HMA control mixtures have tensile strength ratios less than 80 percent. The effect of the WMA process on moisture sensitivity is mixture and process specific. For the Colorado I-70 project, the tensile strength ratio was reduced by all of the WMA processes. For this project, the Advera specimens failed during the conditioning processes. The WMA processes had no effect on the tensile strength ratio for the Yellowstone National Park and Pennsylvania SR2007 projects. For the Pennsylvania SR2006 project, the Advera, Gencor, and Sasobit WMA processes reduced the tensile strength ratio, while the LEA process increased it. The LEA process includes an anti-strip that is added to the binder at the plant. For the plant foaming processes, the AASHTO T 283 results may have been adversely affected by the poorer coating obtained with the bucket mixer when simulating these processes.

3.3.2.7 Rutting Resistance

Rutting resistance was evaluated for all of the field validation mixtures using the flow number test, AASHTO TP 79. Specimens were compacted to a target air void content of 7.0 percent ± 0.5 percent using the job mix formula binder content or the binder content determined from the mix design verification. All of the specimens were within this tolerance except for the Gencor mixture for the Pennsylvania SR2006 project, which was compacted to 4.5 percent. Per the preliminary WMA mixture design procedure, the mixture was conditioned 2 h at the compaction temperature. The flow number test was conducted at the 50-percent reliability high pavement temperature from LTPPBind 3.1 for the project location. As recommended in NCHRP 09-33, the flow number testing used unconfined specimens with repeated deviator stress of 87 psi (600 kPa) and contact deviator stress of 4.4 psi (30 kPa). Table 31 summarizes the results.

The allowable traffic in Table 31 was calculated using the relationship between flow number and allowable traffic to an estimated rut depth of 0.5 in. (12.5 mm) developed in NCHRP Project 09-33 (see Equation 4) and discussed earlier in the mixture design study (see Section 3.3.1.4). Three of the mixtures do not meet the rutting resistance criteria: the Advera and LEA mixtures for the Pennsylvania SR2006 project and the Monroe, North Carolina, mixture. The North Carolina mixture has a very high design VMA of 17.6 percent, indicating that the rutting resistance of this mixture could be improved by decreasing the design VMA. In NCHRP Project 09-33, a maximum VMA of 17 percent has been recommended for 9.5-mm mixtures to limit the effective binder content of the mixture and provide adequate rutting resistance. The rutting resistance of the Hveem designed mixtures from the Yellowstone project is very high. Also, the rutting resistance of the 50-gyration mixtures from the Pennsylvania SR2007 project is high considering the design traffic level. These mixtures were produced with highly angular manufactured sand and crushed stone.

Table 32 compares the rutting resistance of the WMA mixtures to that of the HMA control mixtures. The Gencor mixture from the Pennsylvania SR2006 project was not included in this analysis because the air void content of the specimens for this mixture was much lower than the air void content of all of the others. The rutting resistance for all WMA processes except Sasobit is less than the HMA control due to the lower

Table 31. Summary of flow number and rutting resistance results.

Project	Design Traffic Level (MESAL)	Process	Production Temperature (°F)	Compaction Temperature (°F)	Test Temperature (°F)	Flow Number	NCHRP 09-33 Allowable Traffic (MESAL)
Colorado I-70	< 10	Control	280	260	101	321	24.8
		Advera	250	230		165	13.9
		Evotherm	250	230		154	13.0
		Sasobit	250	230		409	30.7
Yellowstone National Park	< 3 (estimated)	Control	325	315	106	687	48.2
		Advera	275	250		459	33.9
		Sasobit	275	245		1089	72.2
Pennsylvania SR2007	< 0.3	Control	320	300	126	124	10.8
		Evotherm	250	230		93	8.4
Pennsylvania SR2006	< 3	Control	310	275	121	42	4.2
		Advera	250	230		27	2.8
		Gencor	250	230		104[1]	9.3[1]
		LEA	210	195		21	2.3
		Sasobit	250	230		54	5.2
Monroe, North Carolina	< 10	Astec	275	260	136	38	3.9

[1] Specimens compacted to 4.5-percent air voids instead of 7.0 percent.

short-term conditioning temperatures. The rutting resistance decreases approximately 6 percent for every 10°F (5.5°C) reduction in compaction temperature. Sasobit increases the high-temperature stiffness of the binder, resulting in improved rutting resistance.

3.3.3 Feasibility of Using a Two-Step Aging Process for Performance Testing

Criteria for evaluating rutting resistance using the flow number and other tests are generally based on mixtures that have been laboratory conditioned for 4 h at 275°F (135°C) in accordance with AASHTO R 30. Although it is generally accepted that this conditioning represents the binder stiffening that occurs during construction, it appears from the short-term conditioning study that this level of conditioning is more representative of the stiffness of the binder after some short period in service. The findings from the mix design study and the field validation study show that the rutting resistance of WMA mixtures that are conditioned 2 h at the compaction temperature, which represents the stiffness of WMA mixtures at the time of construction, generally fail criteria that are based on 4 h of conditioning at 275°F (135°C). To extend existing performance criteria to WMA, a two-step loose mix conditioning procedure should be considered. This two-step procedure would include 2 h of conditioning at the compaction temperature to simulate the absorption and binder stiffening that occurs during construction, followed by aging at a representative high in-service pavement temperature to simulate early stiffening during the service life of the pavement. The representative in-service pavement temperature should be in the range of 120°F to 150°F (50°C to 65°C) depending on the project location and based on the 50-percent reliability high pavement temperature from LTPPBind 3.1. The conditioning time should be selected such that typical HMA mixtures reach approximately the same stiffness after the two-step conditioning procedure as they reach after 4 h of conditioning at 275°F (135°C). This additional study was beyond the scope of NCHRP Project 09-43, but an analysis of the feasibility was performed using loose mix aging data collected under NCHRP Project 09-13 (*23*).

Table 32. Summary of average difference in allowable traffic WMA compared to HMA.

Process	Number	Average Difference in Compaction Temperature (°F)	Average Difference in Allowable Traffic (%)
Advera	3	−46.7	−35
Evotherm	2	−50.0	−35
LEA	1	−80.0	−45
Sasobit	3	−48.3	+32

NCHRP Project 09-13 included data that could be analyzed to investigate the effect of aging at in-service pavement temperatures compared to HMA mixing and compaction temperatures. With the database reported for NCHRP Project 09-13, dry tensile strengths were collected on Superpave gyratory-compacted samples for five mixtures prepared for four loose mix aging conditions:

- Unaged,
- 2 h at 275°F (135°C),
- 4 h at 275°F (135°C), and
- 16 h at 140°F (60°C).

Dry tensile strengths were measured after two compacted sample conditioning periods: 0 h and 96 h at room temperature. The database extracted from this study is presented in Section E9 of Appendix E.

In analyzing this data, the data for the two compacted mix aging conditions were combined. Figure 39 shows plots of the ratio of the average strength of the conditioned specimens to the unaged specimens. From Figure 39, it appears that there is an error in the unaged data for the Maryland mixture because the ratios of the conditioned to unaged tensile strengths are always less than one, indicating that the mixture softens upon loose mix conditioning, which is not rational. Individual specimen air voids were not reported, but the text stated that the air void tolerance for specimen fabrication was 7.0 ± 1.0 percent.

Because of the questionable unaged data for the Maryland mixture, the unaged data were eliminated from the analysis. Figure 40 shows the average tensile strength for the remaining three loose mix aging conditions: 2 h at 275°F (135°C), 4 h at 275°F (135°C), and 16 h at 140°F (60°C). The error bars in Figure 40 are 95-percent confidence intervals based on the measured data for each mixture. Figure 40 shows that the tensile strengths for 16 h at 140°F (60°C) are somewhat higher than the other aging conditions, indicating that this aging condition stiffens the mixture somewhat more than the shorter aging times at the higher temperatures. This was confirmed by a two-way analysis of variance that is presented in Section E9 of Appendix E.

This analysis shows that it is possible to reach the level of binder stiffening caused by 4 h of loose mix oven conditioning at 275°F (135°C) through loose mix oven conditioning at representative in-service temperatures. Since the suggested two-step procedure would include 2 h of conditioning at the compaction temperature to simulate the absorption and binder stiffening that occurs during construction, the in-service aging step will require less than 16 h of loose mix aging at the representative in-service temperature.

3.3.4 Fatigue Study

One of the potential benefits of WMA mixtures is improved fatigue characteristics in comparison to HMA mixtures due to the reduced aging that occurs during plant mixing at the lower WMA process temperatures. The fatigue study was designed to evaluate the fatigue resistance of WMA in comparison to HMA. The study was conducted on the two mixtures summarized in Table 33.

For each mixture, specimens were prepared as HMA and WMA using three processes: Advera, Evotherm G3, and Sasobit. The fatigue resistance of the eight mixtures was then characterized using continuum damage theory. Continuum damage theory is a new, powerful tool for characterizing the fatigue behavior of asphalt concrete in a thorough and rational way with relatively limited amounts of testing. Continuum damage theory has recently been applied to the fatigue response of asphalt concrete mixtures by several researchers (*24, 25*). Recently a practical approach for using continuum damage theory to quickly and accurately characterize the fatigue resistance of asphalt concrete mixtures was developed (*26*). In this

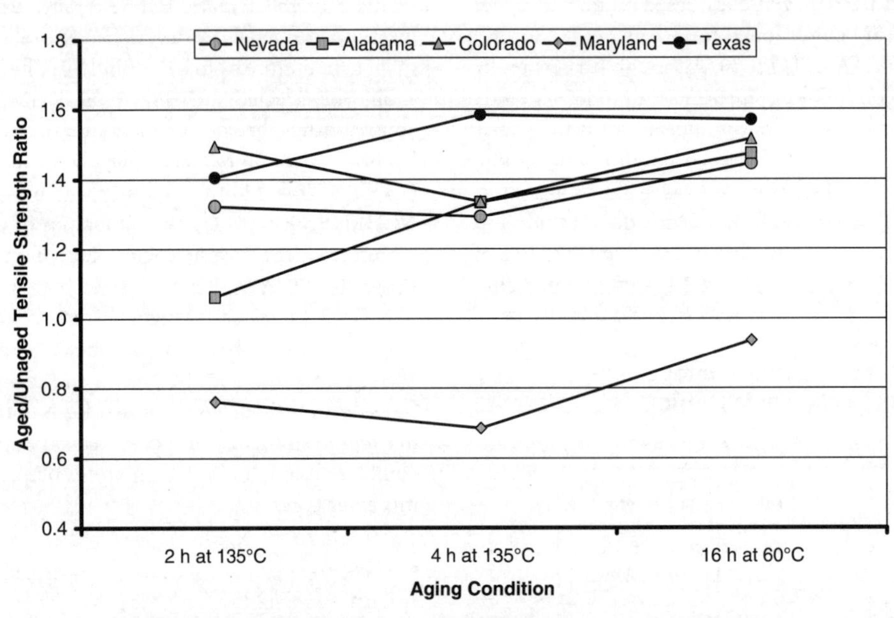

Figure 39. Effect of loose mix aging on tensile strength (23).

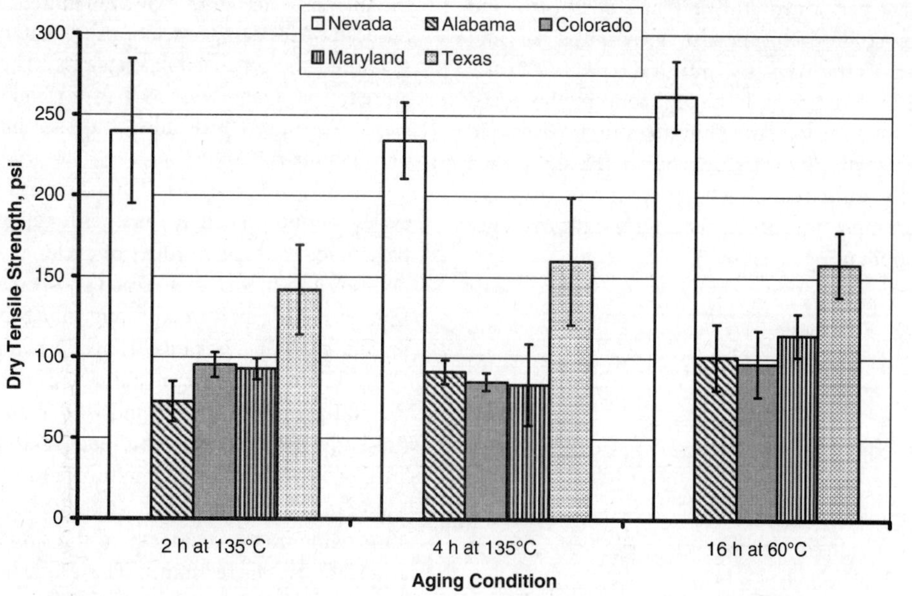

Figure 40. Comparison of tensile strengths for loose mix aging conditions (23).

Table 33. Design properties for fatigue study mixtures.

Mix Number		4	6
Design Gyrations		75	100
Aggregate Water Absorption, %		1.6	1.3
RAP		No	No
NMAS		9.5 mm	9.5 mm
Aggregate Sources	Coarse	PA Gravel	VA Diabase
	Fine	PA Limestone PA Gravel	VA Diabase Natural Sand
	RAP	None	None
Gradation	Sieve Size, mm		
	12.5	100	100
	9.5	98	98
	4.75	63	53
	2.36	44	40
	1.18	32	31
	0.6	22	22
	0.3	12	12
	0.15	5	7
	0.075	3.0	4.8
Aggregate Properties	FAA	43.5	48.3
	CAA	98/95	100/100
	Flat & Elongated	7.4	7.6
	Sand Equivalent	80.2	76.7
Binder Content, wt %		6.3	5.7
Effective Binder Content, wt %		5.3	4.7
Air Voids, vol %		4.3	3.7
Voids in Mineral Aggregate, vol %		16.3	15.1
Effective Binder Content, vol %		12.0	11.4
Voids Filled With Asphalt, %		73.6	75.5
Dust to Effective Asphalt Ratio		0.6	1.0

approach, cyclic direct tension fatigue tests are performed at two strain levels and temperatures. For this study, the cyclic fatigue tests were performed at 39.2°F and 68°F (4°C and 20°C) using a low strain level of approximately 150 μstrain, and a high strain level of approximately 250 μstrain (peak-to-peak). The resulting data were analyzed using the concept of reduced cycles (*26*). In this approach, the damage ratio, *C* (damaged modulus divided by the linear viscoelastic modulus), for each specimen tested is plotted as a function of reduced cycles, N_R, at the reference temperature of 39.2°F (4°C) and the reference strain of 200 μstrain using Equation 5.

$$N_R = N_{R\text{-ini}} + N\left(\frac{f_0}{f}\right)\left(\frac{|E^*|_{LVE}}{|E^*|_{LVE/0}}\right)^{2\alpha}\left(\frac{\varepsilon}{\varepsilon_0}\right)^{2\alpha}\left[\frac{1}{a(T/T_0)}\right] \tag{5}$$

where

N_R = reduced cycles;
$N_{R\text{-ini}}$ = initial value of reduced cycles, prior to the selected loading period;
N = actual loading cycles;
f_0 = reference frequency;
f = actual test frequency;
$|E^*|_{LVE}$ = initial (linear viscoelastic or LVE) dynamic modulus under given conditions;
$|E^*|_{LVE/0}$ = reference initial (LVE) dynamic modulus (the LVE modulus at 4°C was used);
α = continuum damage material constant;
ε = applied strain level;
ε_0 = reference effective strain level (0.0002 suggested); and
$a(T/T_0)$ = shift factor at test temperature T relative to reference temperature T_0.

The values of the continuum damage material constant, α, and the shift factor, $a(T/T_0)$, are then varied until the C versus N_R plots for the tests at different temperatures and strain levels converge into a single continuous function. Experience has shown that the damage ratio, *C*, follows the following function of N_R:

$$C = \frac{1}{1+(N_R/K_1)^{K_2}} \tag{6}$$

where

C = damage ratio,
K_1 = cycles to 50% damage at the reference effective strain, and
K_2 = a model constant.

The values of α, $a(T/T_0)$, K_1, and K_2 are best determined using numerical optimization. Figure 41 presents typical results of the analysis. This figure shows the shifted fatigue test data, the reduced cycles damage relationship, and comparisons of the measured and predicted damage ratio. The reference temperature for the analysis was 39°F (4°C), and the reference strain was 200 μstrain. The detailed analysis is included Section E10 of Appendix E.

Table 34 summarizes the parameters from the reduced cycles continuum damage analysis for all of the mixtures. The parameter K_1 is the number of cycles at the reference temperature and strain level to reach a 50-percent reduction in the modulus of the mixture, the fatigue half-life. The WMA mixture fatigue half-lives range from approximately 70 percent to 170 percent of the fatigue half-life of the control HMA for the 100-gyration mixture and 70 percent to 92 percent for the 75-gyration mixture. This indicates that the fatigue resistance of WMA and HMA mixtures produced from the same aggregates and binders are essentially the same. Figures 42 and 43 provide further evidence of the similarity of the WMA and HMA fatigue resistance. These figures compare the fitted reduced cycles damage curves for the 100- and 75-gyration mixtures, respectively. The reduced cycles damage curves are very similar for the WMA processes and the HMA controls, providing further evidence that the fatigue performance of WMA and HMA mixtures produced from the same aggregates and binders will essentially be the same.

3.4 Draft AASHTO Standards

Table 35 summarizes the major findings of the studies conducted during NCHRP Project 09-43 and the final disposition of each finding in the draft AASHTO standards that are the primary products of NCHRP Project 09-43. Perhaps the most important finding from the laboratory studies was that the volumetric design of WMA mixtures does not differ substantially from that of HMA. Therefore, a separate mixture design procedure for WMA is not needed. The mixture design portion of the revised preliminary procedure was reformatted to be in the form of an appendix to AASHTO R 35 highlighting special mixture design considerations and procedures for addressing WMA during mixture design. This document is included as Appendix A of this report. Appendix B is a commentary that provides supporting information for use in adoption and future revision of the mix design considerations and methods for WMA. Training materials for introducing the recommended WMA methods are included in Appendix C. The mixture analysis portion of the procedure was reformatted to be a standard practice for measuring properties of WMA for performance analysis using the MEPDG (*1*). This document is

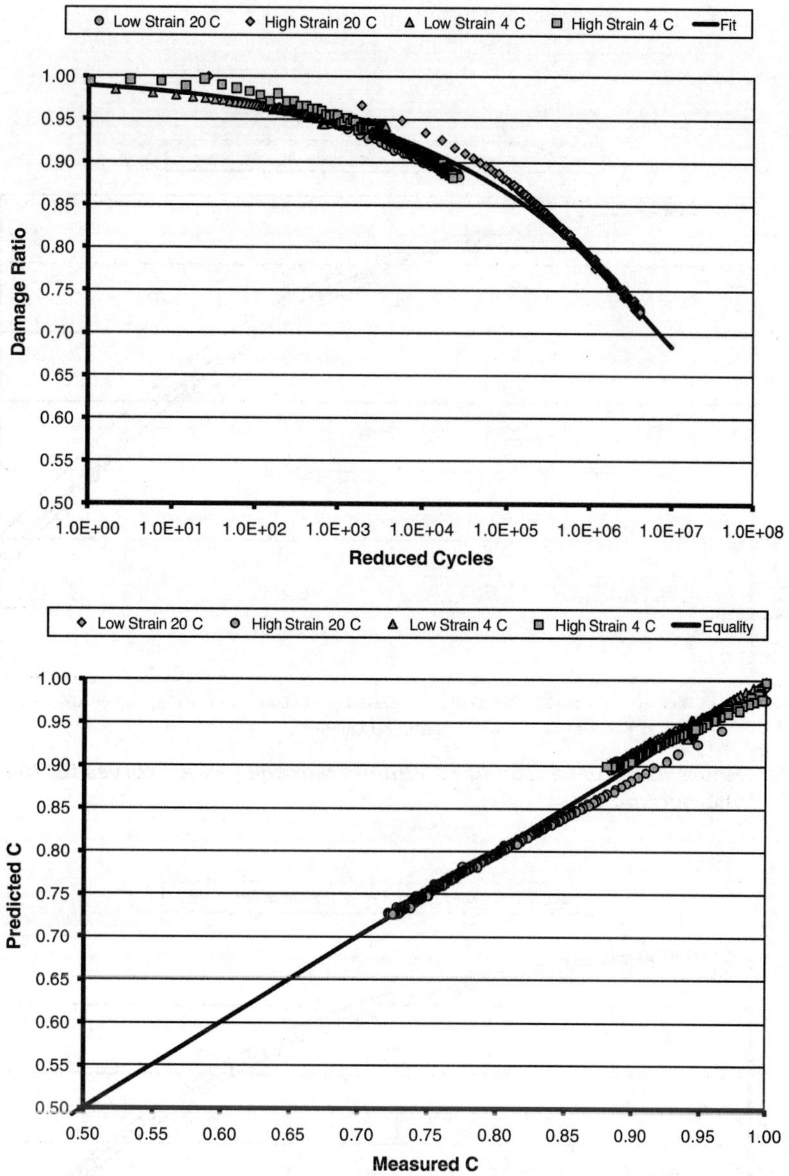

Figure 41. Continuum damage analysis for 100-gyration Advera WMA.

Table 34. Summary of continuum damage fatigue parameters.

Process	Mixture Gyration Level	Reference Temperature	Reference Modulus (ksi)	α	Continuum Damage Shift Factor	Fatigue Half-Life K_1 (10^7)	K_2
Control	100	39	2,155	3.5	2,098	6.07E+07	0.23
Advera	100	39	2,000	2.5	3,137	1.03E+08	0.25
Evotherm	100	39	1,941	3.1	4,370	5.95E+07	0.25
Sasobit	100	39	2,135	3.6	3,731	4.41E+07	0.25
Control	75	39	774	2.8	2,183	3.06E+08	0.21
Advera	75	39	773	2.0	5,000	2.75E+08	0.23
Evotherm	75	39	1,697	3.6	5,183	2.21E+08	0.21
Sasobit	75	39	1,667	3.8	3,573	2.83E+08	0.21

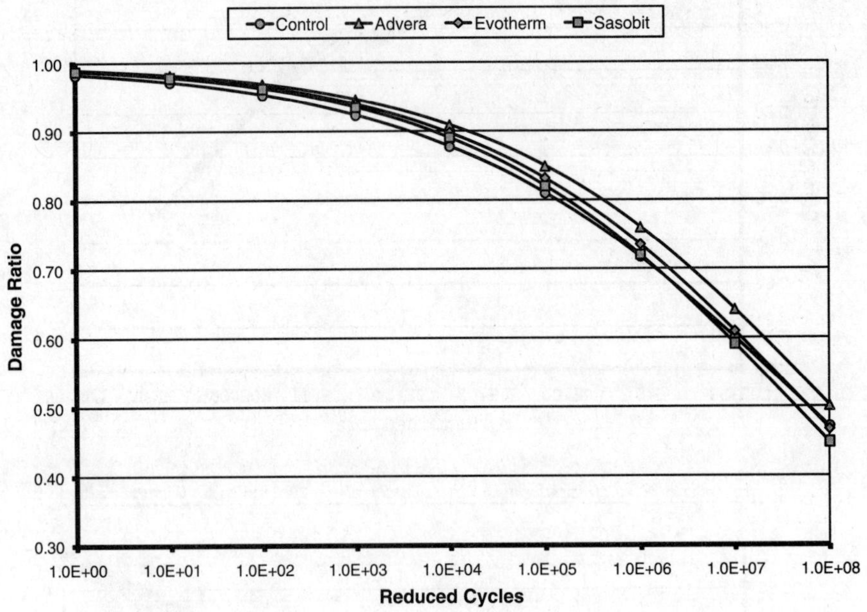

Figure 42. Comparison of continuum damage fatigue curves for the 100-gyration mix.

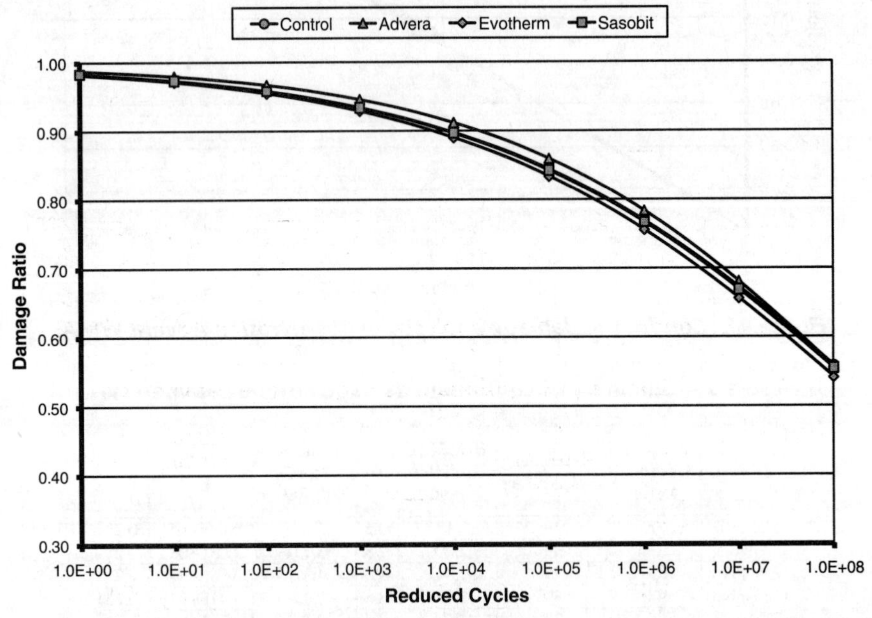

Figure 43. Comparison of continuum damage fatigue curves for the 75-gyration mix.

Table 35. Major findings of NCHRP Project 09-43 studies.

Topic	Major Finding	Disposition
Sample Reheating	Sample reheating has a similar effect on WMA and HMA. It further stiffens the binder of the mixture.	Not included directly in the products of NCHRP 09-43. Considered during analysis of comparisons of field and laboratory data.
High-Temperature Binder Grade Selection	The RTFOT study showed a major effect of temperature on high-temperature binder grade. This finding was not confirmed by the recovered binder testing from the field validation mixtures except for the LEA process where the mixture temperature is approximately 100°F (56°C) lower than typical HMA production temperatures.	Draft Appendix to AASHTO R 35 does not include a recommendation for high-temperature binder grade bumping. A note is included that high-temperature grade bumping may be needed if the mixture rutting resistance is inadequate and cannot be improved through reductions in VMA or increase in the filler content of the mixture.
Low-Temperature Binder Grade Selection	Both the RTFOT study and the recovered binder testing from the field validation mixtures showed a minor improvement in low-temperature grade for WMA compared to HMA.	Draft Appendix to AASHTO R 35 does not include recommendations for changes in low-temperature binder grade selection. Low- and intermediate-temperature binder grade improvements may be considered for RAP blending chart analysis. A table of recommended improvements as a function of production temperature was included.
Short-Term Conditioning	Short-term conditioning of 2 h at the planned field compaction temperature reasonably reproduces the binder absorption and stiffening that occurs during WMA production.	The Draft Appendix to AASHTO R 35 recommends 2 h of conditioning at the planned field compaction temperature for volumetric design, moisture sensitivity testing, and flow number testing. The draft standard practice for measuring properties of WMA for performance analysis using the MEPDG recommends 2 h of conditioning at the planned field compaction temperature for dynamic modulus testing for structural design.
RAP	RAP and new binders do mix at WMA process temperatures when conditioned 2 h at the compaction temperature.	The Draft Appendix to AASHTO R 35 recommends limiting the high-temperature grade of the recovered RAP binder to the planned field compaction temperature of the WMA to ensure adequate mixing of the RAP and new binders. The optimum binder content of WMA mixtures incorporating RAP should be determined using the proposed RAP source, and the total binder content of the mixture is the sum of the binder content of the RAP and new binder added.
Specimen-Fabrication Procedures	All of the WMA process, including plant foaming processes, could be reasonably reproduced in the laboratory for mixture design and performance evaluation.	The Draft Appendix to AASHTO R 35 includes process-specific specimen-fabrication procedures for the major categories of WMA processes.
Coating	The type of mixer used to prepare laboratory mixtures of WMA significantly affects the coating of coarse aggregate particles.	The Draft Appendix to AASHTO R 35 includes a note that the mixing times included in the appendix were developed using a mechanical planetary mixer with a wire whip. Mixing time for bucket mixers should be determined by preparing HMA mixtures using the viscosity-based mixing temperature from AASHTO T 312, and evaluating coating.
Workability	Devices that measure the torque during mixing or the force to move a blade though loose mix could not detect differences between HMA and WMA mixtures at normal WMA production temperatures. Differences could be detected at lower temperatures associated with compaction.	The Draft Appendix to AASHTO R 35 does not include an evaluation of workability.
Compactability	A primary benefit of WMA is improved compactability at lower temperatures. The change in the gyrations to reach 92-percent relative density when the compaction temperature was reduced 54°F (30°C) provides a simple procedure to evaluate the compactability of WMA.	The Draft Appendix to AASHTO R 35 includes evaluating the compactability of WMA mixtures by determining the number of gyrations to 92-percent relative density at the planned field compaction temperature and 54°F (30°C) below the planned field compaction temperature. A maximum increase in gyrations of 25 percent when the compaction temperature is reduced is recommended.

(continued on next page)

Table 35. (Continued).

Topic	Major Finding	Disposition
Volumetric Properties	For mixtures with 1.0-percent binder absorption or less, the volumetric properties of properly designed WMA and HMA mixtures using the same aggregates and binders are very similar.	The Draft Appendix to AASHTO R 35 states that volumetric properties of WMA for mixtures with 1.0 percent or less binder absorption will be the same as those for HMA. Evaluation of compactability, moisture sensitivity, and rutting resistance at the optimum binder content should be conducted using the WMA procedures.
Moisture Sensitivity	Moisture sensitivity, as measured by AASHTO T 283, will likely be different for WMA compared to HMA. Some WMA processes improve the resistance to moisture damage because they include anti-strip additives. Anti-strip dosage rates may be different for WMA compared to HMA.	The Draft Appendix to AASHTO R 35 recommends that moisture sensitivity be evaluated and that appropriate anti-strip additives be used if needed.
Rutting Resistance	The rutting resistance of all WMA processes except Sasobit, as measured by the flow number test on mixtures conditioned for 2 h at the planned field compaction temperature, is lower compared to HMA. Current criteria for the flow number test are based on mixtures that have been short-term conditioned for 4 h at 275°F (135°C). This conditioning represents the aging that occurs during construction as well as some time in service. A two-step conditioning process that includes 2 h at the compaction temperature followed by further loose mix aging at a representative service temperature appears feasible.	The Draft Appendix to AASHTO R 35 recommends performing flow number tests on laboratory-prepared mixtures that have been conditioned 2 h at the planned field compaction temperature to simulate the effect of construction. The flow number criteria included in the Draft Appendix to AASHTO R 35 were adjusted to be 56 percent of the values recommended in NCHRP Project 09-33. This adjustment was made to account for the fact that the standard aging of 4 h at 275°F (135°C) used with HMA accounts for the stiffening that occurs during construction as well as some time in service.
Fatigue Resistance	The fatigue resistance of WMA and HMA are similar for mixtures made from the same asphalt binders and aggregates and having the same volumetric properties.	The draft standard practice for measuring properties of WMA for performance analysis using the MEPDG does not include a fatigue test since the calibrated fatigue relationship in the MEPDG should also apply to WMA mixtures.

included as Appendix D of this report. The sections that follow describe the two draft AASHTO standards.

3.4.1 Draft Appendix to AASHTO R 35: Special Mixture Design Considerations and Methods for Warm Mix Asphalt (WMA)

One of the major findings of the mixture design study conducted in Phase II of NCHRP Project 09-43 was that the volumetric properties of HMA and WMA mixtures having 1 percent or less binder absorption were very similar. It is, therefore, not necessary to have a separate design procedure for WMA because the major differences in the way WMA and HMA mixtures are designed are the specimen-fabrication procedures and the evaluation of coating and compactability. These differences can easily be included in AASHTO R 35 by adding an appendix addressing special considerations and procedures for design of WMA mixtures. The draft appendix titled, *Special Mixture Design Considerations and Methods for Warm Mix Asphalt (WMA)*, addresses the following:

1. **WMA Process Selection.** The draft appendix includes a limited discussion of items to be considered when selecting one of the 20 or so WMA processes currently available. It advises that WMA process selection be done in consultation with the specifying agency and technical assistance personnel from WMA process suppliers. This section alerts users that when selecting a WMA process, consideration should be given to a number of factors, including (1) available performance data, (2) the cost of any warm mix additives, (3) planned mixing and compaction temperatures, (4) planned production rates, (5) plant capabilities, and (6) modifications required to successfully use the WMA process with available field and laboratory equipment.

2. **Binder Grade Selection.** The draft appendix explains to users that it is not necessary to change the grade of the binder in WMA from that normally used in HMA. If a mixture does not have adequate rutting resistance and volumetric properties and gradation cannot be altered, then the high-temperature grade of the binder may be increased to provide acceptable rutting performance.
3. **RAP in WMA.** The draft appendix explains that designing WMA mixtures with RAP is essentially the same as designing HMA mixtures with RAP. The only additional requirement for WMA is that the high temperature of the "as recovered" RAP binder should be less than the planned field compaction temperature of the WMA mixture in order to ensure adequate mixing of the RAP and new binders. A table for low-temperature grade improvement of the virgin binder for RAP blending chart analysis is provided.
4. **Process-Specific Specimen-Fabrication Procedures.** The draft appendix includes process-specific specimen-fabrication procedures for several common WMA processes that were used in NCHRP Project 09-43, including (1) WMA additives added to the binder, (2) WMA additives added to the mixture during production, (3) WMA produced using wet aggregate, and (4) plant foaming.
5. **Evaluation of Coating and Compactability.** The draft appendix describes the procedures for evaluating coating and compactability of WMA mixtures. Both of these evaluations are made on the mixture at the design binder content. Coating is evaluated at the planned production temperature using AASHTO T 195. Compactability is evaluated using the gyrations to 92-percent relative density at the planned field compaction temperature and 54°F (30°C) below the planned field compaction temperature.
6. **Evaluation of Rutting Resistance.** The draft appendix explains how to use the flow number test, AASHTO TP 79, to evaluate the rutting resistance of WMA. Recommended criteria as a function of traffic level are provided. These criteria are 56 percent of the values recommended in NCHRP Project 09-33 for HMA. This adjustment was made to account for the fact that the standard conditioning of 4 h at 275°F (135°C) used with HMA accounts for the binder stiffening that occurs during construction as well as some time in service while the standard conditioning of 2 h at the planned field compaction temperature for WMA only addresses the stiffening that occurs during construction.
7. **Adjusting the Mixture to Meet Specification Requirements.** The draft appendix expands this section of AASHTO R 35 to address the following: (1) coating, (2) compactability, (3) moisture sensitivity, and (4) rutting resistance.

3.4.2 Proposed Standard Practice for Measuring Properties of WMA for Performance Analysis Using the Mechanistic-Empirical Pavement Design Guide Software

The evaluation of the performance characteristics of WMA should not differ from the evaluation of the performance characteristics of HMA. NCHRP Project 09-33 included an evaluation of various performance tests and concluded that only moisture sensitivity and rutting resistance need to be evaluated as part of the mixture design process; fatigue and thermal cracking can be effectively controlled by controlling the effective binder content of the mixture and the low-temperature binder grade, respectively (*6*). The WMA mixture design process discussed above includes testing to evaluate moisture sensitivity and rutting resistance.

Predicted rutting and cracking from the MEPDG can be used to evaluate the performance of HMA and WMA mixtures in specific pavement structures (*1*). In addition to in-place volumetric properties for the mixtures, the following engineering properties are needed for a Level 1 analysis using the MEPDG (*1*):

- Dynamic modulus master curve,
- Low-temperature creep compliance, and
- Low-temperature strength.

The dynamic modulus master curve is used in the stress-strain calculations as well as the rutting and fatigue-cracking models. The low-temperature creep compliance and strength properties are used in the thermal-cracking model. These models were field calibrated as part of the MEPDG development (*1*). The permanent deformation and fatigue tests on WMA conducted during NCHRP Project 09-43 indicate that permanent deformation and fatigue characteristics of WMA mixtures are similar to HMA mixtures; therefore, the calibrated MEPDG models should provide a reasonable estimate of the expected performance of pavements constructed with WMA mixtures.

The mixture analysis portion of the revised preliminary mixture design and analysis procedure was reformatted to be a standard practice for measuring properties of WMA for performance analysis using the MEPDG (*1*). The draft standard practice describes how to prepare WMA performance test specimens and conduct dynamic modulus and low-temperature creep compliance and strength tests to obtain material properties for analysis using the MEPDG. This proposed standard practice is presented in Appendix D of this report.

CHAPTER 4

Conclusions and Recommendations

4.1 Conclusions

The objective of NCHRP Project 09-43 was to develop mixture design and analysis procedures that can be used with the wide range of WMA processes that are currently available or are likely to become available in the future. The research conducted under NCHRP Project 09-43 included the following:

1. Development of a preliminary procedure based on a review of the literature and research in progress.
2. A first phase of testing and analysis to investigate critical aspects of the preliminary procedure, including (1) the effect of sample reheating, (2) binder grade selection, (3) mixing of RAP and new binders at WMA process temperatures, (4) appropriate short-term oven conditioning for WMA, and (5) evaluation of devices to measure workability.
3. Revisions to the preliminary procedure based on the findings of the first phase of testing and analysis.
4. A second phase of testing and analysis to evaluate the revised preliminary procedure. This phase included (1) a mix design study to test the engineering reasonableness, sensitivity, and practicality of the revised preliminary procedure; (2) a field validation study that used properties of laboratory- and field-produced WMA to validate the procedure; and (3) a fatigue study to investigate whether lower WMA temperatures improve mixture fatigue properties.
5. Final revision of the preliminary procedure based on the findings of the second phase of testing and analysis.

The primary products of NCHRP Project 09-43 are (1) a draft appendix to AASHTO R 35 titled Special Mixture Design Considerations and Methods for Warm Mix Asphalt (WMA) and (2) a draft standard practice titled Standard Practice for Measuring Properties of Warm Mix Asphalt (WMA) for Performance Analysis Using the Mechanistic-Empirical Pavement Design Guide Software. Training materials and a commentary for the draft appendix to AASHTO R 35 were developed to aid in implementing the research conducted in NCHRP Project 09-43.

The draft appendix to AASHTO R 35 addresses the most widely used WMA processes, including (1) additives that are added to the binder, (2) additives that are added to the mixture during production, (3) wet aggregate mixtures, and (4) plant foaming systems. The following unique aspects of WMA mixture design are addressed by the draft appendix to AASHTO R 35:

- Process-specific specimen-fabrication procedures,
- An evaluation of coating at the planned production temperature,
- An evaluation of compactability at the planned field compaction temperature and lower using the Superpave gyratory compactor, and
- A check on rutting resistance using the flow number test.

The standard practice for measuring performance properties for WMA describes how to prepare WMA performance test specimens and conduct dynamic modulus and low-temperature creep compliance and strength tests to obtain material properties for analysis using the MEPDG (*1*). The sections that follow describe specific conclusions from the research completed in NCHRP Project 09-43.

4.1.1 Volumetric Properties

A major conclusion drawn from the research conducted under NCHRP Project 09-43 was that the volumetric properties of properly designed WMA and HMA mixtures are very similar. For HMA mixtures with 1.0-percent binder absorption or less, the volumetric properties of WMA designed with the procedures developed in NCHRP Project 09-43 were essentially the same as those obtained from an HMA design. This conclusion supports the current practice of substituting a WMA process into an approved HMA mixture design.

However, the compactability, moisture sensitivity, and rutting resistance of the WMA may be significantly different than those of the HMA. Each of these is evaluated directly in the recommended WMA mixture design method.

4.1.2 Binder Grade Selection

The same grade of binder should be used in WMA and HMA mixtures designed for the same project location. Although the RTFOT experiment that was conducted in Phase I of NCHRP Project 09-43 showed a significant effect of temperature on the high-temperature grade of the binder, recovered binder test data from projects sampled and tested in Phase II of the project indicated that only extremely low production temperatures resulted in a significant decrease in the stiffness of the recovered binder from the mixture. WMA production temperature showed a minor improvement in the low-temperature grade of binders in both the RTFOT experiment and the recovered binder testing. The draft appendix to AASHTO R 35, therefore, recommends that the same grade of binder be used in both WMA and HMA mixtures. High-temperature grade bumping may be necessary for WMA processes with extremely low production temperatures to meet the flow number rutting resistance requirements included in the draft appendix.

4.1.3 RAP in WMA

RAP and new binders do mix at WMA process temperatures provided the mixture is held at elevated temperatures for a sufficient length of time. Because the mixing is time dependent, it appears that the new binder added to the mixture coats the virgin aggregate and RAP; then, during storage at elevated temperature, the two binders continue to mix. In the laboratory mixing studies that were conducted, 2 h of conditioning at the compaction temperature resulted in substantial mixing of RAP and new binders when the compaction temperature exceeded the high-temperature grade of the "as recovered" RAP binder. To ensure good mixing of RAP and new binders, the draft appendix to AASHTO R 35 recommends that the planned field compaction temperature for WMA exceed the high-temperature grade of the "as recovered" RAP binder.

4.1.4 Short-Term Oven Conditioning

Short-term oven conditioning is included in mixture design to simulate the absorption and aging of the binder that occurs during construction. For WMA, it is appropriate to use 2 h of oven conditioning at the planned field compaction temperature, the same short-term conditioning that is used for design of HMA mixtures. The degree of binder aging that occurs, however, is less than that obtained using the AASHTO R 30 conditioning for performance testing—4 h at 275°F (135°C).

4.1.5 Coating, Workability, and Compactability

For the wide range of WMA processes available, viscosity-based mixing and compaction temperatures cannot be used to control coating, workability, and compactability. The draft appendix to AASHTO R 35 uses direct measures of coating and compactability on laboratory-prepared mixtures. The degree of coating obtained in the laboratory depends on the type of mixer that is used. The mixing times included in the draft appendix to AASHTO R 35 were developed using a planetary mixer with a wire whip. If bucket mixers are used, appropriate WMA mixing times should be established by evaluating the coating of HMA mixtures prepared for various mixing times at the appropriate viscosity-based mixing temperature specified in Section 8.2.1 of AASHTO T 312.

Several workability devices were evaluated under NCHRP Project 09-43. These devices, which measure the torque or force required to move an auger or blade through the mixture, were able to measure differences between HMA and WMA mixtures, but only when temperatures dropped to the compaction range of WMA. At these temperatures, differences in air voids also were evident in gyratory-compacted specimens. The draft appendix to AASHTO R 35 uses the change in the number of gyrations to 92-percent relative density when the compaction temperature is decreased 54°F (30°C) to characterize the compaction temperature sensitivity of the WMA processes. Increases that exceed 25 percent indicate that the WMA is more temperature sensitive than HMA. This measure of compactability is sensitive to the compaction temperature, the WMA process, and the presence of RAP in the mixture. The combination of RAP and low WMA production and compaction temperatures may lead to WMA mixtures that are more sensitive to changes in temperature than similar HMA mixtures.

4.1.6 Moisture Sensitivity

Moisture sensitivity as measured by AASHTO T 283 will likely be different for WMA and HMA mixtures designed using the same aggregates and binder. WMA processes that included anti-strip additives improved the tensile strength ratio of some of the mixtures included in the NCHRP Project 09-43 testing and analysis. Of the nine WMA mixtures that used a WMA process that included an anti-strip additive, the tensile strength ratio remained the same or improved in 67 percent of the mixtures. For WMA mixtures produced using processes that did not include anti-strip additives, the tensile strength ratio never improved and decreased in 79 percent of the mixtures. The draft appendix to AASHTO R 35 includes evaluation of moisture sensitivity using AASHTO T 283.

4.1.7 Rutting Resistance

The draft appendix to AASHTO R 35 includes an evaluation of the rutting resistance of WMA using the flow number test. The test is conducted on specimens that have been short-term conditioned for 2 h at the planned field compaction temperature to simulate the binder absorption and stiffening that occurs during construction. Because lower short-term conditioning temperatures are used for WMA mixtures than are used for HMA mixtures, binder aging in WMA mixtures is less, resulting in lower flow numbers for WMA mixtures produced with the same aggregates and binder. Current criteria for the flow number and other rutting tests for HMA are based on 4 h of short-term conditioning at 275°F (135°C). The short-term conditioning study completed in NCHRP Project 09-43 shows that this level of conditioning represents the stiffening that occurs during construction as well as some time in service. Since it is inappropriate to condition WMA mixtures at temperatures exceeding their production temperature, the criteria for evaluating the rutting resistance of WMA mixtures were changed from those currently recommended for WMA (conditioned for 4 h at 275°F [135°C]). Based on an analysis of data from NCHRP Project 09-13, it appears feasible that WMA can reach approximately the same level of binder stiffening that occurs in 4 h at 275°F (135°C) by using a two-step aging process: (1) 2 h of conditioning at the compaction temperature to simulate construction effects and (2) extended loose mix conditioning at a representative high in-service pavement temperature to represent early in-service aging. The duration of the extended conditioning will likely be less than 16 h.

4.1.8 Performance Evaluation

The research completed under NCHRP Project 09-43 has shown that for the same aggregates and binders, WMA mixtures designed in accordance with the draft appendix to AASHTO R 35 will have similar properties to HMA mixtures. Volumetric properties will essentially be the same, but the stiffness of the WMA mixture will probably be lower for as-constructed conditions. Since the differences between HMA and WMA are relatively small, an analysis of the performance of pavements constructed with WMA can be made using the MEPDG and appropriate material properties (*1*). A draft standard practice for fabricating WMA test specimens and performing dynamic modulus master curves and low-temperature creep compliance and strength testing was developed to aid in the performance analysis of WMA using the MEPDG.

4.2 Recommendations

The research conducted under NCHRP Project 09-43 has shown that only minor changes to current mixture design practice are needed to design WMA mixtures. Although volumetric properties for HMA and WMA will be similar when binder absorption is 1.0 percent or less, the compactability, moisture sensitivity, and rutting resistance of WMA mixtures will likely be different than HMA mixtures designed with the same aggregates and binders. Therefore, it is recommended that the procedures for WMA mixture design developed under NCHRP Project 09-43 be used when designing WMA mixtures. For the mixtures studied under NCHRP Project 09-43, compactability was sensitive to the WMA process and temperature, particularly for mixtures incorporating RAP. The combination of low WMA temperatures and RAP yielded mixtures with compactability that was more temperature sensitive than HMA mixtures. Moisture sensitivity as measured by AASHTO T 283 will likely be lower for WMA mixtures than HMA mixtures unless the WMA process includes an anti-strip additive. Finally, very low WMA temperatures may lead to mixtures with inadequate rutting resistance. All of these issues can be evaluated using the methods included in the draft appendix to AASHTO R 35.

To aid in the implementation of this recommendation, a draft appendix to AASHTO R 35 titled *Special Mixture Design Considerations and Methods for Warm Mix Asphalt (WMA)*, was developed to address differences between the design of WMA and HMA. This appendix covers the following:

- WMA Process Selection,
- Binder Grade Selection,
- RAP in WMA,
- Process-Specific Specimen-Fabrication Procedures,
- Evaluation of Coating,
- Evaluation of Compactability,
- Evaluation of Moisture Sensitivity,
- Evaluation of Rutting Resistance, and
- Adjusting the Mixture to Meet Specification Requirements.

The draft appendix should be used on a trial basis by agencies and producers to provide additional data to further refine the WMA mixture design methods and criteria before being considered for adoption. Elements that would benefit from additional evaluation and possible refinement include the process-specific specimen-fabrication procedures and the criteria for coating, compactability, and rutting resistance. Additionally, agencies and producers should encourage the manufacturers of plant foaming equipment to develop laboratory foaming equipment that can be used to design foamed asphalt WMA mixtures in the laboratory. The laboratory foaming equipment that was used in NCHRP Project 09-43 was designed for preparing laboratory samples of foamed stabilized bases, not WMA. Although it is feasible to design WMA mixtures for plant foaming processes using this equipment, devices specifically designed to replicate the WMA foaming process and produce the smaller quantities of foamed asphalt used in mix design batches without extensive cleaning are needed to make the design process efficient.

At the time that NCHRP Project 09-43 was completed, three additional projects on WMA were initiated by NCHRP: (1) NCHRP 09-47A, "Engineering Properties, Emissions, and Field Performance of Warm Mix Asphalt Technologies," (2) NCHRP 09-49, "Performance of WMA Technologies: Stage I—Moisture Susceptibility," and (3) NCHRP Project 09-49A, "Performance of WMA Technologies: Stage II—Long-Term Field Performance." NCHRP Projects 09-47A and 09-49A will include an evaluation of the field performance of WMA mixtures, and NCHRP Project 09-49 will address the moisture susceptibility of WMA in detail. The findings of NCHRP Project 09-43 support the need for these studies addressing field performance and moisture sensitivity.

There are, however, two elements of the WMA mixture design process that require additional research that is not currently planned. First, mixing procedures for laboratory mixtures have not been standardized. For design of HMA, mixing can be done manually or with a mechanical mixer. Two types of mechanical mixers are available: planetary mixers and bucket mixers. To use coating of laboratory mixtures as a design criterion, a mechanical mixer must be used, and the mixing process must be standardized. Coating evaluations performed during NCHRP Project 09-43 indicate that there is a significant difference in the efficiency of planetary and bucket mixers. The mixing times included in the draft appendix to AASHTO R 35 are based on a planetary mixer with a wire whip. Since bucket mixers are probably more readily available in most production mix design laboratories, additional mixing studies should be conducted to establish mixing times for WMA specimen fabrication for bucket mixers. The draft appendix to AASHTO R 35 should then be modified to include mixing times for bucket mixers.

The second element of WMA mix design that requires additional research is the development of a short-term conditioning procedure that is applicable to both WMA and HMA for the specimens used to evaluate moisture sensitivity and rutting resistance. Research completed under NCHRP Project 09-43 concluded that 2 h of oven conditioning at the field compaction temperature reasonably reproduces the binder absorption and stiffening that occurs during construction for both WMA and HMA mixtures. WMA mixtures that are conditioned 2 h at the field compaction temperature have binder that is less stiff than similarly conditioned HMA mixtures because of the lower conditioning temperature. Current criteria for evaluating moisture sensitivity and rutting resistance are based on mixtures that have been aged to a greater degree. The conditioning originally specified in AASHTO T 283 for moisture sensitivity testing was 16 h at 140°F (60°C). Additionally, most rutting criteria are based on 4 h of conditioning at 275°F (135°C). Under NCHRP Project 09-13, mixtures were conditioned for 2 h at 275°F (135°C), 4 h at 275°F (135°C), and 16 h at 140°F (60°C). From analysis of this data, the NCHRP Project 09-43 research team concluded that 16 h at 140°F (60°C) resulted in somewhat more aging than 4 h at 275°F (135°C). The difference in aging between 2 h and 4 h at 275°F (135°C) was not statistically significant. To simulate both WMA and HMA, a two-step conditioning process should be considered for specimens used to evaluate moisture sensitivity and rutting resistance. In the first step, the mixture would be conditioned for 2 h at the field compaction temperature to simulate the binder absorption and stiffening that occurs during construction. In the second step, the mixture would be further conditioned for an extended time at a representative high in-service pavement temperature to simulate a short period of time in service. Only specimens used to evaluate moisture sensitivity and rutting resistance would receive the second conditioning step. Volumetric design would be based only on the first step. The temperature and duration of the extended conditioning would be selected based on temperatures from LTPPBind and typical laboratory working hours. Most likely, the second step would require conditioning specimens overnight. The extended conditioning temperature and time would be selected so that HMA conditioned using the two-step process would have a similar stiffness to HMA conditioned for 4 h at 275°F (135°C).

APPENDIX A

Draft Appendix to AASHTO R 35: Special Mixture Design Considerations and Methods for Warm Mix Asphalt (WMA)

Draft Appendix to AASHTO R 35

Appendix: Special Mixture Design Considerations and Methods for Warm Mix Asphalt (WMA)

1. PURPOSE

1.1. This appendix presents special mixture design considerations and methods for designing warm mix asphalt (WMA) using AASHTO R 35. WMA refers to asphalt concrete mixtures that are produced at temperatures approximately 50 °F (28 °C) or more cooler than typically used in the production of HMA. The goal with WMA is to produce mixtures with similar strength, durability, and performance characteristics as HMA using substantially reduced production temperatures.

1.2. The methods in this appendix are applicable to a wide range of WMA processes including:

- WMA additives that are added to the asphalt binder,
- WMA additives that are added to the mixture during production,
- Wet aggregate mixtures, and
- Plant foaming processes.

1.3. The information in this appendix supplements the standard procedures contained in AASHTO R 35. This appendix assumes the user is proficient with the standard procedures contained in AASHTO R 35.

2. SUMMARY

2.1. This appendix includes separate sections addressing the following aspects of WMA mixture design:

- Equipment for Designing WMA,
- WMA Process Selection,
- Binder Grade Selection,
- RAP in WMA,
- Process Specific Specimen Fabrication Procedures,
- Evaluation of Coating
- Evaluation of Compactability,
- Evaluation of Moisture Sensitivity,
- Evaluation of Rutting Resistance, and
- Adjusting the Mixture to Meet Specification Requirements.

2.2. In each section, reference is made to the applicable section of AASHTO R 35.

3. ADDITIONAL LABORATORY EQUIPMENT

3.1. All WMA Processes:

3.1.1. **Mechanical mixer**. A planetary mixer with wire whip having a capacity of 20 qt. or a 5 gal. bucket mixer.

Note 1 – The mixing times in this appendix were developed using a planetary mixer with wire whip, Blakeslee Model B-20 or equivalent. Appropriate mixing times for bucket mixers should be established by evaluating coating of HMA mixtures prepared at the viscosity based mixing temperatures specified in Section 8.2.1 of AASHTO T 312.

3.2. Binder Additive WMA Processes:

3.2.1. **Low shear mechanical stirrer.** A low shear mechanical stirrer with appropriate impeller to homogeneously blend the additive in the binder.

3.3. Plant Foaming Processes:

3.3.1. **Laboratory foamed asphalt plant.** A laboratory scale foamed asphalt plant capable of producing consistent foamed asphalt at the water content used in field production. The device should be capable of producing foamed asphalt for laboratory batches ranging from approximately 10 to 20 kg.

4. WMA PROCESS SELECTION

4.1. There are over 20 WMA processes being marketed in the United States. Select the WMA process that will be used in consultation with the specifying agency and technical assistance personnel from the WMA technology providers. Consideration should be given to a number of factors including: (1) available performance data, (2) the cost of the warm mix additives, (3) planned production and compaction temperatures, (4) planned production rates, (5) plant capabilities, and (6) modifications required to successfully use the WMA process with available field and laboratory equipment.

4.2. Determine the planned production and planned field compaction temperatures.

5. BINDER GRADE SELECTION

5.1. Use the same grade of binder normally used with HMA. Select the performance grade of the binder in accordance with Section 5 of AASHTO M 323 considering the environment and traffic at the project site.

Note 2 – For WMA processes having production temperatures that are 100 °F (56 °C) or more lower than HMA production temperatures, it may be necessary to increase the high temperature performance grade of the binder one grade level to meet the rutting resistance requirements included in this appendix.

---

6. RAP IN WMA

6.1. For WMA mixtures incorporating RAP, the planned field compaction temperature shall be greater than the as-recovered high temperature grade of the RAP binder.

Note 3 – This requirement is included to ensure that there is mixing of the new and recycled binders. Laboratory studies showed that new and recycled binders do mix at WMA process temperatures provided this requirement is met and the mixture remains at or above the planned compaction temperature for at least 2 hours. Plant mixing should be verified through an evaluation of volumetric or stiffness properties of plant produced mixtures.

6.2. Select RAP materials in accordance with Section 6 of AASHTO M 323.

6.3. For blending chart analyses, the intermediate and low temperature properties of the virgin binder may be improved using Table 1.

Note 4 – The intermediate and low temperature grade improvements given in Table 1 will allow additional RAP to be used in WMA mixtures when blending chart analyses are used. An approximately 0.6 °C improvement in the low temperature properties will allow approximately 10 percent additional RAP binder to be added to the mixture based on blended binder grade requirements.

Table 1. Recommended Improvement in Virgin Binder Low Temperature Continuous Grade for RAP Blending Chart Analysis for WMA Production Temperatures.

Virgin Binder PG Grade	58-28	58-22	64-22	64-16	67-22
Average HMA Production Temperature, °F	285	285	292	292	300
Rate of Improvement of Virgin Binder Low Temperature Grade per °C Reduction in Plant Temperature	0.035	0.025	0.025	0.012	0.025
WMA Production Temperature, °F	Recommended Improvement in Virgin Binder Low Temperature Continuous Grade for RAP Blending Chart Analysis, °C				
300	NA	NA	NA	NA	0.0
295	NA	NA	NA	NA	0.1
290	NA	NA	0.0	0.0	0.1
285	0.0	0.0	0.1	0.0	0.2
280	0.1	0.1	0.2	0.1	0.3
275	0.2	0.1	0.2	0.1	0.3
270	0.3	0.2	0.3	0.1	0.4
265	0.4	0.3	0.4	0.2	0.5
260	0.5	0.3	0.4	0.2	0.6
255	0.6	0.4	0.5	0.2	0.6
250	0.7	0.5	0.6	0.3	0.7
245	0.8	0.6	0.7	0.3	0.8
240	0.9	0.6	0.7	0.3	0.8
235	1.0	0.7	0.8	0.4	0.9
230	1.1	0.8	0.9	0.4	1.0
225	1.2	0.8	0.9	0.4	1.0
220	1.3	0.9	1.0	0.5	1.1
215	1.4	1.0	1.1	0.5	1.2
210	1.5	1.0	1.1	0.5	1.3

7. PROCESS SPECIFIC SPECIMEN FABRICATION PROCEDURES

7.1. Batching

7.1.1. Determine the number and size of specimens that are required. Table 2 summarizes approximate specimen sizes for WMA mixture design.

Note 5 – The mass of mixture required for the various specimens depends on the specific gravity of the aggregate and the air void content of the specimen. Trial specimens may be required to determine appropriate batch weights for the AASHTO T 283 and flow number testing.

Table 2. Specimen Requirements.

Specimen Type	Gyratory Specimen Size	Approximate Specimen Mass	Number Required
Maximum Specific Gravity	NA	500 to 6,000 g depending on maximum aggregate size	2 per trial blend plus 8 to determine design binder content plus 1 at design binder content for compactability evaluation
Volumetric Design	150 mm diameter by 115 mm high	4,700 g	2 per trial blend plus 8 to determine design binder content
Coating	NA	500 to 6,000 g depending on maximum aggregate size	1 at the design binder content
Compactability	150 mm diameter by 115 mm high	4,700 g	4 at the design binder content
AASHTO T 283	150 mm diameter by 95 mm high	3,800 g	6 at the design binder content
Flow Number	150 mm diameter by 175 mm high	7,000 g	4 at the design binder content

7.1.2. Prepare a batch sheet showing the batch weight of each aggregate fraction, RAP, and the asphalt binder.

7.1.3. Weigh into a pan the weight of each aggregate fraction.

Note 6 – For WMA processes that use wet aggregate, weigh the portion of the aggregate that will be heated into one pan and weigh the portion of the aggregate that will be wetted into a second pan.

7.1.4. Weigh into a separate pan, the weight of RAP.

7.2. **Heating**

7.2.1. Place the aggregate in an oven set at approximately 15 °C higher than the planned production temperature.

Note 7 – The aggregate will require 2 to 4 hours to reach the temperature of the oven. Aggregates may be placed in the oven overnight.

7.2.2. Heat the RAP in the oven with the aggregates, but limit the heating time for the RAP to 2 hours.

7.2.3. Heat the binder to the planned production temperature.

7.2.4. Heat mixing bowls and other tools to the planned production temperature.

7.2.5. Preheat a forced draft oven and necessary pans to the planned field compaction temperature for use in short-term conditioning the mixture.

7.3. **Preparation of WMA Mixtures With WMA Additives Added to the Binder**

Note 8 – If specific mixing and storage instructions are provided by the WMA additive supplier, follow the supplier's instructions.

7.3.1. Adding WMA Additive to Binder

7.3.1.1. Weigh the required amount of the additive into a small container.

Note 9 – The additive is typically specified as a percent by weight of binder. For mixtures containing RAP, determine the weight of additive based on the total binder content of the mixture.

7.3.1.2. Heat the asphalt binder in a covered container in an oven set at 135 °C until the binder is sufficiently fluid to pour. During heating occasionally stir the binder manually to ensure homogeneity.

7.3.1.3. Add the required amount of additive to the binder and stir with a mechanical stirrer until the additive is totally dispersed in the binder.

7.3.1.4. Store the binder with WMA additive at room temperature in a covered container until needed for use in the mixture design.

7.3.2. Preparing WMA Specimens

7.3.2.1. Heat the mixing tools, aggregate, RAP, and binder in accordance with Section 7.2.

7.3.2.2. If a liquid anti-strip is required, add it to the binder per the manufacturer's instructions.

7.3.2.3. Place the hot mixing bowl on a scale and zero the scale.

7.3.2.4. Charge the mixing bowl with the heated aggregates and RAP and dry mix thoroughly.

7.3.2.5. Form a crater in the blended aggregate and weigh the required amount of asphalt binder into the mixture to achieve the desired batch weight.

Note 10 – If the aggregates and RAP have been stored for an extended period of time in a humid environment, then it may be necessary to adjust the weight of binder based on the oven dry weight of the aggregates and RAP as follows:

1. Record the oven dry weight of the aggregates and RAP, w_i
2. Determine the target total weight of the mixture

$$w_t = \frac{w_i}{\left(1 - \frac{P_{b_{new}}}{100}\right)}$$

where:

w_t = target total weight

w_i = oven dry weight from step 1

$P_{b_{new}}$ = percent by weight of total mix of new binder in the mixture

3. Add new binder to the bowl to reach w_t

7.3.2.6. Remove the mixing bowl from the scale and mix with a mechanical mixer for 90 sec.

7.3.2.7. Place the mixture in a flat shallow pan at an even thickness of 25 to 50 mm and place the pan in the forced draft oven at the planned field compaction temperature for 2 hours. Stir the mixture once after the first hour.

7.4. **Preparation of WMA Mixtures With WMA Additive Added to the Mixture**

Note 11 – If specific mixing and storage instructions are provided by the WMA additive supplier follow the supplier's instructions.

7.4.1. Weigh the required amount of the additive into a small container.

Note 12 – The quantity of additive may be specified as a percent by weight of binder or a percent by weight of total mixture.

7.4.2. If a liquid anti-strip is required, add it to the binder per the manufacturer's instructions.

7.4.3. Heat the mixing tools, aggregate, RAP, and binder in accordance with Section 7.2.

7.4.4. Place the hot mixing bowl on a scale and zero the scale.

7.4.5. Charge the mixing bowl with the heated aggregates and RAP and dry mix thoroughly.

7.4.6. Form a crater in the blended aggregate and weigh the required amount of asphalt binder into the mixture to achieve the desired batch weight.

Note 13 – If the aggregates and RAP have been stored for an extended period of time in a humid environment, then it may be necessary to adjust the weight of binder based on the oven dry weight of the aggregates and RAP as follows:

1. Record the oven dry weight of the aggregates and RAP, w_i
2. Determine the target total weight of the mixture

$$w_t = \frac{w_i}{\left(1 - \frac{P_{b_{new}}}{100}\right)}$$

where:

w_t = target total weight
w_i = oven dry weight from step 1
$P_{b_{new}}$ = percent by weight of total mix of new binder in the mixture

3. Add new binder to the bowl to reach w_t

7.4.7. Pour the WMA additive into the pool of new asphalt binder.

7.4.8. Remove the mixing bowl from the scale and mix with a mechanical mixer for 90 sec.

7.4.9. Place the mixture in a flat shallow pan at an even thickness of 25 to 50 mm and place the pan in the forced draft oven at the planned field compaction temperature for 2 hours. Stir the mixture once after the first hour.

7.5. **Preparation of WMA Mixtures With A Wet Fraction of Aggregate**

Note 14 – Consult the WMA process supplier for appropriate additive dosage rates, mixing temperatures, percentage of wet aggregate and wet aggregate moisture content.

7.5.1. Adding WMA Additive to Binder

7.5.1.1. Weigh the required amount of the additive into a small container.

Note 15 – The additive is typically specified as a percent by weight of binder. For mixtures containing RAP, determine the weight of additive based on the total binder content of the mixture.

7.5.1.2. Heat the asphalt binder in a covered container in an oven set at 135 °C until the binder is sufficiently fluid to pour. During heating occasionally stir the binder manually to ensure homogeneity.

7.5.1.3. Add the required amount of additive to the binder and stir with a mechanical stirrer until the additive is totally dispersed in the binder.

7.5.2. Preparing WMA Specimens

7.5.2.1. Add the required moisture to the wet fraction of the aggregate, mix thoroughly, then cover and let stand for at least 2 hours before mixing with the heated fraction.

7.5.2.2. Heat the mixing tools, dry aggregate portion, and dry RAP portion to the initial mixing temperature in accordance with Section 7.2.

7.5.2.3. Place the hot mixing bowl on a scale and zero the scale.

7.5.2.4. Charge the mixing bowl with the heated aggregates and RAP and dry mix thoroughly.

7.5.2.5. Form a crater in the blended aggregate and weigh the required amount of asphalt binder into the mixture to achieve the desired batch weight.

Note 16 – If the aggregates and RAP have been stored for an extended period of time in a humid environment, then it may be necessary to adjust the weight of binder based on the oven dry weight of the aggregates and RAP as follows:

1. Record the oven dry weight of the heated aggregates and RAP, w_i
2. Determine the target total weight of the mixture:

$$w_t = \frac{\left(w_i + w_{dwf}\right)}{\left(1 - \frac{p_{b_{new}}}{100}\right)}$$

where:

w_t = target total weight
w_i = oven dry weight from step 1
w_{dwf} = oven dry weight of the wet fraction from the batch sheet
$p_{b_{new}}$ = percent by weight of total mix of new binder in the mixture

3. Determine the target weight of the heated mixture:

$$w_{thm} = w_t - w_{dwf}$$

where:

w_{thm} = target weight of the heated mixture
w_t = target total weight
w_{dwf} = oven dry weight of the wet fraction from the batch sheet

4. Add new binder to the bowl to reach w_{thm}

7.5.2.6. Add the additive to the binder immediately before mixing with the heated fraction of the aggregate per Section 7.5.1.

7.5.2.7. Remove the mixing bowl from the scale and mix with a mechanical mixer for 30 sec.

7.5.2.8. Stop the mixer and immediately add the wet fraction.

7.5.2.9. Restart the mixer and continue to mix for 60 sec.

7.5.2.10. Place the mixture in a flat shallow pan at an even thickness of 25 to 50 mm.

7.5.2.11. Check the temperature of the mixture in the pan. It shall be between 90 and 100 °C.

7.5.2.12. Place the pan in the forced draft oven at the planned field compaction temperature for 2 hours. Stir the mixture once after the first hour.

7.6. **Preparation of Foamed Asphalt Mixtures**

7.6.1. The preparation of foamed asphalt mixtures requires special asphalt binder foaming equipment that can produce foamed asphalt using the amount of moisture that will be used in field production.

7.6.2. Prepare the asphalt binder foaming equipment and load it with binder per the manufacturer's instructions.

7.6.3. If a liquid anti-strip is required, add it to the binder in the foaming equipment per the manufacturer's instructions.

7.6.4. Heat the mixing tools, aggregate, and RAP in accordance with Section 7.2.

7.6.5. Prepare the foamed asphalt binder per the instructions for the foaming equipment.

7.6.6. Place the hot mixing bowl on a scale and zero the scale.

7.6.7. Charge the mixing bowl with the heated aggregates and RAP and dry mix thoroughly.

7.6.8. Form a crater in the blended aggregate and add the required amount of foamed asphalt into the mixture to achieve the desired batch weight.

Note 17 – The laboratory foaming equipment uses a timer to control the amount of foamed asphalt provided. Make sure the batch size is large enough that the required amount of foamed asphalt is within the calibrated range of the foaming device. This may require producing one batch for the two gyratory specimens and the two maximum specific gravity specimens at each asphalt content then splitting the larger batch into individual samples.

Note 18 – If the aggregates and RAP have been stored for an extended period of time in a humid environment, then it may be necessary to adjust the weight of binder based on the oven dry weight of the aggregates and RAP as follows:

1. Record the oven dry weight of the aggregates and RAP, w_i
2. Determine the target total weight of the mixture

$$w_t = \frac{w_i}{\left(1 - \frac{p_{b_{new}}}{100}\right)}$$

where:

w_t = target total weight
w_i = oven dry weight from step 1
$p_{b_{new}}$ = percent by weight of total mix of new binder in the mixture

3. Add foamed binder to the bowl to reach w_t

7.6.9. Remove the mixing bowl from the scale and mix with a mechanical mixer for 90 sec.

7.6.10. Place the mixture in a flat shallow pan at an even thickness of 25 to 50 mm and place the pan in the forced draft oven at the planned field compaction temperature for 2 hours. Stir the mixture once after the first hour.

---

8. WMA MIXTURE EVALUATIONS

8.1. At the optimum binder content determined in accordance with Section 10 of AASHTO R 35, prepare WMA mixtures in accordance with the appropriate procedure from Section 7 of this appendix for the following evaluations:

- Coating
- Compactability
- Moisture sensitivity
- Rutting resistance

8.2. **Coating**

8.2.1. Prepare sufficient mixture at the design binder content to perform AASHTO T 195 using the appropriate WMA fabrication procedure from Section 7 of this appendix. Do not short-term condition the mixture.

8.2.2. Evaluate the coating in accordance with AASHTO T 195.

8.2.3. The recommended coating criterion is at least 95 percent of the coarse aggregate particles fully coated.

8.3. **Compactability**

8.3.1. Prepare sufficient mixture at the design binder content for 4 gyratory specimens and one maximum specific gravity measurement using the appropriate WMA fabrication procedure from Section 7 of this Appendix including short-term conditioning for 2 hours at the planned compaction temperature.

8.3.2. Determine the theoretical maximum specific gravity (G_{mm}) according to AASHTO T 209.

8.3.3. Compact duplicate specimens at the planned field compaction temperature to N_{design} gyrations in accordance with AASHTO T 312. Record the specimen height for each gyration.

8.3.4. Determine the bulk specific gravity of each specimen in accordance with AASHTO T 166.

8.3.5. Allow the mixture to cool to 30 °C below the planned field compaction temperature. Compact duplicate specimens to N_{design} gyrations in accordance with AASHTO T 312. Record the specimen height for each gyration

8.3.6. Determine the bulk specific gravity of each specimen in accordance with AASHTO T 166.

8.3.7. For each specimen determine the corrected specimen relative densities for each gyration using Equation 1.

$$\%G_{mm_N} = 100 \times \left(\frac{G_{mb} \times h_d}{G_{mm} \times h_N} \right) \tag{1}$$

where:

$\%G_{mm_N}$ = relative density at N gyrations;

G_{mb} = bulk specific gravity of specimen compacted to N_{design} gyrations;

h_d = height of the specimen after N_{design} gyrations, from the Superpave gyratory compactor, mm; and

h_N = height of the specimen after N gyrations, from the Superpave gyratory compactor, mm

8.3.8. For each specimen, determine the number of gyrations to reach 92 percent relative density.

8.3.9. Determine the average number of gyrations to reach 92 percent relative density at the planned field compaction temperature.

8.3.10. Determine the average number of gyrations to reach 92 percent relative density at 30 °C below the planned field compaction temperature.

8.3.11. Determine the gyration ratio using Equation 2.

$$Ratio = \frac{(N_{92})_{T-30}}{(N_{92})_T} \tag{2}$$

where:

$Ratio$ = gyration ratio

$(N_{92})_{T-30}$ = gyrations to 92 percent relative density at 30 °C below the planned field compaction temperature

$(N_{92})_T$ = gyrations to 92 percent relative density at the planned field compaction temperature

8.3.12. The recommended compactability criterion is the gyration ratio should be less than or equal to 1.25.

Note 18 – The compactability criterion limits the temperature sensitivity of WMA to that for a typical HMA mixture. The criterion is based on limited research conducted in NCHRP 9-43. The criterion should be considered tentative and subject to change as additional data on WMA mixtures are collected.

8.4. **Evaluating Moisture Sensitivity**

8.4.1. Prepare sufficient mixture at the design binder content for 6 gyratory specimens using the appropriate WMA fabrication procedure from Section 7 of this appendix including short-term conditioning.

8.4.2. Compact test specimens to 7.0 ± 0.5 percent air voids in accordance with AASHTO T 312.

8.4.3. Group, condition and test the specimens in accordance with AASHTO T 283.

8.4.4. The recommended moisture sensitivity criteria are the tensile strength ratio should be greater than 0.80 and there should not be any visual evidence of stripping.

8.5. **Evaluating Rutting Resistance**

8.5.1. Evaluate rutting using the flow number test in AASHTO TP 79.

8.5.2. Prepare sufficient mixture at the design binder content for four flow number test specimens using the appropriate WMA fabrication procedure from Section 7 of this appendix including short-term conditioning.

8.5.3. The test is conducted on 100 mm diameter by 150 mm high test specimens that are sawed and cored from larger gyratory specimens that are 150 mm diameter by at least 175 mm high. Refer to AASHTO PP 60 for detailed procedures for test specimen fabrication procedures. The short-term conditioning for WMA specimens is 2 hours at the compaction temperature.

8.5.4. Prepare the flow number test specimens to 7.0 ± 1.0 percent air voids.

8.5.5. Perform the flow number test at the design temperature at 50 % reliability as determined using LTPP Bind Version 3.1. The temperature is computed at 20 mm for surface courses, and the top of the pavement layer for intermediate and base courses.

8.5.6. Perform the flow number test unconfined using repeated deviatoric stress of 600 kPa with a contact deviatoric stress of 30 kPa.

8.5.7. Determine the flow number for each specimen, then average the results. Compare the average flow number with the criteria given in Table 3.

Table 3. Minimum Flow Number Requirements

Traffic Level, Million ESALs	Minimum Flow Number
<3	NA
3 to < 10	30
10 to < 30	105
≥ 30	415

---

9. ADJUSTING THE MIXTURE TO MEET SPECIFICATION PROPERTIES

9.1. This section provides guidance for adjusting the mixture to meet the evaluation criteria contained in Section 8 of this appendix. For WMA mixtures, this section augments Section 12 in AASHTO R 35.

9.2. **Improving Coating**- Most WMA processes involve complex chemical reactions and/or thermodynamic processes. Consult the WMA additive supplier for methods to improve coating.

9.3. **Improving Compactability**- Most WMA processes involve complex chemical reactions and/or thermodynamic processes. Consult the WMA additive supplier for methods to improve compactability.

9.4. **Improving the Tensile Strength Ratio** – Some WMA processes include adhesion promoters to improve resistance to moisture damage. Consult the WMA additive supplier for methods to improve the tensile strength ratio.

9.5. **Improving Rutting Resistance**- The rutting resistance of WMA can be improved through changes in binder grade and volumetric properties. The following rules of thumb can be used to identify mixture adjustments to improve rutting resistance.

- Increasing the high temperature performance grade one grade level improves rutting resistance by a factor of 2.
- Adding 25 to 30 percent RAP will increase the high temperature performance grade approximately one grade level.
- Increasing the fineness modulus (sum of the percent passing the .075, 0.150, and 0.300 mm sieves) by 50 improves rutting resistance by a factor of 2.
- Decreasing the design VMA by 1 percent will improve rutting resistance by a factor of 1.2.
- Increasing N_{design} by one level will improve rutting resistance by factor of 1.2.

10. ADDITIONAL REPORTING REQUIREMENTS FOR WMA

10.1. For WMA mixtures, report the following information in addition to that required in Section 13 of AASHTO R 35.

10.1.1. WMA process description.

10.1.2. Planned production temperature.

10.1.3. Planned field compaction temperature.

10.1.4. High temperature grade of the binder in the RAP for mixtures incorporating RAP.

10.1.5. Coating at the design binder content.

10.1.6. Gyrations to 92 percent relative density for the design binder content at the planned field compaction temperature and 30 °C below the planned field compaction temperature

10.1.7. Gyration ratio.

10.1.8. Dry tensile strength, tensile strength ratio, and observed stripping at the design binder content.

10.1.9. Flow number test temperature and the flow number at the design binder content.

APPENDIX B

Commentary to the Draft Appendix to AASHTO R 35

B1. Introduction

One of the products of National Cooperative Highway Research Program (NCHRP) Project 09-43 was a draft appendix to AASHTO R 35 titled, *Special Mixture Design Considerations and Methods for Warm Mix Asphalt (WMA)*. The draft appendix addresses the following aspects of WMA mixture design:

- Equipment for Designing WMA;
- WMA Process Selection;
- Binder Grade Selection;
- RAP in WMA;
- Process Specific Specimen Fabrication Procedures;
- Evaluation of Coating, Compactability, Moisture Sensitivity, and Rutting Resistance;
- Adjusting the Mixture to Meet Specification Requirements; and
- Additional Reporting Requirements for WMA.

This commentary to the draft appendix provides supporting information taken from the NCHRP Project 09-43 Final Report for each of the major sections of the draft appendix. It is intended for those who are responsible for the adoption and future revision of the draft appendix. Each section of the commentary has the following structure:

General Comments
Description of general contents of the section and the underlying philosophy.

Basis for Critical Content
Provides engineering justification for the critical content contained in the section. It includes a summary of the analyses and findings from NCHRP Project 09-43 that support the critical content.

Need for Further Research
Describes additional research that is needed to improve the section.

B2. Section 1. Purpose

General Comments

This section describes the purpose of the Appendix.

Basis for Critical Content

There is no critical content in this section.

Need for Further Research

There is no need for additional research.

B3. Section 2. Summary

General Comments

This section lists the major topic covered by the appendix.

Basis for Critical Content

There is no critical content in this section.

Need for Further Research

There is no need for additional research.

B4. Section 3. Additional Laboratory Equipment

General Comments

This section describes the additional equipment needed for designing WMA mixtures in the laboratory. Since coating is used in lieu of viscosity-based mixing temperatures, a mechanical mixer is required. For WMA processes where the additive is blended in the binder, a mechanical stirrer is needed. For designing mixtures for plant foaming processes, a laboratory foamed asphalt plant that can produce foamed asphalt at the moisture content used by the field equipment is also needed.

Basis for Critical Content

The design of WMA mixtures includes an evaluation of coating using AASHTO T 195. To standardize the mixing process, a mechanical mixer is required. During NCHRP Project 09-43, it was observed that planetary mixers and bucket mixers do not have the same mixing efficiency. The mixing times in the specimen fabrication procedures in Section 7 of the draft appendix were developed in NCHRP Project 09-43 using a planetary mixer. Mixing times for bucket mixers will likely be longer.

NCHRP Project 09-43 demonstrated that it is feasible to perform foamed asphalt WMA mixture designs in the laboratory. In NCHRP Project 09-43, a modified Wirtgen WLB-10 laboratory foaming plant was used to simulate the Gencor Ultrafoam GX process using 1.25 percent water by weight of binder and the Astec Double Barrel Green process using 2.0 percent water by weight of binder. The modification that was required was to replace the flow controller with a smaller, more precise flow controller to accommodate the water contents used in WMA mixtures.

Need for Further Research

Bucket mixers are significantly less expensive and likely more readily available in mix design laboratories than planetary mixers. Additional research should be conducted to develop appropriate mixing times for bucket mixers.

Manufacturers of plant foaming equipment should be encouraged to develop laboratory foaming equipment that can be used to design foamed asphalt WMA mixtures in the laboratory. The laboratory foaming equipment that was used in NCHRP Project 09-43 was designed for preparing laboratory samples of foamed stabilized bases, not WMA. Although it is feasible to design WMA mixtures for plant foaming processes using this equipment, devices specifically designed to replicate the WMA foaming process and produce the smaller quantities of foamed asphalt used in mix design batches without extensive cleaning are needed to make the design process efficient.

B5. Section 4. WMA Process Selection

General Comments

This section lists factors to be considered when selecting a WMA process.

Basis for Critical Content

There is no critical content in this section.

Need for Further Research

There is no need for additional research.

B6. Section 5. Binder Grade Selection

General Comments

The same grade of binder should be used with WMA and HMA. For WMA processes with very low production temperatures it may be necessary to increase the high-temperature performance grade of the binder to meet rutting resistance requirements.

Basis for Critical Content

Performance grading data for binders recovered from several WMA projects sampled during NCHRP Project 09-43 showed only small differences in the grade of the binder for WMA and HMA sections. Table 1 summarizes the recovered binder data from NCHRP Project 09-43. Table 2 presents average differences in the continuous grade between HMA and WMA. Excluding Sasobit, which increases the high-temperature grade of the binder, an approximately 50°F (28°C) reduction in production temperature resulted in less than a 1°C decrease in the high-temperature grade, while an approximately 100°F (56°C) reduction in production temperature resulted in approximately a one-half grade decrease for one low energy asphalt (LEA) project. For the low-temperature grade, again excluding Sasobit, an approximately 50°F (28°C) reduction in production temperature resulted in an average improvement in the low-temperature grade of binder of

Table 1. Summary of continuous grading of recovered binders.

Project	Process	Production Temperature (°F)	Continuous Grade Temperature (°C)		
			High	Intermediate	Low
Colorado I-70	Specified	NA	58.0	19.0	−28.0
	Control	280	59.3	14.2	−30.6
	Advera	250	60.0	13.7	−31.6
	Evotherm	250	61.3	14.1	−31.1
	Sasobit	250	63.9	15.1	−29.9
Yellowstone National Park	Specified	NA	58.0	16.0	−34.0
	Control	325	60.0	11.1	−34.1
	Advera	275	56.3	8.9	−36.2
	Sasobit	275	60.7	10.1	−35.6
New York Route 11	Specified	NA	64.0	22.0	−28.0
	LEA	210	60.5	14.0	−31.1
Pennsylvania SR2007	Specified	NA	64.0	25.0	−22.0
	Control	320	67.7	22.0	−24.6
	Evotherm	250	67.2	22.0	−24.9
Pennsylvania SR2006	Specified	NA	64.0	25.0	−22.0
	Control	310	66.6	24.1	−22.5
	Advera	250	67.0	22.9	−24.1
	Gencor	250	67.5	21.7	−25.7
	LEA	210	63.2	21.6	−25.4
	Sasobit	250	72.9	23.3	−22.5
Monroe, North Carolina	Specified	NA	70.0	28.0	−22.0
	Astec	275	71.5	23.7	−23.9

Table 2. Summary of average difference in continuous grade temperatures for WMA compared to HMA.

Process	Number	Average Difference in Production Temperature (°F)	Average Difference in Continuous Grade Temperature (°C)		
			High	Intermediate	Low
Advera	3	−46.7	−0.9	−1.3	−1.6
Evotherm	2	−50.0	0.8	0.0	−0.4
LEA	1	−100.0	−3.4	−2.5	−2.9
Plant Foaming	1	−60.0	0.9	−2.4	−3.2
Sasobit	3	−46.7	3.9	−0.3	−0.3

1.5°C, while an approximately 100°F (56°C) reduction in production temperature resulted in 2.9°C improvement for one LEA project.

Need for Further Research

Additional recovered binder grade data should be collected and analyzed to verify the conclusion from NCHRP Project 09-43 that binder grade changes are not necessary for WMA.

B7. Section 6. RAP in WMA

General Comments

Research completed in NCHRP Project 09-43 found that recycled asphalt pavement (RAP) binders and new binders do mix at WMA process temperatures. Therefore, it is appropriate to design WMA mixtures containing RAP in the same manner as HMA, accounting for the contribution of the RAP binder to the total binder content of the mixture. From the research completed in NCHRP Project 09-43, the RAP and new binders continue to mix while the mix is held at elevated temperature. To ensure that adequate mixing of RAP and new binders does occur, a limit is placed on the maximum stiffness of RAP binders for WMA. That limit is based on the planned field compaction temperature of the mixture since this temperature will govern the temperature of the mix during storage and transport. The limit is the RAP binder should have a high-temperature grade that is less than the planned field compaction temperature for the WMA. RAP binders typically range from PG 82 to PG 94 resulting in corresponding minimum field compaction temperatures ranging from 180°F to 200°F (82°C to 94°C).

Binders from WMA mixtures have improved low-temperature properties due to the lower amount of aging that occurs during production. Although the improvement in low-temperature properties is not large enough to warrant changing the low-temperature grade, it is large enough to affect the amount of RAP that can be added to a mixture when blending chart analyses are used.

Basis for Critical Content

NCHRP Project 09-43 included a laboratory mixing study where the WMA and HMA mixtures incorporating RAP were prepared in the laboratory and stored for various lengths of time at the compaction temperature. The degree of mixing of the RAP and new binders was evaluated by comparing dynamic moduli measured on mixture samples with the dynamic moduli estimated using the properties of the binder recovered from the mixture samples. The dynamic modulus test is very sensitive to the stiffness of the binder in the mixture, and adding RAP will increase the dynamic modulus significantly when the RAP is properly mixed with the new materials. The measured dynamic modulus values represent the as-mixed condition. The dynamic modulus for the fully blended condition was estimated using the Hirsch model from the shear modulus of binder recovered from the dynamic modulus specimens. If the measured and estimated dynamic moduli are the same, there is good mixing of the RAP and new binders.

The findings of the laboratory mixing experiment are shown in Figure 1. At conditioning times of 0.5 and 1.0 h, there is little blending of the new and recycled binders. For all processes and temperatures, the ratio of the measured to estimated fully blended moduli range from about 0.35 to 0.55. At the 2-h conditioning time, the ratio of the measured to estimated fully blended moduli reach values approaching 1.0 for the Control HMA, Advera WMA, and Sasobit WMA. The effect of temperature is also evident for these processes, with the higher conditioning temperature resulting in somewhat improved blending. The ratio of the measured to estimated fully blended moduli for the Evotherm WMA remained low even at the 2-h conditioning time. This suggests that either the particular form of Evotherm used in this study retards the mixing of the new and recycled binders or that the extraction and recovery process stiffens the Evotherm modified binder.

Further evidence of the mixing of new and RAP binders at WMA process temperatures was obtained from a mixture

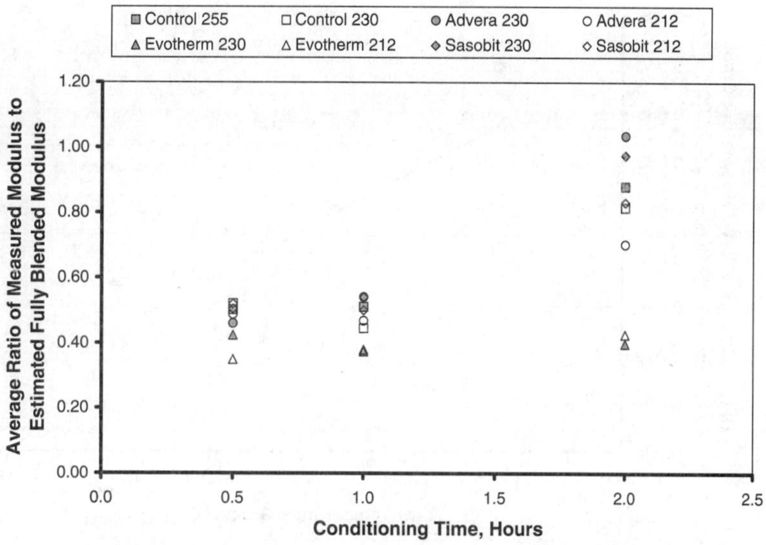

Figure 1. Comparison of the ratio of measured to fully blended dynamic moduli.

design study completed in NCHRP Project 09-43. In this study, six mixtures were designed as HMA and as WMA and various volumetric and engineering properties were compared. Three of the mixtures included RAP. Table 3 summarizes the optimum binder content for the three mixtures containing RAP. As shown, the optimum binder content is the same or lower for the WMA compared to the HMA, further supporting the conclusion that RAP and new binders do mix at WMA process temperatures. In this study, the Evotherm mixtures do not have higher optimum binder contents than the HMA and the other processes suggesting that the Evotherm does mix and that the differences shown in Figure 1 for this process are due to the extraction and recovery process used in the mixing study.

NCHRP Project 09-43 included a binder grade study where the Rolling Thin Film Oven Test (RTFOT) was used to simulate the effect on binder properties of changes in production temperatures. Figure 2 shows that there appears to be a weak relationship between the rate of change in low-temperature grade with RTFOT temperature and the low-temperature grade of the binder. Binders with better low-temperature properties tend to show more improvement in low-temperature properties when the RTFOT temperature is decreased. The relatively small effect of RTFOT temperature on the low-temperature binder grade does not warrant recommended changes in low-temperature binder grade selection for WMA. For the binders tested, decreasing the production temperature by 95°F (53°C) only improved the low-temperature grade of the binder by 1°C to 2°C which is only ⅙ to ⅓ of a grade level.

The low-temperature grade improvement, however, can be significant when considering mixtures incorporating recycled asphalt pavement (RAP). When RAP blending charts are used, the low-temperature continuous grade of the binder changes approximately 0.6°C for every 10 percent of the total binder in the mixture replaced with RAP binder. Thus, improving the low-temperature properties of the virgin binder in the mixture 0.6°C by lowering the production temperature will allow 10 percent additional RAP binder to be added to the mixture. Using the relationship shown in Figure 2, for the middle of the low-temperature binder grade temperature range, recommended improvements in virgin binder low-temperature continuous grade for RAP blending chart analysis can be made as a function of WMA production temperature for mixtures

Table 3. Optimum binder contents for RAP mixtures from the NCHRP 09-43 mixture design study.

Mixture	HMA	Advera WMA	Evotherm WMA	Sasobit WMA
50 gyrations, 25 % RAP	6.4	6.5	6.1	6.3
75 gyrations, 25% RAP	5.5	5.3	5.2	5.3
100 gyrations, 25 % RAP	6.0	6.1	5.8	6.2

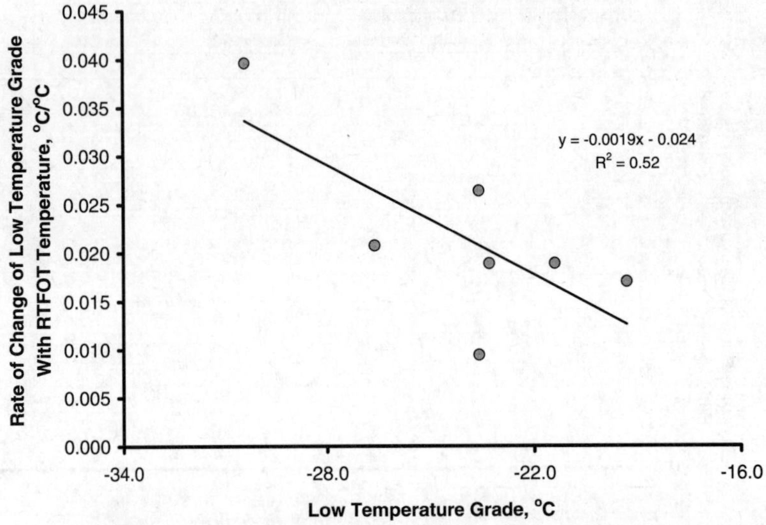

Figure 2. Effect of low-temperature binder grade on the rate of change of low-temperature grade with RTFOT temperature.

incorporating PG XX-16, PG XX-22, and PG XX-28. These recommended improvements are summarized in Table 4 for some common binder grades. For a mixture using PG 64-22 virgin binder and a WMA production temperature of 250°F, the virgin binder low-temperature continuous grade would be improved 0.6°C to account for the lower WMA production temperature.

Need for Further Research

Plant mixing studies similar to the laboratory mixing study are needed to confirm that RAP and new binders mix at WMA process temperatures for field conditions. NCHRP Project 09-43 included one field project that used 30-percent RAP, the Astec Double Barrel Green WMA process, and field mixing and compaction temperatures of 275°F and 260°F (135°C and 127°C). For this project, the mixing analysis showed good mixing of the RAP and new binders. Additional studies of this type are needed.

Recovered binder tests on WMA with RAP should be conducted to verify the suggested improvements in low-temperature properties for blending chart analyses.

B8. Section 7. Process-Specific Specimen Fabrication Procedures

General Comments

This section describes specimen fabrication procedures for several common types of WMA processes.

Basis for Critical Content

The specimen fabrication procedures were designed to reasonably reproduce the WMA process. Procedures are provided for:

- WMA additives that are added to the binder.
- WMA additives that are added to the mixture.
- WMA processes incorporating wet fine aggregate and sequential mixing.
- Plant foaming processes.

These procedures were developed from guidance provided by WMA process developers and verified through laboratory testing in NCHRP Project 09-33.

Need for Further Research

Developers of new WMA processes should be encouraged to prepare specimen fabrication procedures in a similar format so that they can be added in the future to the appendix to AASHTO R 35.

B9. Section 8. WMA Mixture Evaluations

General Comments

This section described four evaluations of the WMA mixture at the design binder content:

- Coating,
- Compactability,

Table 4. Recommended improvement in virgin binder low-temperature continuous grade for RAP blending chart analysis for WMA production temperatures.

Virgin Binder PG Grade	58–28	58–22	64–22	64–16	67–22
Average HMA Production Temperature, °F	285	285	292	292	300
Rate of Improvement of Virgin Binder Low-Temperature Grade per °C Reduction in Plant Temperature	0.035	0.025	0.025	0.012	0.025
WMA Production Temperature, °F	Recommended Improvement in Virgin Binder Low-Temperature Continuous Grade for RAP Blending Chart Analysis, °C				
300	NA	NA	NA	NA	0.0
295	NA	NA	NA	NA	0.1
290	NA	NA	0.0	0.0	0.1
285	0.0	0.0	0.1	0.0	0.2
280	0.1	0.1	0.2	0.1	0.3
275	0.2	0.1	0.2	0.1	0.3
270	0.3	0.2	0.3	0.1	0.4
265	0.4	0.3	0.4	0.2	0.5
260	0.5	0.3	0.4	0.2	0.6
255	0.6	0.4	0.5	0.2	0.6
250	0.7	0.5	0.6	0.3	0.7
245	0.8	0.6	0.7	0.3	0.8
240	0.9	0.6	0.7	0.3	0.8
235	1.0	0.7	0.8	0.4	0.9
230	1.1	0.8	0.9	0.4	1.0
225	1.2	0.8	0.9	0.4	1.0
220	1.3	0.9	1.0	0.5	1.1
215	1.4	1.0	1.1	0.5	1.2
210	1.5	1.0	1.1	0.5	1.3

- Moisture sensitivity, and
- Rutting resistance.

The coating evaluation is used in lieu of the viscosity-based mixing temperature used for HMA. Coating is evaluated at the design binder content using AASHTO T 195, which measures the percentage of fully coated coarse aggregate particles.

The compactability evaluation is used in lieu of the viscosity-based compaction temperature used for HMA. Compactability is evaluated by compacting specimens to N_{design} at the planned field compaction temperature and again at 54°F (30°C) below the planned field temperature. The number of gyrations to reach 92-percent relative density is then calculated from the height data. The ratio of the gyrations to 92-percent relative density at the lower temperature to the higher temperature should be less than 1.25.

Moisture sensitivity is evaluated using AASHTO T 283, the same as HMA. The criteria for AASHTO T 283 are the same as that for HMA.

Finally, rutting resistance is evaluated using the flow number test in AASHTO TP 79. The test is conducted at the 50-percent reliability high pavement temperature from LTPPBind 3.1 for the project location. An unconfined flow number test with a repeated deviatoric stress of 87 psi (600 kPa) and a contact deviatoric stress of 4.4 psi (30 kPa) is used. Minimum flow numbers as a function of traffic level are provided.

Basis for Critical Content

Coating is one way to evaluate planned WMA production temperatures that is relevant to all WMA processes. In NCHRP Project 09-43, coating was evaluated on a number of HMA and WMA mixtures using AASHTO T 195. When a planetary mixer was used, coating was always found to be nearly 100 percent for both WMA and HMA. When a bucket mixer was used with a smaller number of WMA mixes, the coating was much lower. The mixing times and the recommended criterion of 95 percent were based on the planetary mixer data.

The methodology for the compactability evaluation resulted from a workability study conducted in NCHRP Project 09-43. The workability study evaluated the feasibility of using various workability devices and the gyratory compactor to measure WMA workability during the mixture design process. The workability study demonstrated that it is possible to measure differences in the workability and compactability of WMA compared to HMA. The differences, however, were only significant at temperatures that are below typical WMA discharge

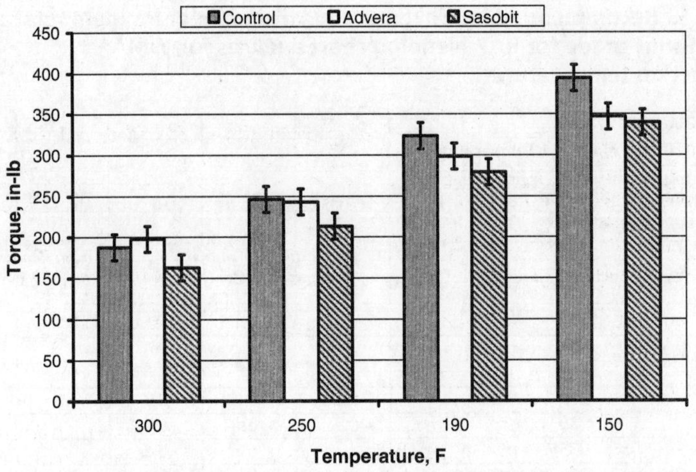

Figure 3. Effect of temperature and WMA additive on torque measured in the UMass workability device.

temperatures. Figures 3 and 4 show the effect of WMA process and temperature on workability and compactability. Since the workability devices were not able to discriminate more precisely than compaction data obtained from a standard Superpave gyratory compactor, the method for evaluating the temperature sensitivity of the compactability of WMA was developed for assessing WMA workability and compactability. It involves determining the number of gyrations to 8-percent air voids at the planned field compaction temperature and a second temperature that is approximately 54°F (30°C) lower than the planned field compaction temperature. A tentative limit allowing a 25-percent increase in the number of gyrations when the temperature is decreased was developed. This limit was investigated using data from nine WMA field

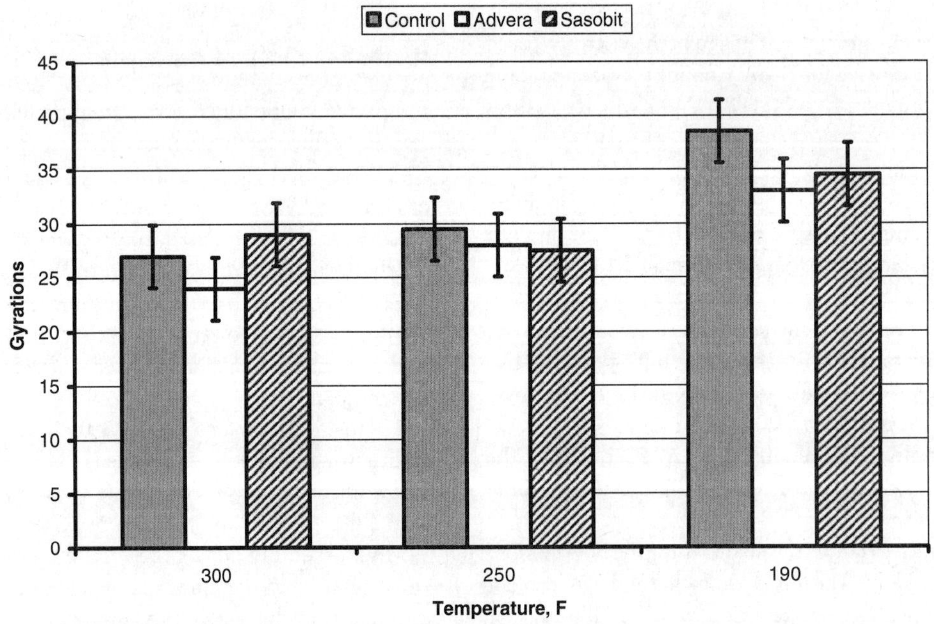

Figure 4. Effect of temperature and WMA additive on gyrations to 92-percent relative density.

mixture projects sampled in NCHRP 09-43. The increase in gyrations for the WMA processes ranged from 0 to 20 percent. Workability and compactability were not reported to be a problem on any of the projects.

Moisture sensitivity is evaluated using AASHTO T 283. Tests conducted during NCHRP Project 09-43 showed that the moisture sensitivity will likely be different for WMA and HMA mixtures designed using the same aggregates and binder. WMA processes that included anti-strip additives improved the tensile strength ratio of some of the mixtures included in the NCHRP Project 09-43 testing and analysis. Of the nine WMA mixtures that used a WMA process that included an anti-strip additive, the tensile strength ratio remained the same or improved in 67 percent of the mixtures. For WMA mixtures produced using processes that do not include anti-strip additives, the tensile strength ratio never improved and decreased in 79 percent of the mixtures.

Rutting resistance is evaluated using the flow number test. This test has also been recommended to evaluate rutting resistance for HMA mixtures in NCHRP Project 09-33. The test is conducted on specimens that have been short-term conditioned for 2 h at the compaction temperature to simulate the binder absorption and stiffening that occurs during construction. Because lower short-term conditioning temperatures are used for WMA compared to HMA mixtures, binder aging in WMA mixtures is less, resulting in lower flow numbers for WMA mixtures produced with the same aggregates and binder. Table 5 summarizes the difference in flow numbers obtained for the field validation mixtures. The Sasobit process increases the rutting resistance because it increases the high-temperature grade of the binder.

Current criteria for the flow number and other rutting tests for HMA are based on 4 h of short-term conditioning at 275°F (135°C). The short-term conditioning study completed in NCHRP Project 09-43 shows that this level of conditioning represents the stiffening that occurs during construction as well as some time in service. Since it is inappropriate to condition WMA mixtures at temperatures exceeding their production temperature, the criteria for evaluating the rutting resistance of WMA mixtures were reduced compared to those

Table 5. Summary of average difference in flow number of WMA compared to HMA.

Process	Number	Average Difference in Compaction Temperature (°F)	Average Difference in Flow Number (%)
Advera	3	−46.7	−39
Evotherm	2	−50.0	−38
LEA	1	−80.0	−50
Sasobit	3	−48.3	+38

currently recommended for HMA conditioned for 4 h at 275°F (135°C).

Need for Further Research

Bucket mixers are significantly less expensive and likely more readily available in mix design laboratories. Additional research should be conducted to develop appropriate mixing times for bucket mixers.

As the draft appendix to AASHTO R 35 is used on a trial basis, data on coating and compactability should be compiled to aid in future revision of the criteria for these two evaluations.

Additional research concerning the moisture sensitivity of WMA is needed and has been initiated by NCHRP in NCHRP Project 09-49, "Performance of WMA Technologies: Stage I—Moisture Susceptibility."

Additional research is needed on the development of a short-term conditioning procedure for specimens used for the evaluation of moisture sensitivity and rutting resistance that is equally applicable to both WMA and HMA. Research completed in NCHRP Project 09-43 concluded that 2 h of oven conditioning at the compaction temperature reasonably reproduces the binder absorption and stiffening that occurs during construction for both WMA and HMA mixtures. WMA mixtures that are conditioned 2 h at the compaction temperature have binder that is less stiff than similarly conditioned HMA mixtures because of the lower conditioning temperature. Current criteria for evaluating moisture sensitivity and rutting resistance are based on mixtures that have been aged to a greater degree. The conditioning originally specified in AASHTO T 283 for moisture sensitivity testing was 16 h at 140°F (60°C). Additionally, most rutting criteria are based on 4 h of conditioning at 275°F (135°C). In NCHRP Project 09-13, mixtures were conditioned for 2 h at 275°F (135°C), 4 h at 275°F (135°C), and 16 h at 140°F (60°C). Analysis of this data in NCHRP Project 09-43 concluded that 16 h at 140°F (60°C) resulted in somewhat more aging than 4 h at 275°F (135°C). The difference in aging between 2 and 4 h at 275°F (135°C) was not statistically significant. To simulate both WMA and HMA, a two-step conditioning process should be considered for specimens used for evaluation of moisture sensitivity and rutting resistance. In the first step, the mixture would be conditioned for 2 h at the compaction temperature to simulate the binder absorption and stiffening that occurs during construction. In the second step, the mixture would be further conditioned for an extended time at a representative high in-service pavement temperature to simulate a short period of time in service. Only specimens used to evaluate moisture sensitivity and rutting resistance would receive the second conditioning step. Volumetric design would be based on only the first step. The temperature and duration of the extended conditioning would be selected based on temperatures from LTPPBind and typical laboratory working hours.

Most likely, the second step would require conditioning specimens overnight. The extended conditioning temperature and time would be selected such that HMA mixtures conditioned using the two-step process would have similar stiffness as mixtures conditioned for 4 h at 275°F (135°C).

B10. Section 9. Adjusting the Mixture to Meet Specification Properties

General Comments

This section provides information that can be used to adjust WMA mixtures to meet the evaluation criteria contained in the draft appendix to AASHTO R 35. For coating, compactability, and moisture sensitivity, the user is directed to consult the WMA process supplier. The effects of changing binder grade, volumetric properties, and compaction level on rutting resistance are provided.

Basis for Critical Content

Because WMA processes differ greatly, it was not possible to develop recommendations for adjusting the mixture to meet coating, compactability, and moisture sensitivity requirements. The recommendations for rutting resistance are based on the effects published in NCHRP Report 567: *Volumetric Requirements for Superpave Mix Design.*

Need for Further Research

Additional research is needed to provide insight on how to change WMA mixtures to improve coating, compactability, and moisture sensitivity. The changes will most likely be process specific.

B11. Section 10. Additional Reporting Requirements for WMA

General Comments

This section describes additional data that should be reported for WMA mixtures.

Basis for Critical Content

There is no critical content in this section.

Need for Further Research

There is no need for additional research.

APPENDIX D

Proposed Standard Practice for Measuring Properties of Warm Mix Asphalt (WMA) for Performance Analysis Using the Mechanistic-Empirical Pavement Design Guide Software

Proposed Standard Practice for

Measuring Properties of Warm Mix Asphalt (WMA) for Performance Analysis Using the Mechanistic-Empirical Pavement Design Guide (MEPDG)

AASHTO Designation: PP XX-XX

---

1. SCOPE

1.1. This standard presents procedures measuring engineering properties of warm mix asphalt (WMA) for performance analysis using the Mechanistic-Empirical Pavement Design Guide (MEPDG). The Level 1 inputs to the MEPDG that can be measured with this standard are: (1) dynamic modulus master curve, and (2) low temperature creep compliance and (3) low temperature tensile strength. Specimen fabrication procedures that replicate various WMA processes are also included.

1.2. *This standard may involve hazardous materials, operations, and equipment. This standard does not purport to address all of the safety problems associated with its use. It is the responsibility of the user of this procedure to establish appropriate safety and health practices and to determine the applicability of regulatory limitations prior to its use.*

---

2. REFERENCED DOCUMENTS

2.1. *AASHTO Standards:*

- R 35, Superpave Volumetric Mixture Design
- T 166, Bulk Specific Gravity of Compacted Asphalt Mixtures Using Saturated Surface-Dry Specimens
- T 209, Theoretical Maximum Specific Gravity and Density of Bituminous Paving Mixtures
- T 269, Percent Air Voids in Compacted Dense and Open Asphalt Mixtures
- T 312, Preparing and Determining the Density of Hot-Mix Asphalt (HMA) Specimens by Means of the Superpave Gyratory Compactor
- T 322, Determining the Creep Compliance and Strength of Hot-Mix Asphalt (HMA) Using the Indirect Tensile Test Device
- TP 60, Preparing Cylindrical Performance Test Specimens Using the Superpave Gyratory Compactor (SGC)

- TP 61, Developing Dynamic Modulus Master Curves for Hot Mix Asphalt Using the Asphalt Mixture Performance Tester (AMPT)
- TP 79, Determining the Dynamic Modulus and Flow Number for Hot Mix Asphalt (HMA) Using the Asphalt Mixture Performance Tester (AMPT).

2.2. *Other Documents:*

- ASTM D 3549, Thickness of Height of Compacted Bituminous Paving Mixture Specimens
- Equipment Specification for the Simple Performance Test System, Version 3.0, Prepared for National Cooperative Highway Research Program (NCHRP), October 16, 2007
- Mechanistic-Empirical Pavement Design Guide, Interim Edition: A Manual of Practice, AASHTO, Washington DC, 2008

---

3. TERMINOLOGY

3.1. *Warm Mix Asphalt (WMA)* – Warm mix asphalt refers to asphalt concrete mixtures that are produced at temperatures approximately 50 °F (28 °C) or more cooler than typically used in the production of hot mix asphalt. The goal with warm mix asphalt is to produce mixtures with similar strength, durability, and performance characteristics as hot mix asphalt using substantially reduced production temperatures.

3.2. *Air voids (V_a)* – The total volume of the small pockets of air between the coated aggregate particles throughout a compacted paving mixture, expressed as a percent of the bulk volume of the compacted paving mixture.

3.3. *Creep* – The time-dependent part of strain resulting from stress.

3.4. *Creep compliance* – The time-dependent strain divided by the applied stress.

3.5. *Dynamic Modulus* – $|E^*|$, the absolute value of the complex modulus calculated by dividing the peak-to-peak stress by the peak-to-peak strain for a material subjected to a sinusoidal loading.

3.6. *Dynamic Modulus Master Curve* – A composite curve constructed at a reference temperature by shifting dynamic modulus data from various temperatures along the log frequency axis.

3.7. *Tensile strength* – The strength shown by a specimen subjected to tension.

3.8. *Voids in the mineral aggregate (VMA)* – The volume of the intergranular void space between the aggregate particles of a compacted paving mixture that include the air voids and the effective binder content, expressed as a percent of the total volume of the specimen.

3.9. *Voids filled with asphalt (VFA)* – The percentage of the VMA filled with binder (the effective binder volume divided by the VMA).

4. SUMMARY OF THE PRACTICE

4.1. This practice describes methods for preparing WMA test specimens and testing methods to measure the dynamic modulus, low temperature creep compliance, and low temperature strength of WMA mixtures.

5. SIGNIFICANCE AND USE

5.1. The engineering properties of WMA measured using this practice are Level 1 inputs for WMA layers for pavement performance analysis using the MEPDG.

5.2. With the measured engineering properties and the MEPDG, project specific estimates of the performance of pavements incorporating WMA layers can be made.

5.3. The dynamic modulus is used in the MEPDG stress-strain analysis, rutting model, and fatigue cracking model.

5.4. The low temperature creep compliance and strength are used in the MEPDG thermal cracking model.

6. APPARATUS

6.1. *Specimen Fabrication Equipment* – Equipment for fabricating dynamic modulus test specimens as described in AASHTO TP 60.

6.2. *Dynamic Modulus Test System* – A dynamic test system meeting the requirements of Equipment Specification for the Simple Performance Test System, Version 3.0.

6.3. *Indirect Tensile Test System* – A low temperature indirect tensile test system meeting the requirements of AASHTO T 322.

7. DYNAMIC MODULUS

7.1. **Specimen Preparation**

7.1.1. Prepare two 100 mm diameter by 150 mm high test specimen.

7.1.2. Prepare test specimens in accordance with AASHTO TP 60, except mixture preparation shall be as specified in the WMA Appendix to AASHTO R 35, and short-term oven aging shall be 2 hours at the proposed compaction temperature.

7.1.3. The target air void content for the dynamic modulus specimens should be representative of the in-place air void content required by the agency specifications.

7.2. **Dynamic Modulus Testing**

7.2.1. Test each dynamic modulus specimen at the temperatures and frequencies specified in AASHTO TP 61.

7.2.2. Conduct dynamic modulus tests in accordance with AASHTO TP 79.

7.3. **Data Analysis**

7.3.1. Analyze the resulting data and prepare a dynamic modulus master curve in accordance with AASHTO TP 61.

Note 1 –A Microsoft Excel™ workbook "MASTERSOLVER2.1.xls" was developed in NCHRP Project 09-29 to perform this analysis.

7.3.2. From the fitted dynamic modulus master curve, compute the dynamic modulus at the following temperatures and frequencies for use in the MEPDG software. A total of 30 dynamic modulus values should be calculated.

Temperatures	Frequencies
-10, 4.4, 21.1, 37.8, and 54.4 °C (14, 40, 70, 100, 130, °F)	25, 10, 5, 1, 0.5, and 0.1 Hz

7.4. **Report the following:**

7.4.1. Mixture identification.

7.4.2. Target air voids and the actual air voids for the specimens tested.

7.4.3. VMA and VFA of each specimen tested.

7.4.4. Average VMA and VFA for the specimens tested.

7.4.5. Measured dynamic modulus and phase angle data for each specimen at each temperature/frequency combination.

7.4.6. Average measured dynamic modulus and phase angle at each temperature/frequency combination.

7.4.7. Coefficient of variation of the measured dynamic modulus data at each temperature/frequency combination.

7.4.8. Standard deviation of the measured phase angle data at each temperature/frequency combination.

7.4.9. Reference temperature.

7.4.10. Parameters of the fitted master curve (*Max*, δ, β, γ and ΔE_a).

7.4.11. Goodness of fit statistics for the fitted master curve (Se, Sy, Se/Sy, R^2).

7.4.12. Plot of the fitted dynamic modulus master curve as a function of reduced frequency showing average measured dynamic modulus data.

7.4.13. Plot of shift factors as a function of temperature.

7.4.14. Plot of average phase angle as a function of reduced frequency.

7.4.15. Tabulated temperature, frequency, and dynamic modulus for input into MEPDG.

---

8. LOW TEMPERATURE COMPLIANCE AND STRENGTH

8.1. Specimen Preparation

8.1.1. Compact three 150 mm diameter by 115 mm high gyratory specimens in accordance with AASHTO T 312 to a void content that is 1 percent higher than the target test specimen air void content. The target test specimen air void content should be representative of the in-place air void content required by the agency specifications.

8.1.2. Prepare a companion sample of loose mix meeting the sample size requirements of AASHTO T 209.

8.1.3. Mixture preparation shall be as specified in the WMA Appendix to AASHTO R 35, and short-term oven aging shall be 2 hours at the proposed compaction temperature.

8.1.4. To simulate long-term aging, condition the gyratory specimens and the companion loose mix sample in accordance with Sections 7.3.4 through 7.3.6 of AASHTO R 30.

8.1.5. Saw one 50 mm thick IDT specimen from the middle of each gyratory specimen.

8.1.6. Determine the maximum specific gravity of the companion long-term oven aged loose mix sample in accordance with AASHTO T 209. Record the maximum specific gravity of the mixture.

8.1.7. For dense- and gap-graded mixtures, determine the bulk specific gravity of the test specimen in accordance with AASHTO T 166. Record the bulk specific gravity of the test specimen.

Note 2 – When wet sawing methods are used, measure the immersed mass followed by the surface dry mass followed by the dry mass to minimize drying time and expedite the specimen fabrication process.

8.1.8. For open-graded mixtures, determine the bulk specific gravity of the test specimen in accordance with Section 6.2 of AASHTO T 269. Record the bulk specific gravity of the test specimen.

8.1.9. Compute the air void content of the test specimen in accordance with AASHTO T 269. Record the air void content of the test specimen.

8.1.10. Using calipers, measure the diameter of each test specimen along axes that are 90 ° apart. Record the average diameter to the nearest 1 mm.

8.1.11. Measure the height of each test specimen in accordance with Section 6.1.2 of ASTM D 3549. Record the average height to the nearest 1 mm.

8.2. **Creep and Strength Testing**

8.2.1. Instrument each test specimen and perform creep tests on each test specimen at temperatures of –20, -10, and 0 °C in accordance with AASHTO T 322. A total of 9 creep tests will be performed.

8.2.2. Record the load, horizontal deformation on each face, and vertical deformation on each face at 0.1 sec intervals for the first 10 sec, then at 1 sec intervals from 10 to 100 sec.

8.2.3. Remove the specimen mounted instrumentation and perform a strength test at –10 °C in accordance with AASHTO T 322. A total of 3 strength tests will be performed.

8.2.4. Determine the corrected tensile strength of each specimen using the following relationship:

$$S_{corrected} = 0.78 \times S_{uncorrected} + 38$$

where:

$S_{corrected}$ = corrected tensile strength for thermal cracking analysis, psi

$$S_{uncorrected} = \frac{2P_{\max}}{\pi \times h \times d}$$

P_{max} = peak load during the strength test, lb

h = thickness of the test specimen, in

d = diameter of the test specimen, in

Note 3 – The corrected strength provides a good estimate of the AASHTO T 322 first failure tensile strength of the specimen without the risk of damage to the specimen mounted instrumentation.

8.2.5. Reduce the creep test data for each temperature in accordance with Section 13 of AASHTO T 322 and compute the average creep compliance as a function of loading time.

8.3. **Report the following:**

8.3.1. Mixture identification.

8.3.2. Target air voids and the actual air voids for the specimens tested.

8.3.3. VMA and VFA of each specimen tested.

8.3.4. Average VMA and VFA for the specimens tested.

8.3.5. Tabulated values of the average compliance versus time for –20, -10, and 0 °C.

8.3.6. Corrected tensile strength at –10 °C.

9. KEYWORDS

9.1. Warm Mix Asphalt (WMA), MEPDG, Dynamic modulus, creep compliance, tensile strength

UNPUBLISHED MATERIAL

Appendices C and E

Appendices C and E to the contractor's final report for NCHRP Project 09-43 are not published herein but are available on the TRB website at www.trb.org/Main/Blurbs/165013.aspx.

The appendix titles are the following:

- Appendix C: Training Materials for the Draft Appendix to AASHTO R 35
- Appendix E: NCHRP Project 09-43 Experimental Plans, Results, and Analysis